· PRESCHOOL ·

EDUCATION

· 职业教育学前教育专业新形态教材 ·

学前儿童艺术教育

主编 索丽珍 林晖 高妍苑

重庆大学出版社

图书在版编目（CIP）数据

学前儿童艺术教育 / 索丽珍, 林晖, 高妍苑主编
. -- 重庆：重庆大学出版社, 2020.8（2023.1重印）
职业教育学前教育专业新形态教材
ISBN 978-7-5689-2148-0

Ⅰ.①学… Ⅱ.①索… ②林… ③高… Ⅲ.①学前教
育－艺术教育－高等职业教育－教材 Ⅳ.①G613.5

中国版本图书馆CIP数据核字（2020）第097674号

职业教育学前教育专业新形态教材

学前儿童艺术教育

XUEQIAN ERTONG YISHU JIAOYU

主 编 索丽珍 林 晖 高妍苑
副主编 高东慧 杨丽彬 蔡 萍 元舒静 管艳竭
策划编辑：张菱芷
责任编辑：蹇 佳 装帧设计：琢字文化
责任校对：关德强 责任印制：赵 晟

*

重庆大学出版社出版发行
出版人：饶帮华
社 址：重庆市沙坪坝区大学城西路21号
邮 编：401331
电 话：（023）88617190 88617185（中小学）
传 真：（023）88617186 88617166
网 址：http://www.cqup.com.cn
邮 箱：fxk@cqup.com.cn（营销中心）
全国新华书店经销
重庆升光电力印务有限公司印刷

*

开本：889mm×1194mm 1/16 印张：14.25 字数：443千
2020年8月第1版 2023年1月第2次印刷
ISBN 978-7-5689-2148-0 定价：53.00元

编委会

主　编：索丽珍　　林　晖　　高妍苑

副主编：高东慧　　杨丽彬　　蔡　萍

　　　　元舒静　　管艳竭

编　委：刘　欢　　宋姗姗　　刘　雷

　　　　刘　华　　陈　洁　　郭晓雪

　　　　王　瑞　　谭越月　　姚　楠

Preface

前 言

2001 年教育部颁布《幼儿园教育指导纲要（试行）》，明确将幼儿园教育内容划分为健康、语言、社会、科学、艺术五大领域，开展艺术教育活动的能力成为学前教育专业学生必备的职业能力。高等职业教育作为职业教育发展中的一个类型，肩负着培养面向生产、建设、服务和管理第一线需要的高技能人才的使命。因此，高职层次的学前教育专业的培养目标定位于实践型人才的培养，重点着眼于学生实践操作能力的形成，突出应用性。基于此，编者与行业专家、幼儿园一线教师进行深入研讨、分析，筛选出有利于学生形成良好艺术教育理念，有助于学生获得开展学前儿童艺术教育活动能力的教育内容编写了此教材。

本教材共分为三个模块。模块一是概述，详细阐述我国学前儿童艺术教育的发展历程，学前儿童艺术教育的目标、内容、组织与实施原则和方法以及评价原理，旨在使学生树立正确的学前儿童艺术教育理念。模块二是学前儿童音乐教育，详细阐述学前儿童音乐能力发展的特点与规律，学前儿童音乐教育活动的类型以及设计、实施与评价方略，旨在使学生具备设计、组织、评价音乐教育活动的能力。模块三是学前儿童美术教育，详细阐述学前儿童美术能力发展各阶段的特点，学前儿童美术教育活动的类型以及设计、实施与评价方略，旨在使学生具有设计、组织、评价美术教育活动的能力。知识拓展部分系统介绍当前世界范围内较为流行的国外音乐教育体系，为学生今后创新音乐教育方法提供参考与借鉴。

编 者
2020 年 4 月

《学前儿童艺术教育》教学安排

本教材编写体现"书证融通"，满足学前教育专业学生考取幼儿园教师资格证书的需要；体现"就业导向"，理论部分本着"必须、够用"原则，实践部分遵循"实际、实用"原则，满足学前教育专业学生就业需求。

课程学分：3 分
课程总学时：45 课时（理论 21 课时，实践 24 课时）
课程性质：职业技术必修课（核心课程）
建议修读学期：第三或第四学期
适用专业：学前教育专业，艺术教育专业

1 课程目标

1）总目标

了解学前儿童艺术教育的基本理论，树立正确的艺术教育理念，形成良好的专业素养；理解学前儿童艺术能力的发展特点与规律，掌握理论与实践相结合的原则与方法，具备根据幼儿年龄特点和学前儿童艺术领域目标设计、组织、评价艺术教育活动的能力，为今后就业打下坚实基础。

2）具体目标

（1）知识方面

了解学前儿童艺术教育基本理论，理解不同年龄阶段幼儿艺术能力的发展特点与规律，掌握学前儿童艺术教育活动设计、组织及评价原理。

（2）能力方面

具备根据幼儿年龄特点、学前儿童艺术领域目标设计、组织、评价艺术教育活动的能力。

（3）思想方面

树立良好的职业道德，具有正确的艺术教育理念，具备良好的专业素养以及创新精神。

2 课程地位

本门课程的前导课程包括学前教育学、学前心理学、婴幼儿卫生与保健、儿童舞蹈与创编、学前美术、乐理视唱练耳、钢琴与即兴伴奏等，学生已初步树立正确的儿童观、教育观，基本掌握学前儿童身心发展特点与规律、组织与实施学前儿童艺术教育活动的技能等。本门课程的后续课程包括跟岗实习、顶岗实习等。

3 教学内容

模块	单元	学习要求	课题	重难点	理论学时	实践学时
模块一 概述	单元1 学前儿童艺术教育概述（4学时）	1. 了解我国学前儿童艺术教育发展历程，理解学前儿童艺术教育目标、内容与要求，掌握学前儿童艺术教育活动组织与实施的原则和方法以及评价方略 2. 初步具备设计、组织、评价学前儿童艺术教育活动的能力 3. 树立科学的学前儿童艺术教育理念，具备良好的专业素养以及创新精神	1. 我国学前儿童艺术教育发展历程 2. 学前儿童艺术教育的目标 3. 学前儿童艺术教育的内容与要求 4. 学前儿童艺术教育的组织与实施 5. 学前儿童艺术教育的评价	1.《幼儿园教育指导纲要（试行）》目标、内容要求、指导要点 2.《3~6岁儿童学习与发展指南》各年龄阶段目标 3. 学前儿童艺术教育活动组织与实施的原则与方法（难点） 4. 学前儿童艺术教育活动组织的评价	4	
模块二 学前儿童音乐教育	单元2 歌唱活动（3学时）	1. 熟悉学前儿童歌唱能力发展特点，明确学前儿童歌唱活动目标、内容选择要求、活动设计与指导策略及活动评价方略 2. 能够根据学前儿童歌唱能力发展特点设计、组织与实施、评价学前儿童歌唱活动	1. 学前儿童歌唱能力发展特点 2. 学前儿童歌唱活动目标 3. 学前儿童歌唱活动内容的选择 4. 学前儿童歌唱活动设计与指导 5. 学前儿童歌唱活动组织的评价	1. 学前儿童歌唱活动各年龄阶段目标 2. 学前儿童歌唱活动内容的选择 3. 学前儿童歌唱活动的设计与指导（难点） 4. 学前儿童歌唱活动组织的评价（难点）	2	1
	单元3 韵律活动（3学时）	1. 熟悉学前儿童韵律活动能力发展特点，明确学前儿童韵律活动目标、内容选择要求、活动设计与指导策略及活动评价方略 2. 能够根据学前儿童韵律活动能力发展特点设计、组织与实施、评价学前儿童韵律活动	1. 学前儿童韵律活动能力发展特点 2. 学前儿童韵律活动目标 3. 学前儿童韵律活动内容的选择 4. 学前儿童韵律活动设计与指导 5. 学前儿童韵律活动组织的评价	1. 学前儿童韵律活动各年龄阶段目标 2. 学前儿童韵律活动内容的选择 3. 学前儿童韵律活动的设计与指导（难点） 4. 学前儿童韵律活动组织的评价（难点）	2	1
	单元4 打击乐演奏活动（3学时）	1. 熟悉学前儿童打击乐演奏能力发展特点，明确学前儿童打击乐演奏活动目标、内容选择要求、活动设计与指导策略及活动评价方略 2. 能够根据学前儿童打击乐演奏能力发展特点设计、组织与实施、评价学前儿童打击乐演奏活动	1. 学前儿童打击乐演奏能力发展特点 2. 学前儿童打击乐演奏活动目标 3. 学前儿童打击乐演奏活动内容的选择 4. 学前儿童打击乐演奏活动的设计与指导 5. 学前儿童打击乐演奏活动组织的评价	1. 学前儿童打击乐演奏活动各年龄阶段目标 2. 学前儿童打击乐演奏活动内容的选择 3. 学前儿童打击乐演奏活动的设计与指导（难点） 4. 学前儿童打击乐演奏活动组织的评价（难点）	2	1

续表

模块	单元	学习要求	课题	重难点	理论学时	实践学时
模块二 学前儿童音乐教育	单元5 音乐欣赏活动（3学时）	1. 熟悉学前儿童音乐欣赏能力发展特点，明确学前儿童音乐欣赏活动目标、内容选择要求、活动设计与指导策略及活动评价方略 2. 能够根据学前儿童音乐欣赏能力发展特点设计、组织与实施、评价学前儿童音乐欣赏活动	1. 学前儿童音乐欣赏能力发展特点 2. 学前儿童音乐欣赏活动目标 3. 学前儿童音乐欣赏活动内容的选择 4. 学前儿童音乐欣赏活动的设计与指导 5. 学前儿童音乐欣赏活动组织的评价	1. 学前儿童音乐欣赏活动各年龄阶段目标 2. 学前儿童音乐欣赏活动内容的选择 3. 学前儿童音乐欣赏活动的设计与指导（难点） 4. 学前儿童音乐欣赏活动组织的评价（难点）	2	1
	单元6 音乐游戏（2学时）	1. 熟悉学前儿童音乐游戏的类型，明确学前儿童音乐游戏活动的设计与指导策略及活动评价方略 2. 能够设计、组织与实施、评价学前儿童音乐游戏活动	1. 学前儿童音乐游戏的类型 2. 学前儿童音乐游戏活动的设计与指导 3. 学前儿童音乐游戏活动组织的评价	1. 学前儿童音乐游戏活动的设计与指导（难点） 2. 学前儿童音乐游戏活动组织的评价	1	1
	课堂实训（片段教学、说课）					8
模块三 学前儿童美术教育	单元7 绘画活动（3学时）	1. 熟悉学前儿童绘画能力发展阶段与特点，明确绘画活动目标、内容选择要求、活动设计与指导策略及活动评价方略 2. 能够根据学前儿童绘画能力发展阶段与特点设计、组织与实施、评价学前儿童绘画活动	1. 学前儿童绘画能力发展阶段与特点 2. 学前儿童绘画活动目标 3. 学前儿童绘画活动的内容 4. 学前儿童绘画活动的设计与指导 5. 学前儿童绘画活动的评价	1. 学前儿童绘画能力发展阶段与特点 2. 学前儿童绘画活动各年龄阶段目标 3. 学前儿童绘画活动内容的选择 4. 学前儿童绘画活动的设计与指导（难点） 5. 学前儿童绘画活动的评价（难点）	2	1
	单元8 手工制作活动（3学时）	1. 熟悉学前儿童手工制作能力发展阶段与特点，明确手工制作活动目标、内容选择要求、活动设计与指导策略及活动评价方略 2. 能够根据学前儿童手工制作能力发展阶段与特点设计、组织与实施、评价学前儿童手工制作活动	1. 学前儿童手工制作能力发展阶段与特点 2. 学前儿童手工制作活动的目标 3. 学前儿童手工制作活动的内容 4. 学前儿童手工制作活动的设计与指导 5. 学前儿童手工制作活动的评价	1. 学前儿童手工制作能力发展阶段与特点 2. 学前儿童手工制作活动各年龄阶段目标 3. 学前儿童手工制作活动内容的选择 4. 学前儿童手工制作活动的设计与指导（难点） 5. 学前儿童手工制作活动的评价（难点）	2	1

续表

模块	单元	学习要求	课题	重难点	理论学时	实践学时
模块三 学前儿童美术教育	单元9 美术欣赏活动（3学时）	1. 熟悉学前儿童美术欣赏能力发展阶段与特点，明确美术欣赏活动目标、内容选择要求、活动设计与指导策略及活动评价方略 2. 能够根据学前儿童美术欣赏能力发展阶段与特点设计、组织与实施、评价学前儿童美术欣赏活动	1. 学前儿童美术欣赏能力发展阶段与特点 2. 学前儿童美术欣赏活动的目标 3. 学前儿童美术欣赏活动的内容 4. 学前儿童美术欣赏活动的设计与指导 5. 学前儿童美术欣赏活动的评价	1. 学前儿童美术欣赏能力发展阶段与特点 2. 学前儿童美术欣赏活动各年龄阶段目标 3. 学前儿童美术欣赏活动内容的选择 4. 学前儿童美术欣赏活动的设计与指导（难点） 5. 学前儿童美术欣赏活动的评价（难点）	2	1
		课堂实训（片段教学、说课）				7
	知识拓展（3学时）	1. 理解奥尔夫音乐教育，柯达伊音乐教育，达尔克罗兹音乐教育，铃木音乐教育的理念、内容及方法 2. 能够将奥尔夫音乐教育、柯达伊音乐教育、达尔克罗兹音乐教育、铃木音乐教育中先进的教育理念与方法融于我国现行的音乐教育活动之中	1. 奥尔夫音乐教育 2. 柯达伊音乐教育 3. 达尔克罗兹音乐教育 4. 铃木音乐教育	奥尔夫音乐教育	2	1

4 教学方法与手段

1）灵活多样的教学方法

本课程内容具有极强的实践性、可操作性，同时学生是即将走向一线的准幼儿园教师。因此，我们立足于对教学内容的分析，选择了讲授法、案例分析法、仿真模拟演练等，针对学生学习情况的分析，选择了讨论法、示范法、体验法等。

2）现代化的教学手段

在教学中，运用了先进的现代教育技术，充分利用网络、多媒体等教学手段，为学生直观展示音像、文档、图片等资料。

5 课程考核与评价

为达到"以考促学"的目的，本着"公平公正"原则，课程考核与评价采用形成性评价与终结性评价相结合的方式，各占总成绩的50%。形成性评价内容为片段教学、说课、课堂提问、活动方案设计、考勤，旨在考核学生学习态度、实践能力；终结性评价以闭卷考试形式进行，考核学生对学前儿童艺术教育基本理论的理解以及学前儿童艺术教育活动方案设计能力。

Contents
目录

概

述

模块一

2001 年，教育部颁布《幼儿园教育指导纲要（试行）》，明确将幼儿园教育内容划分为健康、语言、社会、科学、艺术五大领域，艺术教育成为学前教育的重要组成部分。

本模块梳理我国学前儿童艺术教育发展历程，旨在使学生了解学前儿童艺术教育发展概况；介绍学前儿童艺术教育目标、内容与要求、组织与实施以及评价，旨在使学生树立正确的学前儿童艺术教育理念。正确的教育理念是指导教育行为的关键，通过本模块的学习能够为学生今后优化教育实践打下坚实基础。

学前儿童艺术教育概述

课题一 ▶ **我国学前儿童艺术教育的发展历程**

特定时期的教育政策可以反映当时的教育发展状况。通过对 19 世纪以来中国艺术教育相关政策的梳理，可以了解我国学前儿童艺术教育的发展历程。

1 将艺术教育作为促进幼儿发展的工具

鸦片战争以后，中国的社会形态发生巨大变化。西方列强在中国开办工厂，中国民族资本主义逐步发展。一些妇女由于生活所迫不得不走进工厂，家庭式的学前教育模式已无法满足社会需要。此时，外国传教士纷纷在中国开办幼稚园，这些幼稚园虽然在客观上给封闭的中国带来了先进的教育思想，但是，由于其主要目的在于思想钳制，而不是儿童发展，因此，教育内容、教育方式等存在极大弊端。为缓和社会矛盾，清政府在 19 世纪末 20 世纪初推行"新政"，教育上体现在颁布新学制。1904 年，清政府颁布《奏定学堂章程》，其中，还专门制定了《奏定蒙养院章程及家庭教育法章程》，这是我国近代史上第一部幼儿教育法规。其中明确将幼儿教育机构命名为蒙养院，并将蒙养院的课程规定为游戏、歌谣、谈话和手技四个方面。其中，歌谣、手技为艺术教育内容。歌谣教幼儿学习古人短歌谣或五言绝句，使其耳目口舌灵活并培养德行。手技让幼儿学习木工、竹工、纸工、泥工及栽种花卉，使之手眼协调并发展其操作能力。可见，我国学前儿童艺术教育在萌芽时期，主要是被当作促进幼儿发展的工具与手段。

2 兼顾艺术教育的本体价值与工具价值

1912 年中华民国临时政府成立，孙中山任命蔡元培为教育总长，对教育进行全面改革。蔡元培提出教育要促进儿童德、智、体、美全面发展，并突出强调体育与美育的重要性。同年，教育部颁布壬子癸丑学制，将蒙养院改为蒙养园。1916 年，教育部颁布《国民学校实施细则》[1]，将蒙养园的保育项目规定为游戏、唱歌、谈话、手艺，其目标在于促进儿童身心和谐发展。1922 年，教育部颁布壬戌学制（新学制），将蒙养园更名为幼稚园。新学制的颁布在一定程度上促进了中国学前教育的发展，但仍存在诸多问题，如无统一课程标准、无统一课程内容等。在对国内外学前教育理论与实践研究基础上，陈鹤琴等人着手拟订幼稚园标准。1932 年，教育部颁布《幼稚园课程标准》，将幼稚园课程规定为音乐、故事和儿歌、游戏、社会和自然、工作、静息、餐点七个方面。其中，音乐旨在"满足唱歌的欲望；启发并增进欣赏音乐的机能（包括口唱和乐器两种）；发达发声的官能，节奏的感觉，并训练节奏的动作；

---

[1] 唐淑. 学前教育史 [M]. 北京：人民教育出版社，2013：55.

发展亲爱、协同等的情感；引起对事物（如猫、狗、耕田之类）的兴趣"[1]。

20世纪50年代，我国处于国民经济恢复时期。在吸取各方学前教育经验的基础上，1951年，政务院颁布了新中国第一个学制《关于改革学制的决定》，将幼稚园更名为幼儿园。同年，教育部制定了《幼儿园暂行规程（草案）》和《幼儿园暂行教学纲要（草案）》。《幼儿园暂行规程（草案）》将幼儿园课程内容规定为体育、语言、认识环境、图画手工、音乐、计算。艺术教育内容包括音乐（歌唱、听音乐、乐器表演等）与图画手工（图画、纸工、泥工、其他材料作业），其目标在于"培养幼儿爱美的观念和兴趣，增进其想象力和创造力"。《幼儿园暂行教学纲要（草案）》进一步提出图画手工、音乐的总目标、年龄阶段目标以及指导要点等。其中图画手工的培养目标为"培养幼儿初步的艺术兴趣和爱美观念；培养幼儿学习描绘日常生活事物的简单轮廓，以发展其想象力和创造力；培养幼儿运用双手的能力，使其懂得劳动是最崇高的道德，以养成爱劳动、爱护公共财产的习惯"[2]。音乐的培养目标为"培养幼儿爱好音乐的兴趣，发展幼儿的音乐听觉和韵律的感觉；培养幼儿正确地发音、唱歌、表演、舞蹈，并陶冶其活泼、愉快、热情、勇敢、康乐的精神；培养幼儿爱祖国、爱人民、爱劳动等的国民公德，以及团结、友爱的集体主义精神"[3]。

改革开放之后，学前教育进入迅速发展时期。1981年，教育部颁布《幼儿园教育纲要（试行草案）》，将幼儿园课程规定为体育、语言、常识、计算、音乐、美术等科。其中音乐、美术属于艺术教育内容，其具体任务是"教给幼儿音乐、舞蹈、美术、文学等的粗浅知识和技能，培养幼儿对它们的兴趣，初步发展他们对周围生活、大自然、文学艺术中美的感受力、表现力、创造力等"[4]。

从对《国民学校实施细则》《幼稚园课程标准》《幼儿园暂行规程（草案）》《幼儿园暂行教学纲要（草案）》《幼儿园教育纲要（试行草案）》的分析发现，人们逐渐开始强调艺术教育本身的重要性，从知识、技能、情感等方面对艺术教育提出了要求，兼顾了艺术教育本体价值及工具价值。

3 艺术教育从分科走向综合

2001年，教育部颁布《幼儿园教育指导纲要（试行）》（以下简称《纲要》）明确将幼儿园课程内容划分为健康、语言、社会、科学、艺术五大领域，不再采用分科方式设置课程。其中，艺术已不仅仅特指音乐、美术，环境、生活、艺术中的美，这些都是幼儿园艺术教育的重要内容。自此，艺术教育从分科走向综合。2012年，教育部颁布《3~6岁儿童学习与发展指南》，在《纲要》基础上，进一步明确艺术领域各年龄阶段目标，并提出相应教育建议。

课题二 ▶ 学前儿童艺术教育的目标

1 学前儿童艺术教育的总目标

2001年，教育部颁布《幼儿园教育指导纲要（试行）》，将艺术教育的总目标确定为：
①能初步感受并喜爱环境、生活和艺术中的美。
②喜欢参加艺术活动，并能大胆表现自己的情感和体验。
③能用自己喜欢的方式进行艺术表现活动。

[1] 中国学前教育史编写组. 中国学前教育史资料选 [M]. 北京：人民教育出版社，2002：211.
[2] 中国学前教育研究会. 中华人民共和国幼儿教育重要文献汇编 [M]. 北京：北京师范大学出版社，1999：604.
[3] 中国学前教育研究会. 中华人民共和国幼儿教育重要文献汇编 [M]. 北京：北京师范大学出版社，1999：608.
[4] 中国学前教育研究会. 中华人民共和国幼儿教育重要文献汇编 [M]. 北京：北京师范大学出版社，1999：172.

基于对《纲要》的分析，可将学前儿童音乐教育活动的总目标确定为[1]：

（1）感受周围环境和音乐作品中的美，发展幼儿对音乐美的感受能力和审美能力。

（2）初步学会操作一些简单的材料和道具，通过歌唱、韵律活动、音乐欣赏和乐器演奏等音乐活动，培养幼儿言语的和非言语的思维能力、想象能力和创造能力。

（3）在集体音乐活动中进行自我表达和人际沟通、协调，体验音乐活动的乐趣，发展健全、和谐的人格。

基于对《纲要》的分析，可将学前儿童美术教育活动的总目标确定为[2]：

（1）通过对形式审美特征的把握，能初步感受并喜爱周围环境、生活、艺术作品中的美。

（2）对美术活动感兴趣，能积极投入创作、欣赏和评价活动，大胆表现自己的情感和体验。

（3）能以不同的美术工具和材料为媒介，用自己喜欢的方式进行绘画、手工等美术活动。

2 学前儿童艺术教育的年龄阶段目标

2012 年，教育部颁布《3~6 岁儿童学习与发展指南》（以下简称《指南》），明确艺术领域各年龄阶段学习与发展目标，并提出教育建议：

子领域	目标	年龄阶段目标	教育建议
感受与欣赏	喜欢自然界与生活中美的事物	3~4 岁： 1. 喜欢观看花草树木、日月星空等大自然中美的事物 2. 容易被自然界中的鸟鸣、风声、雨声等好听的声音所吸引 4~5 岁： 1. 在欣赏自然界和生活环境中美的事物时，关注其色彩、形态等特征 2. 喜欢倾听各种好听的声音，感知声音的高低、长短、强弱等变化 5~6 岁： 1. 乐于收集美的物品或向别人介绍所发现的美的事物 2. 乐于模仿自然界和生活环境中有特点的声音，并产生相应的联想	1. 和幼儿一起感受、发现和欣赏自然环境和人文景观中美的事物 2. 和幼儿一起发现美的事物的特征，感受和欣赏美
	喜欢欣赏多种多样的艺术形式和作品	3~4 岁： 1. 喜欢听音乐或观看舞蹈、戏剧等表演 2. 乐于观看绘画、泥塑或其他艺术形式的作品 4~5 岁： 1. 能够专心地观看自己喜欢的文艺演出或艺术品，有模仿和参与的愿望 2. 欣赏艺术作品时产生相应的联想和情绪反应 5~6 岁： 1. 艺术欣赏时常常用表情、动作、语言等表达自己的理解 2. 愿意和别人分享、交流自己喜爱的艺术作品和美感体验	1. 创造条件让幼儿接触多种艺术形式和作品 2. 尊重幼儿的兴趣和独特感受，理解他们欣赏时的行为

[1] 陈虹，航梅 . 保教知识与能力 [M]. 长春：东北师范大学出版社，2017：213.
[2] 屠美如 . 学前儿童美术教育 [M]. 长春：东北师范大学出版社，2003：72-73.

续表

子领域	目标	年龄阶段目标	教育建议
表现与创造	喜欢进行艺术活动并大胆表现	3~4 岁： 1. 经常自哼自唱或模仿有趣的动作、表情和声调 2. 经常涂涂画画、粘粘贴贴并乐在其中 4~5 岁： 1. 经常唱唱跳跳，愿意参加歌唱、律动、舞蹈、表演等活动 2. 经常用绘画、捏泥、手工制作等多种方式表现自己的所见所思 5~6 岁： 1. 积极参与艺术活动，有自己比较喜欢的活动形式 2. 能用多种工具、材料或不同的表现手法表达自己的感受和想象 3. 艺术活动中能与他人相互配合，也能独立表现	1.创造机会和条件，支持幼儿自发的艺术表现和创造 2. 营造安全的心理氛围，让幼儿敢于并乐于表达表现
	具有初步的艺术表现与创造能力	3~4 岁： 1. 能模仿学唱短小歌曲 2. 能跟随熟悉的音乐做身体动作 3. 能用声音、动作、姿态模拟自然界的事物和生活情境 4. 能用简单的线条和色彩大体画出自己想画的人或事物 4~5 岁： 1. 能用自然的、音量适中的声音基本准确地唱歌 2. 能通过即兴哼唱、即兴表演或给熟悉的歌曲编词来表达自己的心情 3. 能用拍手、踏脚等身体动作或可敲击的物品敲打节拍和基本节奏 4. 能运用绘画、手工制作等表现自己观察到或想象的事物 5~6 岁： 1. 能用基本准确的节奏和音调唱歌 2. 能用律动或简单的舞蹈动作表现自己的情绪或自然界的情景 3. 能自编自演故事，并为表演选择和搭配简单的服饰、道具或布景 4. 能用自己制作的美术作品布置环境、美化生活	尊重幼儿自发的表现和创造，并给予适当的指导

《指南》所体现的学前儿童艺术教育的理念：

（1）学前儿童艺术教育应当"感受与欣赏""表现与创造"并重

《指南》中将艺术领域划分为两个子领域，即感受与欣赏、表现与创造，突出二者同等重要的地位。

感受与欣赏是表现与创造的前提，表现与创造是感受与欣赏的外在体现，二者必须辩证地联系在一起。

（2）学前儿童艺术教育重在艺术兴趣的培养

《指南》艺术领域的四个目标中，有三个都提到"喜欢"，即"喜欢自然界与生活中美的事物""喜欢欣赏多种多样的艺术形式和作品""喜欢进行艺术活动并大胆表现",可见,学前儿童艺术教育应当把兴趣培养放在首位。

（3）学前儿童艺术教育应尊重幼儿的年龄差异

《指南》中指出"幼儿对事物的感受和理解不同于成人,他们表达自己认识和情感的方式也有别于成人"。同时,"幼儿的发展是一个持续、渐进的过程,也表现出一定阶段性特征"。基于此,《指南》根据幼儿年龄特点提出小班、中班、大班幼儿学习与发展目标,学前儿童艺术教育应当充分尊重幼儿各年龄阶段的差异,对幼儿发展提出合理期望。

（4）学前儿童艺术教育应定位于普通的艺术教育

《指南》中指出"每个幼儿心里都有一颗美的种子"并提出相应教育建议。可见,学前儿童艺术教育应定位于普通的艺术教育,即艺术教育的培养目标在于提升所有幼儿的艺术能力,而不是针对个别幼儿开展的特长教育;艺术教育的内容应当源于环境、生活与艺术,而不应局限于艺术本身;艺术教育的途径关键在于充分创造条件和机会,让幼儿感受美、欣赏美,用自己的方式表达美、创造美,而不能仅停留于课堂;艺术教育的指导应充分体现"尊重"二字,而不能以成人的眼光看待幼儿。

3 学前儿童艺术教育的具体活动目标

教师在撰写具体活动目标时应当注意以下几方面的问题:

1）目标涵盖范围要广

学前儿童艺术教育的具体活动目标应当包括知识、技能、能力、情感、态度等几个方面。

2）目标表述角度要统一

具体活动目标可从教师或幼儿角度进行表述,即在撰写活动目标时主语可以是教师也可以是幼儿。但需要注意的是,撰写角度必须统一。

3）目标表述准确、简洁、具体

在撰写活动目标时,直接用省略主语的简单陈述句表述即可,不必出现活动内容、方法、手段等。例如,不使用"通过……途径""利用……手段"等句式。

【例】

法国号（大班）[1]

活动目标

1. 感受三拍子歌曲"强弱弱"规律。
2. 用甜美而富有弹性的声音演唱歌曲,唱好歌曲中的连音、断音。
3. 学习简单的分声部演唱,体验分组演唱的乐趣。

通过对歌唱活动《法国号》的目标分析发现

1. 目标涵盖范围广:第一条目标为知识目标,第二条目标为技能目标,第三条目标为情感目标。
2. 目标表述角度统一:三条目标均是从幼儿角度进行表述。
3. 目标表述准确、具体、简洁。

---

[1] "福建省幼儿园教师教育用书"编写委员会.福建省幼儿园教师教育用书领域活动指导 [M].福州:福建人民出版社,2017:166.

京剧脸谱（大班）[1]

活动目标

1. 知道京剧是中国特有的一种戏曲艺术。
2. 了解不同颜色的脸谱代表的意义，尝试画脸谱。
3. 体验自由创作的乐趣。

通过对美术欣赏活动《京剧脸谱》的目标分析发现

1. 目标涵盖范围广：第一条目标为知识目标，第二条目标为技能目标，第三条目标为情感目标。
2. 目标表述角度统一：三条目标均是从幼儿角度进行表述。
3. 目标表述准确、具体、简洁。

习题

1. 简述学前儿童艺术教育的总目标。
2. 简述《3~6岁儿童学习与发展指南》中艺术领域的目标。

课题三　学前儿童艺术教育的内容与要求

《幼儿园教育指导纲要（试行）》明确了艺术教育总目标之外，还规定了艺术教育的内容与要求：

①引导幼儿接触周围环境和生活中美好的人、事、物，丰富他们的感性经验和审美情趣，激发他们表现美、创造美的情趣。

②在艺术活动中面向全体幼儿，要针对他们的不同特点和需要，让每个幼儿都得到美的熏陶和培养，对有艺术天赋的幼儿要注意开发他们的艺术潜能。

③提供自由表现的机会，鼓励幼儿用不同艺术形式大胆表达自己的情感、理解和想象，尊重每个幼儿的想法和创造，肯定和接纳他们独特的审美感受和表现方式，分享他们创造的快乐。

④在支持、鼓励幼儿积极参加各种艺术活动并大胆表现的同时，帮助他们提高表现的技能和能力。

⑤指导幼儿利用身边的物品或废旧材料制作玩具、手工艺品等来美化自己的生活或开展其他活动。

⑥为幼儿创设展示自己作品的条件，引导幼儿相互交流、相互欣赏、共同提高。

《纲要》中艺术教育的内容与要求阐明了教师应该做什么和怎么做的问题，而艺术教育内容自然地负载其中。通过分析不难发现，学前儿童艺术教育的内容范围较为广泛，主要包括艺术兴趣的培养；艺术欣赏与感受、表达与表现、想象与创造以及运用能力的提升；艺术知识与技能的获得等。

[1] "福建省幼儿园教师教育用书"编写委员会.福建省幼儿园教师教育用书领域活动指导[M].福州：福建人民出版社，2017：172.

1 学前儿童音乐教育的主要内容

1）歌唱活动

歌唱活动泛指所有运用嗓音进行的音乐表现活动。歌唱是儿童表达思想、情感最自然的形式之一。其内容包括歌曲（含节奏朗诵）、歌唱的表演形式（独唱、领唱、齐唱、轮唱、重唱、合唱、对唱、接唱、表演唱歌等）、歌唱的简单知识技能（姿势、发声、呼吸、演唱、表达、合作、嗓音保护等）。

2）韵律活动

动作是儿童表达和再现音乐的一种最直接最自然的手段。韵律活动是指在音乐的伴奏下以协调性的身体动作来表现音乐的活动。其内容包括律动、舞蹈、节奏活动。

3）打击乐演奏活动

打击乐器是儿童表达和再现音乐的一种最直接、最自然的工具。打击乐演奏活动是指以身体大肌肉动作参与为主，运用一定的节奏和音色，通过打击乐操作来表现音乐的一种活动。其内容包括打击乐曲、打击乐演奏的简单知识与技能（乐器、配器、指挥）。

4）音乐欣赏活动

音乐欣赏一般指通过聆听音乐作品获得审美享受的音乐活动。其内容包括倾听周围环境中的音响、欣赏音乐作品、音乐欣赏简单知识技能等。

5）音乐游戏

音乐游戏是以发展幼儿音乐能力（音乐的感受力与表现力）为目标的游戏。其内容包括歌舞游戏、表演游戏、听辨反应游戏。

2 学前儿童美术教育的主要内容

1）绘画活动

绘画活动是教师引导幼儿用各种笔、纸等工具和材料，运用线条、造型、色彩、构图等艺术语言创造出视觉形象，从而表达创作者的思想、情感的一种活动。其内容主要包括命题画（物体画、情节画）、意愿画、装饰画。

2）手工制作活动

手工制作活动是教师引导幼儿使用各种手工工具和材料，运用剪、撕、贴、折等手段做出平面或立体物体形象，从而发展幼儿动作的灵活性和协调性，培养幼儿实际操作的能力，以及工作计划性和条理性的一种教育活动。其内容包括泥工、纸工、废旧物品制作。

3）美术欣赏活动

美术欣赏活动是教师引导幼儿欣赏和感受美术作品、自然景物和社会环境中的美好事物，丰富幼儿的美感经验，培养其审美情感、审美评价能力和审美创造能力的一种教育活动。其内容包括欣赏对象（环境、生活、艺术中的美）、欣赏知识与技能。

习题

1. 歌唱活动中，幼儿最容易掌握的是（   ）。
   A. 节奏   B. 歌词   C. 旋律   D. 音准
2. 在音乐的伴奏下以协调性的身体动作来表现音乐的活动是（   ）。
   A. 歌唱活动   B. 韵律活动   C. 音乐游戏   D. 音乐欣赏
3. 以身体大肌肉动作参与为主，运用一定的节奏和音色，通过打击乐操作来表现音乐的活动是（   ）。
   A. 歌唱活动   B. 韵律活动   C. 打击乐演奏活动   D. 音乐欣赏
4. 教师引导幼儿用各种笔、纸等工具和材料，运用线条、造型、色彩、构图等艺术语言创造出视觉形象，从而表达创作者的思想、情感的活动是（   ）。
   A. 绘画   B. 手工   C. 美术欣赏   D. 物体画
5. 简述学前儿童艺术教育的内容与要求。

课题四 ▶ 学前儿童艺术教育的组织与实施

1 学前儿童艺术教育的组织

1）学前儿童艺术教育的途径

幼儿园课程是实现幼儿园教育目的的手段，是帮助幼儿获得有益学习经验，促进其身心全面和谐发展的各种活动的总和。这里的各种活动，即《幼儿园工作规程》所说的"有目的、有计划地引导幼儿生动、活泼、主动活动的多种形式的教育过程"[1]。学前儿童艺术教育目标的达成有赖于各种艺术活动的开展。总体来讲，学前儿童艺术教育的途径包括专门性的学前儿童艺术教育活动及渗透性的学前儿童艺术教育活动。

（1）专门性的学前儿童艺术教育活动

专门性的学前儿童艺术教育活动即教师根据学前儿童艺术教育目标，有目的、有计划地选择活动内容、设计教育方法、创设活动环境，组织全体幼儿参加的活动，主要类型包括教学活动及区域活动。教学活动按照音乐教育内容，划分为歌唱活动、韵律活动、打击乐演奏活动、音乐欣赏、音乐游戏；按照美术教育内容的不同，划分为绘画活动、手工制作活动、美术欣赏活动。区域活动则分为音乐区、美工区等。

（2）渗透性的学前儿童艺术教育活动

渗透性的学前儿童艺术教育活动是指在艺术教学活动和区域活动之外，还渗透于生活活动、游戏活动、其他领域活动以及节日安排、环境布置、家庭生活中的活动。

[1] 冯晓霞. 幼儿园课程 [M]. 北京：北京师范大学出版社，2000：14.

2）学前儿童艺术教育活动的组织形式

　　根据活动组织形式，学前儿童艺术教育活动可划分为集体教育活动、小组教育活动、个别教育活动。

3）学前儿童艺术教育活动的原则

　　（1）兴趣性原则

　　学前儿童艺术教育重在培养幼儿艺术兴趣。教师在设计艺术教育活动时应选择幼儿感兴趣的内容、采用游戏等适宜的教育方法，激发幼儿对各种艺术形式的兴趣。以大班歌唱活动《郊游》为例，活动内容贴近生活，教师通过引导幼儿观赏各自带来的郊游照片导入，通过节奏朗诵、图片欣赏教唱歌曲，通过接唱、轮唱、表演唱等形式复习歌曲，整个活动充满趣味性，激发幼儿对音乐活动的兴趣。

　　（2）发展性原则

　　发展性原则是指教师在设计学前儿童艺术教育活动时，必须充分考虑幼儿已有知识经验及能力水平，在此基础上进一步促进幼儿情感、态度、能力、知识、技能的全面发展。以大班美术欣赏活动《中外名建筑》为例。活动前，幼儿观察生活中的建筑，初步了解建筑风格与造型的多样性。活动中，教师采用多媒体手段引导幼儿欣赏古今中外建筑的风格与特点，丰富幼儿审美经验的同时，提升幼儿艺术感受力以及对周围环境、生活中美的事物的洞察力。

　　（3）实践性原则

　　幼儿的学习是以直接经验为基础的，教师应最大限度地支持幼儿通过直接感知、实际操作、亲身体验获得经验。教师在设计与组织艺术教育活动时，必须引导幼儿积极参与实践，在实践中发展和培养幼儿的艺术能力和兴趣。以大班美术欣赏活动《京剧脸谱》为例。活动中，教师引导幼儿欣赏京剧脸谱的线条、造型、色彩，使幼儿理解脸谱的特征，即花纹多样且对称、不同色彩体现不同的人物性格，在此基础上引导幼儿自己画一画京剧脸谱，以加深幼儿对京剧脸谱的理解，萌发幼儿对戏曲艺术的热爱。

　　（4）主体性原则

　　幼儿只有成为学习的主体、主动参与、主动建构才能将经验内化于心，才能获得真正的发展。在学前儿童艺术教育活动中教师必须恰当地处理师幼关系，要把活动组织成教师主动引导、幼儿积极参与的教学过程。以大班韵律活动《库企企》为例。首先，教师引导幼儿欣赏音乐《库企企》。之后，教师创设"登山"情境引导幼儿通过动作感知音乐的旋律与结构。音乐的第一部分幼儿做行走动作，音乐的第二部分"5—6—7—i—"幼儿做登山动作，音乐的第三部分"库、库、库企企"幼儿在"山顶"做呼喊动作。幼儿熟悉音乐后，根据音乐结构创造出堆雪人、沙滩漫步等动作，充分体现出活动的主体性原则。

　　（5）因材施教原则

　　幼儿的发展是一个持续的、渐进的过程，又体现出一定的阶段性特征。每个幼儿都会沿着相似的进程向前发展，但发展速度和到达某一水平的时间各有不同。因此，教师在开展艺术教育活动时必须关注幼儿的个别差异，尊重每个幼儿的想法与感受，促进幼儿艺术个性的健康发展。以大班豆贴画《小汽车》为例。教师要求幼儿绘制小汽车轮廓，并用镊子夹出豆子进行装饰。活动中，丁丁小朋友在画出小汽车轮廓后便停止活动。教师询问原因，丁丁表示"我不会贴"。教师向丁丁展示粘贴方法，但丁丁仍无动于衷。教师思考后提出让幼儿使用镊子夹出豆子粘贴于车头，剩下的部分则可以用手捏出豆子进行粘贴，幼儿欣然接受。教师根据幼儿发展水平调整了活动目标，使活动目标具有层次性，充分体现出因材施教原则。

　　（6）审美性原则

　　审美性原则是指教师在设计学前儿童艺术教育活动中应把握好幼儿的审美特点，以激发审美情感、培养审美感知为出发点，将审美教育贯穿于感受、欣赏、表现、创造的各个环节之中。以大班美术欣赏活动《杨桃树》为例。感受与欣赏环节，教师可以引导幼儿尝试欣赏杨桃树的整体美，如从旗台上远远地看杨桃树，走到树底下抬头欣赏树枝交错的美，从教学楼顶楼从上而下欣赏树冠的美。教师还可以引导幼儿欣赏果树的局部美，如果实不同的挂果位置，树叶与果实不同的衬托方式等。表现与创造环节，幼儿可以根据自己的体验表现出杨桃树的美。

（7）整合性原则

幼儿的发展是一个整体，要注重领域之间、目标之间的整合，从而促进幼儿全面发展。整合性原则是指在艺术教育活动的设计中既要关注到幼儿情感、态度、能力、知识、技能的全面发展，同时也要自然地将艺术领域的内容与其他领域的内容相互交融和渗透。以大班音乐游戏《喜羊羊和灰太狼》为例。游戏中，教师以故事导入："有一天，喜羊羊出去玩，走着走着，突然看到灰太狼迎面跑过来。喜羊羊吓坏了，不由自主地大叫'咩'。灰太狼吓了一跳，仔细一看，说：'哦，原来是喜羊羊啊，我的美味午餐。'说完，灰太狼扑向喜羊羊，喜羊羊转身就跑。一个在前面跑，一个在后面追。喜羊羊到底有没有被灰太狼追上？我们一起来听听音乐吧"[1]。教师自然地将语言领域与艺术领域相渗透，体现出整合性原则。

（8）创造性原则

幼儿艺术领域学习的关键在于充分创造条件和机会，在大自然和社会文化生活中萌发幼儿对美的感受和体验，丰富其想象力和创造力，引导幼儿学会用心灵去感受和发现美，用自己的方式表现和创造美。创造性原则是指在设计学前儿童艺术教育活动中应注重为幼儿营造创造的氛围，通过各种形式激发幼儿的想象与创造，以培养幼儿的创造意识、创造能力和创造个性。以大班美术活动《我设计的机器人》为例。教师首先引导幼儿构思机器人的外形及功能，之后让幼儿自由创作。幼儿创作出帮妈妈做家务的机器人、能飞入太空的机器人、能变成交通工具的机器人等。

4）学前儿童艺术教育活动的方法

（1）以语言传递为主的方法

①讲解法。主要是对艺术活动相关信息，如事物或作品结构与特征、活动方法、步骤与规则、艺术思想与情感等加以解释与说明。讲解时语言要简练、准确、规范且符合幼儿年龄特点。

以绘画活动《水果》为例。教师可用猜谜的方式向幼儿讲解水果的特征。"西瓜：绿绿黑黑真好看，里面果肉红彤彤，要尝一口乐呵呵。菠萝：头上生绿叶，身上方格格，东北不长她，全身黄颜色。"

以泥工活动为例。在讲解将橡皮泥压平这个动作时，可以请幼儿把橡皮泥放在手心，然后用拍手的方式将橡皮泥压平，不知不觉中使幼儿掌握压平技法。

以音乐游戏《小老鼠打电话》为例。歌曲内容："小老鼠，打电话，找个朋友过家家，电话本呀手中拿，五四、三二、六七八。喂喂，你好呀，请你快到我的家。好好，知道啦，马上就到你的家。喵……朋友怎么会是他，原来、号码、打错了。"游戏开始前，教师讲解玩法："小朋友们，请你们找到自己的一位好朋友，我们来玩小老鼠打电话的游戏。一个小朋友扮演小老鼠，另一个小朋友扮演小猫。大家一起唱'小老鼠，打电话，找个朋友过家家，电话本呀手中拿，五四、三二、六七八'。之后小老鼠念'喂喂，你好呀，请你快到我的家'。猫念'好好，知道啦，马上就到你的家'。当听到喵……，小猫跑进老鼠家里抓老鼠，小老鼠赶紧回到自己位置上。"

②对话法。对话法是教师、幼儿、各种艺术形式之间相互作用、相互交流的一种方法。师幼的对话往往是在提问和反馈中展开的。

提问：师幼之间交流互动的重要手段，目的在于引发幼儿的思考。教师提问的类型主要包括感知记忆型问题、理解型问题、应用型问题、创造型问题、评价型问题[2]。

感知记忆型问题要求幼儿通过视觉、听觉、嗅觉、味觉、触觉等感觉识别眼前的实物、图片和音像等内容载体，或再认或回忆已有相关经验。例如：美术欣赏活动《星月夜》中，教师提问："画面中有什么？"歌唱活动《买菜》中，教师提问："歌曲中我和谁去买菜？买了些什么菜？"

［1］"福建省幼儿园教师教育用书"编写委员会.福建省幼儿园教师教育用书领域活动指导 [M]. 福州：福建人民出版社，2017：149.
［2］虞永平，原晋霞.幼儿园教育活动设计与组织 [M]. 北京：高等教育出版社，2014：98.

理解型问题要求幼儿对教学内容进行分析、综合、比较、抽象等复杂认知加工，理解蕴含在内容要素之间的深层联系。例如：绘画活动《心情树》中，教师依次展示色彩明快、灰暗的作品，提问："你最喜欢哪一幅作品？看到这幅作品你的心情怎么样？"歌唱活动《劳动最光荣》中，教师提问："为什么要学习小喜鹊和小蜜蜂，不能学小蝴蝶呢？"

应用型问题要求幼儿将所学知识应用于新的任务情境。例如：绘画活动《心情树》中，教师在引导幼儿感受不同色彩带来的情绪体验后，提问："你想画一棵什么心情的树？它可以用什么颜色来表现？"音乐欣赏活动《劳动最光荣》中，引导幼儿理解歌曲传达的思想后，教师提问："你们在生活中都做过什么样的劳动？劳动之后你们感觉怎么样？"进一步使幼儿懂得劳动让生活更美好的道理。

创造型问题要求幼儿将各种知识信息进行分析、综合后，形成一个独特新颖的答案或方案。例如：绘画活动《我设计的机器人》，在引导幼儿欣赏了各式各样的机器人后，教师提问："你们想画什么样的机器人？它有什么功能呢？"歌唱活动《贪吃的大猩猩》中，教师在引导幼儿初步学习歌曲后，请幼儿想一想："大猩猩还可以吃什么？是怎样吃的？吃完后表情是怎样的呢？"引导幼儿边唱边表演创编的歌词。

评价型问题要求幼儿对内容进行判断，并说明理由。例如：手工活动《剪窗花》中，幼儿自由创作后，教师引导幼儿相互欣赏评价彼此的作品："你喜欢哪一朵花？为什么？"音乐欣赏活动《小海军》中，教师引导幼儿感受欣赏歌曲旋律与内容后，引导幼儿分组边唱边表演小海军，并请幼儿相互点评："你们最喜欢哪一组小海军？为什么？"

【例】

歌唱活动《毛毛虫与蝴蝶》片段

师：歌曲当中唱到了谁？它在做什么？（感知记忆型问题）

幼：毛毛虫，一伸一缩慢慢爬。

师：这段歌曲听上去是抒情缓慢的还是活泼欢快的？（理解型问题）

幼：抒情缓慢的。

师：听完之后你的心情觉得怎么样？（理解型问题）

幼：很悲伤。

师：你们会用什么唱法来唱这段歌词？（应用型问题）

幼：用很伤心的心情来唱。

师：你们觉得毛毛虫是怎么爬的呢？（创造型问题）

幼儿根据旋律进行动作创编。

反馈：教师在与幼儿的互动中对待幼儿行为的态度与策略。教师的反馈策略包括重复、总结、扩展、澄清、追问、评价[1]。

重复：当幼儿回答正确时，教师加重语气，重复幼儿的回答，以示向回答问题的幼儿表示肯定，同时向全班幼儿反馈有价值的信息，帮助其他幼儿在分享中获得他人的经验。

总结：当幼儿回答正确时，教师用简洁凝练的语言总结幼儿的回答。它能够使幼儿在感性体验的基础上将零碎的感受和体验上升为系统的知识和概念。

扩展：在教学活动中，当幼儿回答基本正确但不够完整时，教师扩展、补充幼儿的回答。

澄清：在教学活动中，当幼儿回答正确但用词不够准确时，教师可以帮助幼儿澄清回答。

[1] 虞永平，原晋霞. 幼儿园教育活动设计与组织 [M]. 北京：高等教育出版社，2014：101.

追问：引导幼儿做进一步思考。

评价：教师对幼儿的回答做出明确的肯定或表扬。

手工活动《美丽的大树》片段[1]

教师运用绘本《好饿的小蛇》导入："第一天，小蛇吃了苹果，肚子变成了苹果。第二天，小蛇吃了香蕉，肚子变成了小船。第三天，小蛇吃了饭团，肚子变成了三角形。第四天，小蛇吃了菠萝，肚子变成了大菠萝。最后，小蛇吃了一棵大树，肚子变成了大树。小蛇说，我吃了这么多东西，要摇摇摆摆消化消化"。

师：小朋友们，小蛇最喜欢到哪里去消化消化啊？（理解型问题）

幼：森林。

师：哦，小朋友们都知道了，小蛇要去森林里去消化消化。（重复）小蛇说："我想去咱们小一班的森林里消化消化，怎么办呢？"（创造型提问）

幼：去那里（指向教室布置的森林墙饰）。

师：哦，那里（重复）。还能不能做个更大一点的森林呢？（追问）

幼：做出来。

幼：用纸贴。

师：哦，真棒，你们出的主意不错。（评价）那你们知道森林应该是什么样子的吗？（感知记忆型问题）

幼：好多大树。里面还有狮子和老虎。

师：一棵大树能是森林吗？（理解型问题）

幼：很多的大树。

师：你们知道大树长什么样吗？（感知记忆型问题）

幼：粗粗的、细细的。

师：到底是粗粗的，还是细细的？（追问）

幼：大伙说树干是粗的，树条是细的。

师：树干是什么样的？（感知记忆型问题）

幼：一条条的，一摸，呃……

师：摸上去怎么样？（追问）

幼：……

师：摸上去光滑吗？（感知记忆型问题）

幼：不光滑。

师：不光滑叫什么？（理解型问题）

幼：粗糙。

师：呦，这词用得可真好听。（评价）粗糙，就是摸上去有点麻手。（澄清）树干是高高的、粗粗的，摸上去很粗糙。（总结）那树干上长什么？（感知记忆型问题）

幼：细细的树枝。

师：哦，是树枝，那是一个树枝吗？（追问）

幼：很多的树枝。树枝上还有树叶。

师：哦，还有树叶。那什么季节的树叶最漂亮？（感知记忆型问题）

---

[1] 王红. 美丽的大树 [M\CD]. 北京：电化教育电子音像出版社.

幼：秋天。

师：为什么秋天的树叶最漂亮？（评价型问题）

幼：彩色的。

师：彩色的，都有什么颜色？（感知记忆型问题）

幼：绿色。

幼：黄色。

幼：还有粉色。

师：有绿色、黄色、粉色。（总结）那我们今天就来帮助小蛇做一片森林。

③讨论法。讨论法是指教师指导幼儿以全班或小组为单位，围绕某一内容进行讨论，从而获得艺术知识与技能的方法。例如，打击乐演奏活动《大马大马告诉我》中，教师提问："哪些乐器宝宝像马蹄声？哪些乐器宝宝像马铃声？"引导幼儿分析并使用恰当的乐器表现音乐。绘画活动《水上浮画》中，幼儿操作结束后，教师提问："为什么有的小朋友成功了，在水面上画出了笑脸、花朵？而有的小朋友却没有成功，颜料和水混在了一起？"引导幼儿通过讨论了解到水上浮画的技巧，即动作要轻。

（2）以直接感知为主的方法

①示范法。示范法是指借助于教师的演唱、演奏、动作表演或一定的图片、实物以及幻灯投影、录像等直观性手段，使儿童获得清晰的表象，提高学习兴趣，从而优化学习效果的方法。例如，在歌唱活动《小猪睡觉》中，教师范唱："小猪吃得饱饱，闭着眼睛睡觉，大耳朵在扇扇，小尾巴在摇摇，咕噜噜噜噜，咕噜噜噜噜，小尾巴在摇摇"。在绘画活动《未来的城市》中，教师以优秀的儿童画作品为范例，引导幼儿感知欣赏，以激发幼儿的创作兴趣与构思设计。应当注意的是，在美术活动中，教师提供范例的目的在于引发幼儿的创作意图和构思设计，而不能要求幼儿按照范例作画。

②演示法。演示法是指教师用操作各种直观教具的方法，如图片、教具、幻灯、投影、录音、录像等，向儿童提供活动的范例。例如，打击乐演奏活动中教师向幼儿演示打击乐器的使用方法。手工制作活动《纸杯变狮子》中，教师向幼儿演示纸杯制作成狮子的方法与步骤。

③观察法。观察法是指在教师指导下，幼儿通过视觉、听觉等多种感官感知各种艺术形式，从而获得感性认识的方法。教师在使用观察法时要根据幼儿年龄特点选择观察对象，让幼儿明确观察目的，教会幼儿观察方法。例如，在美术欣赏凡·高的《向日葵》中，教师引导幼儿观察画面的色彩、线条、构图等。在音乐欣赏活动《咿呀咿呀呦》中，教师引导幼儿倾听音乐，并思考"咿呀咿呀呦"藏在哪里。

（3）以指导练习为主的方法（练习法）

练习法是指通过教师提供的范例，幼儿在观察的基础上反复练习，最终获得某些艺术知识、技能的方法。练习法具体可分为模仿练习和变化练习。需要注意的是，教师在使用练习法时切忌枯燥、单一，教师可通过变化材料、情境创设、编制儿歌、变化活动形式等方式使练习变得生动有趣。例如：在歌唱活动《小老鼠打电话》中，教师可引导幼儿模仿跟唱，之后则可采用分组、游戏等方式练习演唱。在手工制作活动中，教师可通过引导幼儿制作"汤圆""雨花石"等物，使幼儿掌握团圆的技能。

（4）以欣赏活动为主的方法

①音像匹配法。音像匹配法是指基于音乐与美术的内在联系性，将音乐与美术相互融合的方法。音像匹配法的有效使用能够提升幼儿的艺术通感。例如：在美术欣赏活动《天鹅》中，配以古筝演奏《柳色新》，可以让幼儿静静地进入情境，想象天鹅在平静的湖面上自由自在地游动，感受水墨画的深浅变化对动物形态描绘的奇妙之处。在音乐欣赏活动《狮王进行曲》中，教师配合图谱引导幼儿感受音乐与动物形象之间的关系。

②动作模仿法。动作模仿法是指引导幼儿通过自己的身体动作去模仿表现艺术作品中的某些特征，以加深对艺术作品的感受与理解。例如，在欣赏民间工艺品老虎木偶的时候，教师引导幼儿用动作模仿老虎的动作和声音，尝试表演老虎勇猛威武的身体，从而感受到和理解手工艺人寄予老虎身上的灵气。在音乐欣赏活动《赛马》中，教师引导幼儿创编挥鞭、冲刺、拉缰绳、欢呼等动作展现乐曲中紧张而欢快的赛马情景。

③整体感知法。整体感知法是指利用艺术形式结构本身的整体统一性和整体协调性，从整体入手引导儿童感知、体验并进行艺术创作的一种方法。整体感知法倡导在艺术活动中将感知与欣赏、表现与创造融为一体，而不是把他们作为相互割裂或对立的部分来看待。例如，在美术欣赏活动《星月夜》中，幼儿欣赏绘画后，教师引导幼儿画出自己心目中的星月夜。在音乐欣赏《狮王进行曲》中，幼儿欣赏音乐结构与形象后，通过角色扮演表现狮王的整体形象。

④多感官参与法。多感官参与法是指在活动中调动幼儿视觉、听觉、运动觉、言语知觉等多种感官协同参与，以更好地丰富和强化儿童对艺术作品的感受和理解，体验并享受艺术之美。例如：在手工活动《雕塑博物馆》中，教师引导幼儿通过看一看、摸一摸、说一说的方式了解泥塑、石雕、木雕等作品以加深幼儿对雕塑作品的认识和理解。在音乐欣赏活动《毛毛虫与蝴蝶》中，为使幼儿理解歌曲内容及其传达的情感，教师综合使用了视觉材料（以蓝色、灰色、黑色表现毛毛虫悲伤的心情，以红色、粉色、黄色表现毛毛虫变成蝴蝶后的喜悦）、动作材料（模仿毛毛虫与蝴蝶的动作以感受音乐的节奏与旋律）、语言材料（表达倾听两段音乐后不同的心情）。

⑤对比法。对比法是指通过对作品表现手法、表现形式和表现风格的比较，提高幼儿对艺术作品的审美感受与理解力。例如：在绘画活动《我的梦》中，教师选择毕加索的《梦》和奥迪隆·雷东的《红色的斯芬蒂克》进行对比欣赏，从而使幼儿理解不同画家的作品风格特点和不同的艺术表达方式，以丰富幼儿的美术经验。在美术欣赏活动《剪纸》中，教师引导幼儿对比写实猪和剪纸猪，让幼儿发现剪纸所刻画出的艺术独特、夸张、变形、简洁之美。在歌唱活动《我有两个家》中，教师边播放歌曲边欣赏不同"家"的照片，请小朋友说一说妈妈和老师的相同点在哪里。

⑥联想法。联想法是指引导幼儿积极大胆地对作品进行想象以深入幼儿对艺术作品理解的方法。例如，在美术欣赏活动《风雨归舟图》中，可以播放狂风暴雨的声音，引发幼儿联想狂风暴雨的情境，从而理解划舟人的动作和姿势，小舟中两人撑伞的动作以及树木被狂风吹倒变形的原因，更好地理解作者的创作过程和表现风格。在音乐游戏《洗衣机》中，教师播放洗衣机视频，引导幼儿想象自己变成一台洗衣机，洗衣机洗衣服的时候和甩干衣服的时候如何转动等。

⑦情境法。情境法是指教师根据艺术活动的需要，为幼儿创设生动、形象、有趣的学习情境，使之产生身临其境的感觉，并引发相应情感的方法。例如，在抽象画《梦》的欣赏活动开始时可以以"欢迎来到梦的魔法世界"导入活动，为幼儿讲述自己的梦境创设情境。在认识红黄蓝三原色活动中，可以创设"找朋友"的情境，让幼儿穿着红黄蓝三种不同颜色的衣服，通过音乐游戏"找朋友"的方式找到与自己衣服颜色相同的朋友，从而分辨出不同的颜色来，并拿起与自己衣服颜色一致的水彩笔到白纸上画下具有此颜色特点的物品，从而加深对颜色的认识。在歌唱活动《摇篮》中，教师出示摇篮，提示"小宝贝在妈妈的摇篮里安静地睡着了，瞧，她睡得多甜美呀！"以此创设恬静的情境，导入歌曲。

（5）以引导探究为主的方法

①尝试法。尝试法是由教师设置一个情境，让幼儿对某一学习任务经过几次尝试后找到合理的方法或答案的方法。例如，在幼儿自制印章的过程中，就是通过不断的尝试来发现刻印的深度和力度，从而掌握制作印章的正确方法。在玩"球滚画"的时候，幼儿也是要在不断的尝试过程中发现滚球的技巧，比如球沾上颜料的多少，面积，如何调整盘子移动的角度才能让球在盘子里滚不出来。在演奏活动中，幼儿需要不断地尝试操作各种乐器，倾听它们的声音，进而选出适合不同乐曲的乐器。

②探究法。探究法是幼儿运用教师提供的材料和线索进行"再发现"，以掌握知识并发展创造性思维与发现能力的一种方法。例如，在玩"颜色变变变"的游戏过程中，老师在不告诉幼儿瓶盖上沾有颜料的前提下，让幼儿上下摇动矿泉水瓶，当水和颜料融合，透明的水就变出颜色来了，当更换瓶盖，水的颜色又会发生变化，从而让幼儿发现颜色间互相混合的奥秘，如红加黄变成橙，黄加蓝变成绿的原理。在制作纸浆画的过程中，幼儿通过不断调整纸浆的浓度、滴入不同的颜料的量、放入花瓣、叶子等，从而制作出不同厚薄，不同图案的纸浆作品。在打击乐演奏活动《田纳西摇摆》中，教师先引导幼儿随乐用动作表现出"××| ×××|"的节奏，之后引导幼儿探索发现双人节奏游戏的方法。

③预知学习法。预知学习法是指通过教师的引导，帮助幼儿将原有知识、技能应用于新的学习情境的方法。例如，在韵律活动《蔬菜总动员》中，教师引导幼儿回忆生活中、游戏中、舞蹈中的动作以表现音乐的旋律与节奏。在绘画活动《楼房》中，教师引导幼儿运用已知的几何图形绘制出不同形状、不同排列方式的楼房。

④变换角色法。变换角色的方法，是指教师运用角色身份的变化对幼儿的活动进行指导的方法。例如，在音乐游戏《小老鼠打电话》中，待幼儿了解游戏玩法和规则后，教师扮演小老鼠、幼儿扮演小花猫进行游戏，之后教师和幼儿交换角色继续游戏，最后幼儿自主游戏。美术活动中，作品展示环节，教师可参与其中，发表自己的意见与见解，引导幼儿理解评价自己与他人作品的方法，之后请幼儿自由发表自己的体会与见解。

2 学前儿童艺术教育的实施

1)《纲要》要点

《幼儿园教育指导纲要（试行）》提出学前儿童艺术教育的指导要点，点明艺术领域教和学的主要特点以及应当注意的普遍性问题，具体内容如下：

①艺术是实施美育的主要途径，应充分发挥艺术的情感教育功能，促进幼儿健全人格的形成。要避免仅仅重视表现技能或艺术活动的结果，而忽视幼儿在活动过程中的情感体验和态度的倾向。

②幼儿的创作过程和作品是他们表达自己的认识和情感的重要方式，应支持幼儿富有个性和创造性的表达，克服过分强调技能技巧和标准化要求的偏向。

③幼儿艺术活动的能力是在大胆表现的过程中逐渐发展起来，教师的作用主要在于激发幼儿感受美、表现美的情趣，丰富其审美经验，使之体验自由表达和创造的快乐。在此基础上，根据幼儿发展状况和需要，对表现方式和技能技巧给予适时、适当的指导。

2)《纲要》实施注意事项

通过对《纲要》指导要点的分析不难发现，学前儿童艺术教育活动的实施应当注意以下几个方面：

①教师应充分关注幼儿的审美情感。艺术具有体验性和感受性的特质，教师在开展艺术教育活动时，不能只关注幼儿艺术创作的结果，还应充分关注幼儿在艺术活动过程中的情感体验与感受。

②教师需支持与尊重幼儿个性化的表达与创造。艺术具有独创性的特质，教师在开展艺术教育活动时，不能以自身的眼光、统一的标准衡量幼儿，而应充分支持与尊重幼儿个性化的表达与创造。

③教师需引导幼儿在体验艺术乐趣的同时获得艺术表现技能。艺术具有审美愉悦性和感染性的特质，教师在开展艺术教育活动时，应使幼儿充分体验到艺术带来的快乐。同时，由于幼儿经验有限，教师可采用适当的方式丰富幼儿的艺术知识与技能，以提升其表达表现的能力。

习题

1. 歌唱活动《小树叶》时，教师在活动室用树叶进行环境创设，该教师用到的方法是（   ）。

    A. 谈话法　　　　　B. 情境法　　　　　C. 预知学习法　　　　　D. 多感官参与法

2. 教师在欣赏活动《向日葵》中，为幼儿提供了不同风格的《向日葵》绘画作品，该教师用到的方法是（   ）。

    A. 对比法　　　　　B. 观察法　　　　　C. 多感官参与法　　　　　D. 情境法

3. 简述《幼儿园教育指导纲要（试行）》中的指导要点。

课题五　学前儿童艺术教育的评价

《幼儿园教育指导纲要（试行）》中指出："教育评价是幼儿园教育工作的重要组成部分，是了解教育的适宜性、有效性、调整和改进工作，促进每一个幼儿发展，提高教育质量的必要手段。"

1 学前儿童艺术教育评价的功能

1）诊断功能

诊断功能是指教师在对收集到的资料进行整理、分析基础上，对幼儿艺术情感、态度、能力、知识、技能方面发展的不足以及教师组织艺术领域活动时存在的问题进行诊断。

2）改进功能

改进功能是指在诊断的基础上，教师对下一步工作提出有针对性的教育策略和建议。例如，在音乐游戏《蚂蚁搬豆》中，幼儿在"搬豆"时在活动室中乱跑，秩序混乱，问题在于教师未清楚地向幼儿交代豆子在哪里，要搬到哪里去（诊断）。教师发现问题后，利用纸箱等材料制作"豆子"放置在活动室前部，利用玩具建构蚂蚁洞穴，环境的合理布置使得幼儿活动变得有序（改进）。

3）激励功能

评价通常会直接或间接地影响到评价对象的心理活动，激发其追求更好的结果。

4）导向功能

评价是根据一定的价值标准进行价值判断的活动。以评价标准为准绳、与评价标准逐步靠近的过程，就是一个不断完善、不断追求高质量教育的过程。

2 学前儿童艺术教育评价的类型

1）按评价的范围划分

（1）宏观评价

宏观评价是对学前儿童艺术教育的整体评价。例如，对幼儿园艺术教育总目标的评价、对国家或地方推行的艺术教育政策等的评价。

（2）中观评价

中观评价是对幼儿园开展艺术教育工作的评价。例如，对教师艺术教育理念的评价、对教师艺术教学工作的评价等。

（3）微观评价

微观评价是对幼儿发展及其指导的评价。例如，对幼儿艺术感受力、表现力与创造力的评价等。

2）按评价的基准划分

（1）相对评价

相对评价是指在被评价对象集合之中，选择一个或若干个对象作为标准，然后将各个评价对象与所确定的标准进行比较，判断其达到标准的程度，或者确定被评价对象在集合总体中所处位置的评价。换言之，即"矮子里拔高个儿"的评价。例如，手工制作活动中，有的幼儿能够灵活运用各种手工材料，有的利用材料较为单一。

（2）绝对评价

绝对评价是在被评价对象的集合之外确定一个客观的标准，将被评价对象与这个客观标准进行比较，并做出价值判断。例如，小班幼儿应掌握团圆、搓长、压扁等泥工技能。

（3）个体内差异评价

个体内差异评价是对评价对象过去与现在进行比较或者将某一个评价对象的若干面进行比较的评价方法。例如，将幼儿入园一个月后的涂鸦作品与刚入园时的涂鸦作品进行比较，以分析幼儿发展状况。

3）按评价的功能及运行的时间划分

（1）诊断性评价

诊断性评价又称前期评价，是在开展艺术教育活动之前的预测性评价。即在制订艺术教育计划前，要对幼儿发展状况、兴趣需要有所了解。

（2）形成性评价

形成性评价又称中期评价，是在艺术教育活动过程中针对活动效果进行的持续性评价，评价的内容包括教学方法与策略、环境的创设、师幼互动等，教师根据评价所反馈的信息及时调整活动，以便有效达成教育目标。

（3）总结性评价

总结性评价又称终结性评价，是在艺术教育活动之后对其活动效果进行的评价，它以预先设定的艺术教育目标为评价依据，判断评价对象达成目标的实际水平。

4）按使用的评价方法的类型划分

（1）定量评价

定量评价是指在幼儿园艺术教育评价中采用数学方法进行定量计算或数字描述的评价。例如，歌唱活动结束后，教师请家长填写问卷，回答"宝宝会完整唱这首歌吗？"等问题，教师回收问卷并进行数据统计以了解本班幼儿对歌曲的掌握程度，进而为接下来的活动设计做好准备。

（2）定性评价

定性评价是指对不便量化的评价对象，采用适当的语言、文字来描述评价对象的方法。例如，对幼儿参与艺术活动积极性、主动性的评价。

5）按评价的主体划分

（1）自我评价

自我评价是指评价者参照一定的指标，对自己的艺术教育工作做出的价值判断。幼儿园教育工作评价实行以教师自我评价为主。

（2）他人评价

他人评价是指被评价者之外的评价主体，主要包括管理者、同行、家长、幼儿等。

6）从评价的连续性划分

（1）独立片段评价

独立片段评价是对一个独立的艺术教育活动或艺术教育活动中的某一环节进行的评价。

（2）连续评价

连续评价是对艺术教育中存在的问题、问题的原因和问题解决效果的评价。例如：节奏乐活动中如何有效运用指挥技术，使用何种策略有效提升幼儿美术欣赏能力等。

7）从评价的记录或交流角度划分

（1）书面评价

书面评价是指以书面方式记录评价过程与结果。

（2）口头评价

口头评价是指以口头语言方式交流评价信息。

8）从评价内容的全面性角度划分

（1）全面评价

全面评价是全面衡量教师的艺术教育教学水平，包括艺术教育理念、艺术教育活动的设计与实施、教师言行等。

（2）重点评价

重点评价是对教师近期主要希望解决的问题的评价。例如环境创设中如何体现审美性等。

3 学前儿童艺术教育评价的方法

《幼儿园教育指导纲要（试行）》中指出："评价应自然地伴随着整个教育过程进行。综合采用观察、谈话、作品分析等多种方法。"

1）作品分析法

通过对幼儿的艺术作品进行分析，了解幼儿的发展水平，或检测教学活动的效果。例如：教师可从幼儿的绘画作品分析幼儿所处的绘画能力发展阶段、思维力、想象力以及个性等。

2）测查法

测查法也称为测试法，即通过测试题目对幼儿的发展水平进行调查的方法。例如：教师准备鼓、碰铃、三角铁等乐器，让幼儿闭上眼睛，教师随机敲响乐器，请幼儿回答是何种乐器发出了声音，以测试幼儿的辨音能力。

3）问卷法

问卷法是指在活动中通过对教师、领导、同行及家长的书面文字形式的问题调查，来获取有关信息的一种评价方法。

【例】
　　当幼儿学会舞蹈《尝葡萄》后，教师可让家长填写问卷：
　　①宝宝是否会跳舞蹈《尝葡萄》？（是，否）
　　②宝宝跳舞的时候是否开心、活泼？（是，否）
　　③宝宝是否可以创造出不同的舞蹈动作？（是，否）

4）观察法

　　观察法是指有目的、有计划地对幼儿艺术活动进行系统和连续的观测、记录与分析，并对观测结果做出评定的方法。常见的观察法有自然观察、情境观察和行为检核。

　　（1）自然观察

　　幼儿园一日活动中教师随时可开展自然观察。例如，音乐欣赏活动《青花瓷》中，教师播放轻音乐，某幼儿表情投入地跟随音乐点头、摇晃身体，可见此幼儿对音乐兴趣浓厚且表现欲强。自然观察可采用表格记录的方式。

观察对象：	观察时间：
观察情境：	记录人：
客观记录：	主观分析：

　　（2）情境观察

　　情境观察即教师根据一定的教育目的人为创设环境进行观察。情境观察可在音乐区、表演区、美工区等区域中开展。例如，在表演区中，教师投放蚂蚁头饰、道具"豆子"，播放歌曲《蚂蚁搬豆》，引导幼儿进行歌曲表演，以观察幼儿对歌曲的熟悉程度、创造力、表现力、合作能力等。情境观察前教师应设计相应的区域活动观察记录表。

幼儿园 ×× 区观察记录表	
观察对象：　　　　　　　观察时间： 记录人：	
活动内容	
活动材料	
活动目标	
过程记录	
评价与分析	

（3）行为检核

行为检核是指将一系列行为项目进行排列，并标明关于这些项目是否出现的两种选择，供观察者判断后选择其中之一并做出记号的方法。

滴画技能检核表		
行为表现	是	否
他能控制颜料滴吗？		
他是否尽力去控制颜料滴？		

5）访谈法

访谈法也称谈话法，是指评价者（或教师）与被评价者（或儿童）进行直接的口头交流，以获取有关方面信息的方法。例如，绘画活动中，某幼儿静坐不动手，教师可采用谈话法与其沟通，了解其不参与活动的原因，进而进行有效引导。

6）自我评价法

自我评价法是幼儿根据一定的评价原则与标准主动对自己的思想和行为做出评价的方法。例如，美术活动中，幼儿在作品展示与交流环节说明自己的创作意图等。

7）档案袋评估法

档案袋评估法是一种综合性的评价方法，包括对幼儿在较长时间内的发展进行观察与记录，收集并分析幼儿的作品，经过整理后进行评价，以反映幼儿在一段时期内的学习过程和成长轨迹。

8）综合等级评定法

综合等级评定法是指针对艺术教育活动而设计的一种有综合评价指标体系的活动评价方法。

幼儿参与音乐欣赏活动态度的等级评价表			
作品：　　　　　班级：			
评定人：　　　　评定时间：			
评定等级 / 幼儿姓名	很专注	比较专注	不专注
C1			
C2			
⋮			

4 学前儿童艺术教育评价的内容

学前儿童艺术教育的评价包括对幼儿发展的评价以及教师艺术教育活动组织的评价两个方面。

1）对幼儿发展的评价

《幼儿园教育指导纲要（试行）》中指出："平时观察所获得的具有典型意义的幼儿行为表现和所积累的各种作品等，是评价的重要依据。"因此，对幼儿发展的评价主要包括活动过程和活动结果的评价。

（1）对幼儿艺术活动过程的评价

对幼儿艺术活动过程的评价主要包括兴趣性、主动性、专注性、独立性、创造性、操作的熟练性、自我感觉、习惯等几个方面。

（2）对幼儿艺术活动结果的评价

微观评价时，教师主要以具体活动目标为参考，从知识、技能、能力、情感等多个方面对幼儿进行评价。宏观评价时，教师可借助一些评价标准对幼儿的艺术能力进行综合考察与分析。

①利用测试法评价幼儿音乐发展能力。

日本音乐心理研究所研究制定了《幼儿音乐能力诊断测验》。该测验针对 4~7 岁学前儿童，测验材料及指导语全部采用录音播放的方式提供给幼儿。另外，该测验采用书面选择答题的方式，答题册上所有内容都用形象直观的图画呈现，幼儿答题仅需根据判断画图或画叉。该测评工具包括五个部分。第一部分是强弱听辨，画面包括 1 个例题和 4 个测试题。每题 1 分，共 4 分。每题由 1 对音量不同的音乐片段组成。要求被试听辨并指出各组中音量较强的那个片段，并在相应形象下的方格内画圈。第二部分是节奏听辨，画面包括 1 个例题和 4 个测试题。每题 1 分，共 4 分。每题由 1 对鼓声节奏组成。要求被试听辨并指出各组中的 1 对鼓声节奏之间是相同还是不同。若相同便在相应画面中的方格内画圈，否则打叉。第三部分是高低听辨，画面包括 2 个例题和 8 个测试题。每题 0.5 分，共 4 分。前 4 个测试题由 1 对单音组成，后 4 个测试题由一对音乐片段组成。要求被试听辨并指出各组中的 1 对单音或音乐片段中较高的 1 个，并在相应形象下的方格内画圈。第四部分是音色听辨，画面包括 1 个例题和 5 个测试题。每题 0.8 分，共 4 分。每题由 3 个演奏不同乐器的形象组成。要求被试听出录音中播放的音乐是何种乐器演奏的，并在相应形象下的方格内画圈。第五部分是音乐欣赏，画面包括 6 个测试题，共 4 分。每题由 2 个性质不同的画面组成，如热闹的公园、安静的田野、老牛拉车、骏马奔驰等。要求被试听出录音中播放的音乐更接近哪幅画面所描写的内容[1]。

②利用作品分析法评价幼儿美术发展能力。

可以从以下五个方面对儿童美术作品进行评价[2]：

a. 作品是否符合幼儿的年龄特点。

b. 作品是否具有童真童趣。

c. 作品是否有独创性。

d. 看作品的艺术水平。画面构成饱满，用线和用色大胆肯定，具有美感、充满信心。

e. 使用材料和表现技法是否有独到之处。

2）对教师教育活动组织的评价

（1）教育工作评价宜考察的方面

《幼儿园教育指导纲要（试行）》中指出教育工作评价宜重点考察以下几个方面：

①教育计划和教育活动的目标是否建立在了解本班幼儿现状的基础上；

②教育的内容、方式、策略、环境条件是否能调动幼儿学习的积极性；

③教育过程是否能为幼儿提供有益的学习经验，并符合其发展需要；

④教育内容、要求能否兼顾群体需要和个体差异，使每个幼儿都能得到发展，都有成功感；

⑤教师的指导是否有利于幼儿主动、有效的学习。

（2）对学前儿童艺术教育活动组织评价应关注的方面

通过对《纲要》的分析不难发现，对学前儿童艺术教育活动组织的评价应包括以下几个方面：

①活动目标：是否建立在幼儿已有知识经验基础之上；是否符合艺术教育目标、年龄阶段目标；

[1] 谈亦文 . 幼儿园音乐教育 [M]. 北京：人民教育出版社，2014：264–265.
[2] 杨景之 . 中国当代儿童绘画解析与教程 [M]. 北京：科学普及出版社，1998：76.

是否兼顾幼儿知识、技能、能力、情感态度方面的发展。

　　②活动内容：选择是否符合幼儿兴趣需要。

　　③活动过程：活动设计思路是否清晰；活动过程中是否灵活运用各种艺术教育方法；是否遵循艺术教育原则；是否综合使用多种活动组织形式。

　　④环境材料：教师是否创设适宜物质环境，包括环境布置、材料提供；教师是否创设宽松的精神环境。

　　⑤师幼互动：教师在活动中是否使用恰当的方式激发幼儿活动的主动性、积极性。

　　⑥教育效果：活动是否使幼儿获得有益的经验；是否使幼儿习得相应能力；是否激发幼儿学习兴趣，使幼儿获得成就感。

　　⑦教师言行：教师的言行举止是否恰当。

习题

　　1. 通过对幼儿作品及相关资料的收集、整理，记录幼儿在各类活动中表现出的个性、兴趣、态度、能力等，采用的方法是（　　）。

　　　　A. 内部评价　　　B. 外部评价　　　　C. 个体评价　　　　D. 成长档案袋评价

　　2. 对学生学习进展情况的评价，进而影响学习过程的评价模式是（　　）。

　　　　A. 诊断性评价　　B. 形成性评价　　　C. 筛查性评价　　　D. 总结性评价

　　3. 下列不属于定性评价的是（　　）。

　　　　A. 调查法　　　　B. 观察法　　　　　C. 文献分析法　　　D. 智力测验

模块二

学前儿童音乐教育

学前儿童音乐教育既要遵循儿童学习音乐的过程，按照儿童心理发展的特点对儿童进行音乐基本知识、技能的教育和熏陶，更是以全面发展教育为中心，通过音乐的手段、音乐教育的途径促进儿童在身体、智力、情感、个性、社会性等方面的和谐发展，是一种以音乐为手段来进行的人的基本素质教育[1]。学前儿童音乐教育的主要内容包括歌唱活动、韵律活动、打击乐演奏活动、音乐游戏、音乐欣赏。歌唱活动、韵律活动、打击乐演奏活动、音乐游戏属于音乐表现活动，音乐欣赏属于音乐体验活动。

[1] 黄瑾. 学前儿童音乐教育 [M]. 上海：华东师范大学出版社，2001：43.

歌唱活动

课题一 ▶ 学前儿童歌唱能力的发展特点

　　歌唱是儿童表达思想、情感最自然的形式之一。歌唱活动泛指所有运用嗓音进行的音乐表现活动。学前儿童歌唱能力发展包括歌词、音域、音准（旋律）、节奏、呼吸、合作协调性、表情、独立性、创造性等八个方面[1]。幼儿在歌唱活动中最容易掌握的是歌词，节奏次之，速度第三，呼吸第四，最难掌握的是音准。

	小班	中班	大班
歌词	1. 能够较完整地再现一些短小和较长歌曲中比较完整的片段。因歌词理解有困难，歌唱时，故意省略因不理解而记不住的歌词。例如省略掉"一同唱歌一同游戏"中的"一同" 2. 幼儿辨音发音能力也较弱。例如把"高"唱成"刀"	可以比较完整准确地再现熟悉歌曲的歌词。即使在这阶段中儿童接触的歌曲篇幅比较长，内容也较复杂，但由于这时他们一般对歌词的听辨、理解、记忆能力已有了较大的提高，因此唱错字、发错音的情况会大大减少	
音域	c^1-a^1 最舒服是 d^1-g^1	c^1-b^1	c^1-c^2
音准（旋律）	无伴奏时"走音"严重	有伴奏或成人带领下，大多数幼儿能基本唱准	音准大大进步。最容易掌握的是小三度（2-4）、大二度（1-2 或 5-6）；其次是大三度（1-3）、纯四（1-4）、纯五度（1-5）。小二度音程（3-4 或 7-i）和六度以上音程难以把握；下行音程比上行音程容易掌握
节奏	四分音符、八分音符、二分音符	四分音符、八分音符、二分音符、带附点的节奏	弱起节奏歌曲；能较好地掌握附点音和切分音节奏的演唱

[1] 许卓娅. 学前儿童音乐教育 [M]. 长春：东北师范大学出版社，2003：118-126.

续表

	小班	中班	大班
呼吸	根据自己使用气息的情况来换气，在歌唱过程中常常因换气而中断句子、中断词义	在教师指导下学会按乐句和情绪的要求换气	能够按乐曲和歌曲的情绪自然地换气
合作协调性	小班末期基本能懂得在音量、速度、力度、音色等方面与集体一致	不仅能够比较协调地参与集体演唱，注意音量、速度、力度、音色等方面与集体相一致，还能协调地分唱和齐唱	音量、速度、力度、音色等方面与集体相一致，尽量避免自己的声音过于突出。积极参与歌唱活动，享受合作带来的乐趣，纠正集体歌唱中出现的不协调因素
表情	在良好的教育下，能够养成初步的表现意识，表现技能会获得一定发展。3岁末期，儿童在演唱熟悉的歌曲时，可以做到速度、力度、音色明显的变化来表现歌曲中的形象与情绪。例如，在演唱《大鼓和小鼓》时，用较大的音量表现大鼓，用较小的音量表现小鼓	不仅更加积极主动地在歌唱中运用声音变化来表达感情，而且他们也可以表现比较细致和复杂的音乐形象。例如，在演唱《小树叶》时，用连贯、舒缓的唱法演绎第一段，以表现小树叶离开妈妈时悲伤害怕的心情；用断顿、跳跃的唱法演绎第二段，以表现小树叶的乐观、勇敢	
独立性	大多数3岁儿童愿意在集体中跟大家一起歌唱。少数开朗、大胆的儿童也会愿意几个人面对大家演唱。到5岁末期，大多数儿童都会愿意独自面对大家演唱了		
创造性	在良好的教育下，能逐步形成创造性表现的意识，创造性表现技能有一定发展。3岁末期，儿童能学会为短小、多重复的歌曲编填新的歌词。例如：歌曲《我爱我的小动物》。"我爱我的小羊，小羊怎么叫？咩咩咩，咩咩咩。我爱我的小猫，小猫怎么叫？喵喵喵，喵喵喵。"幼儿可创编出"我爱我的小狗，小狗怎么叫？汪汪汪，汪汪汪。"等	在良好的教育下，儿童不仅会更积极地参与创造性表现活动，而且也会努力争取使自己的表现更独特、更完美。他们可以在教师的引导下创编歌词、创编动作、创编不同的演唱形式、创编节奏等	

课题二   学前儿童歌唱活动的目标

1 学前儿童歌唱活动总目标 [1]

1）认知目标

①能够感知、理解歌曲的歌词和曲调表现的内容、情感和意义，并知道如何进行创造性歌唱表现。
②知道保护嗓音，会用适度的美的声音歌唱。

[1] 陈金菊.学前儿童艺术教育 [M].长春：东北师范大学出版社，2017：57，58.

③知道如何用歌唱的方式与他人交流。

④能够理解各种集体歌唱表现形式需要的合作协调要求，知道如何在集体歌唱活动中与他人协调。

2）操作技能目标

①能够基本准确地再现歌曲的歌词和曲调，较正确地咬字、吐字，呼吸。

②能够较自然地运用声音表情，唱出适度、美好的声音。

③能够运用带有一定创造性的歌唱表现方式。

④能够在歌唱时自然地运用面部表情和身体动作表情。

⑤能够在集体歌唱活动中控制和调节自己唱出的声音，使之与他人协调。

3）情感与态度目标

①能够体验并努力追求参与各种歌唱活动的快乐。

②能够体验并努力追求唱出美好的声音和快乐。

③能够体验并努力追求与他人用歌唱方式交流的快乐。

④能够体验并努力追求集体歌唱活动中的声音和谐与情感默契的快乐。

2 学前儿童歌唱活动年龄阶段目标[1]

	小班	中班	大班
姿势方面	初步学习正确的歌唱姿势，保持愉快的歌唱情绪	能用正确的姿势、饱满的情绪歌唱	能够用正确的姿势，愉快地、表情恰当地歌唱
音准方面	用自然的声音一句一句地歌唱，在歌唱音域（c^1–a^1）内基本能唱准曲调、节奏和歌词	能用自然的、音量适中的声音基本准确地唱歌，不中断乐句，在音域（c^1–b^1）内能做到唱准曲调、节奏和歌词	能用优美、自然的童声歌唱，并在音域（c^1–c^2）内能正确地表现旋律、节奏和歌词
合作方面	初步学习听前奏，学习跟随伴奏唱歌，逐步做到一起开始和结束	会听前奏和间奏，能整齐地开始和结束，初步学会接唱和对唱	初步学会领唱、齐唱、两声部轮唱、简单的两声部合唱等形式，学会简单的两声部合唱的简单指挥和看指挥
表情方面	能初步理解和表现歌曲的内容、形象和情感	能用不同速度、不同力度、音色变化来表现歌曲的形象、内容和情感	能用不同速度、不同力度、音色变化来表现音乐形象和情感，恰当地表现不同性质、风格的歌曲
创造性方面	在教师的引导下，能够为短小、工整而多重复的简单歌曲增编新的歌词	能够为熟悉、短小、工整而多重复的歌曲创编新歌词并能尝试加入曲调演唱	擅长为歌曲创编新的歌词并能用新歌词演唱
独立性与协调性方面	喜欢自己唱歌，也喜欢与同伴一起唱歌	在伴奏或无伴奏下完整地独立演唱，能在集体演唱时注意声音的协调	愿意在集体面前独立演唱，在集体歌唱活动中协调一致

[1] 陈金菊. 学前儿童艺术教育 [M]. 长春：东北师范大学出版社，2017：58，59.

课题三   学前儿童歌唱活动的内容

1 歌曲的选择

1）歌词的选择

（1）歌词形象生动易于幼儿理解

由于幼儿生活经验不足、理解能力有限，为幼儿选择的歌曲歌词形象应当生动易于理解，才能引发幼儿的活动。歌词的内容包括动植物、自然现象、交通工具、身体部位、生活、游戏、节日、押韵的句子、象声词、一些无意义音节。

动植物歌曲

小树叶

陈镒康　词
茅光星　曲

一只哈巴狗

童谣歌曲

自然现象歌曲

夏天的雷雨

盛璐德　词
马革顺　曲

$\underline{5\ 5}\ \underline{5}\ |\ \underline{6\ 6}\ 5\ |\ \underline{\dot{1}\ \dot{1}}\ \underline{6\ 3}\ |\ 5\ -\ |\ \underline{2\ 3}\ 5\ |\ \underline{5\ 6}\ 5\ |\ 3\ 2\ |\ 1\ -\ :\|$

天空 中，哗啦啦，什么 落 下 来？　　小朋友 请你 快快 想 一 想。

哗啦 啦，哗啦啦，大雨 落 下 来。　　告诉你 这是 夏天 的 雷 雨。

交通工具歌曲

<h3 style="text-align:center">火车开啦</h3>

$1 = C\ \frac{2}{4}$

活泼 欢快地

匈牙利儿童歌曲
吴　静　译词
欧阳斌　配歌

$\underline{1\ 1}\ \underline{3\ 1}\ |\ \underline{5\ 5}\ \underline{6\ 5}\ |\ \underline{4\ 3}\ 2\ |\ 1\ -\ |\ \underline{1\ 1}\ \underline{3\ 1}\ |\ \underline{5\ 5}\ \underline{6\ 5}\ |\ \underline{4\ 3}\ 2\ |\ 1\ -\ |$

咔嚓咔嚓 咔嚓咔嚓 火车 开 啦，　　咔嚓咔嚓 火车 跑得 多 么 好。

$4\ 5\ 6\ |\ 6\ -\ |\ \underline{\dot{1}\ 7}\ 6\ |\ 5\ -\ |\ \underline{\dot{1}\ 5}\ \underline{3\ 1}\ |\ \underline{5\ 5}\ \underline{6\ 5}\ |\ \underline{4\ 3}\ 2\ |\ 1\ -\ \|$

火 车 司机，　开着 火 车，　咔嚓咔嚓 咔嚓咔嚓 向前 奔 跑。

身体部位歌曲

<h3 style="text-align:center">我的身体</h3>

$1 = C\ \frac{2}{4}$

曹冰洁　词曲

$\underline{3\ 3}\ 3\ |\ \underline{5\ 5}\ 5\ |\ \underline{6\ 5}\ \underline{3\ 6}\ |\ 5\ -\ |\ \underline{6\ 6}\ 6\ |\ \underline{3\ 3}\ 3\ |\ 2\ \underline{3\ 2}\ |\ 1\ 1\ |$

$\underline{\dot{1}\ \dot{1}}\ \dot{1}\ |\ \underline{5\ 5}\ 5\ |\ \underline{6\ 5}\ \underline{3\ 6}\ |\ 5\ -\ |\ \underline{6\ 6}\ 6\ |\ \underline{3\ 3}\ 3\ |\ \underline{2\ 5}\ \underline{3\ 2}\ |\ 1\ 1\ |$

我的头，我的肩，这是 我的 胸；　　我的腰，我的腿，这是 我的 膝 盖。

$\underline{1\ 1}\ 1\ |\ \underline{3\ 3}\ 3\ |\ \underline{6\ 5}\ \underline{3\ 6}\ |\ 5\ -\ |\ \underline{\dot{1}\ \dot{1}}\ \underline{\dot{1}\ 6}\ |\ 5\ 3\ |\ \underline{5\ 6}\ \underline{3\ 2}\ |\ 1\ -\ |$

小小手，小小手，小手 真可 爱，　　上面 还有 我 的 十个 手指 头。

$\underline{\dot{1}\ \dot{1}}\ \dot{1}\ |\ \underline{5\ 5}\ 5\ |\ \underline{6\ 5}\ \underline{3\ 6}\ |\ 5\ -\ |\ \underline{6\ 6}\ 6\ |\ \underline{3\ 3}\ 3\ |\ \underline{2\ 5}\ \underline{3\ 2}\ |\ 1\ 1\ |$

我的头，我的肩，这是 我的 胸；　　我的腰，我的腿，这是 我的 膝 盖。

$\underline{1\ 1}\ 1\ |\ \underline{3\ 3}\ 3\ |\ \underline{6\ 5}\ \underline{3\ 6}\ |\ 5\ -\ |\ \underline{\dot{1}\ \dot{1}}\ \underline{\dot{1}\ 6}\ |\ 5\ 3\ |\ \underline{5\ 6}\ \underline{3\ 2}\ |\ 1\ -\ \|$

小小脚，小小脚，小脚 真可 爱，　　上面 还有 我 的 十个 脚指 头。

生活歌曲

种瓜

1=♭E 2/4

刘饶民　词
刘天浪　曲

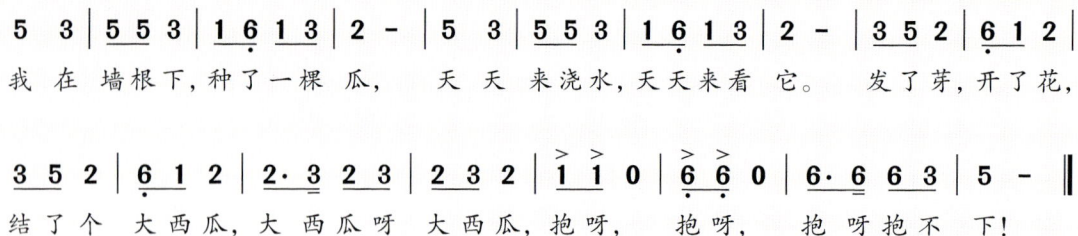

5 3 | 5 5 3 | 1̇ 6 1̇ 3̇ | 2 - | 5 3 | 5 5 3 | 1̇ 6 1̇ 3̇ | 2 - | 3 5 2 | 6 1 2 |

我 在 墙根下, 种了一棵 瓜, 天 天 来浇水, 天天来看 它。 发了芽, 开了花,

3 5 2 | 6 1 2 | 2·3 2 3 | 2 3 2 | 1 1 0 | 6 6 0 | 6·6 6 3 | 5 - ‖

结了个 大西瓜, 大 西瓜呀 大西瓜, 抱呀, 抱呀, 抱呀抱不 下!

游戏歌曲

丢手绢

1=E 2/4
稍慢

鲍侃　词
关鹤岩　曲

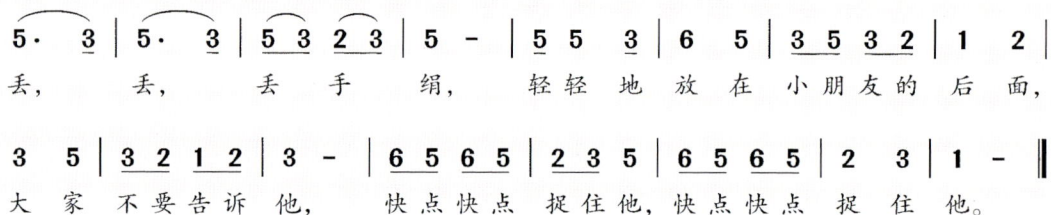

5· 3 | 5· 3 | 5 3 2 3 | 5 - | 5 5 3 | 6 5 | 3 5 3 2 | 1 2 |

丢, 丢, 丢手 绢, 轻轻地 放在 小朋友的 后 面,

3 5 | 3 2 1 2 | 3 - | 6 5 6 5 | 2 3 5 | 6 5 6 5 | 2 3 | 1 - ‖

大家 不要告诉 他, 快点快点 捉住他, 快点快点 捉 住 他。

节日歌曲

爷爷为我打月饼

1=G 4/4
活泼　欢快地

徐庆东、刘青　词
梁寒光　曲

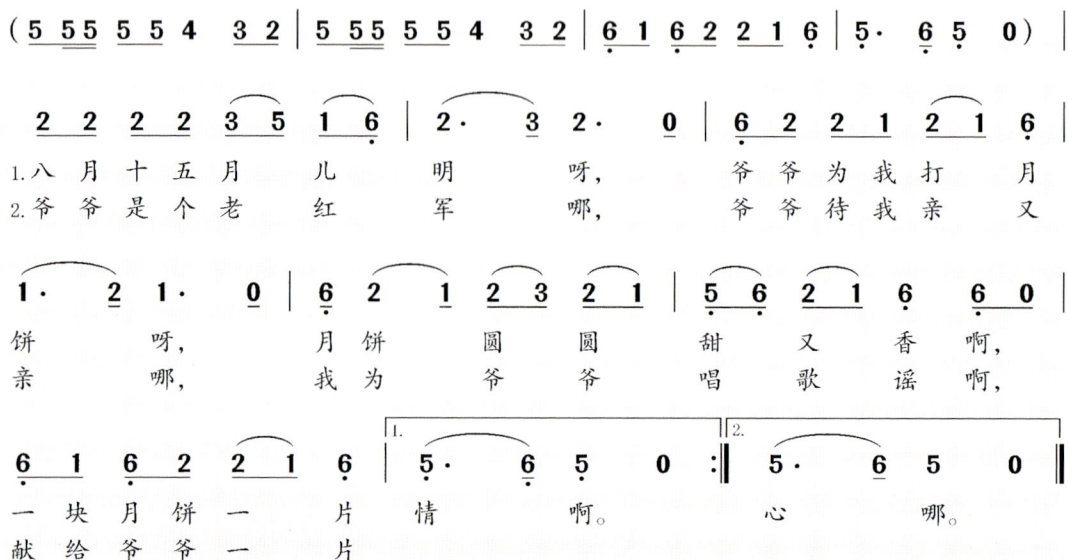

(5 5 5 5 5 4 3 2 | 5 5 5 5 5 4 3 2 | 6 1 6 2 2 1 6 | 5· 6 5 0) |

2 2 2 2 3 5 1 6 | 2· 3 2· 0 | 6 2 2 1 2 1 6 |

1.八 月 十 五 月 儿 明 呀, 爷爷为我打 月
2.爷爷是个老 红 军 哪, 爷爷待我亲 又

1· 2 1· 0 | 6 2 1 2 3 2 1 | 5 6 2 1 6 | 6 0 |

饼 呀, 月饼 圆圆 甜又 香啊,
亲 哪, 我为 爷爷 唱 歌 谣啊,

6 1 6 2 2 1 6 | 1. 5· 6 5 0 :‖ 2. 5 6 5 0 ‖

一块月饼一 片 情 啊。 心 哪。
献给爷爷一 片

押韵的句子歌曲

鹅鹅鹅

1 = C 2/4

【唐】骆宾王　词
孙　超　改编

X　X　X	X X　X X　X	X　X　X　X	X　X　X　X
鹅　鹅　鹅，	曲 项　向 天　歌，	白　毛　浮　绿　水，	红　掌　拨　清　波。

‖: 1　1　1 | 1 2　3 5　5 | 6　6　5 5　3 | [1.] 2 1　2 3　2 :‖ [2.] 2 1　6 2　1 |

鹅　鹅　鹅，　曲 项　向 天　歌，　白　毛　浮 绿　水，　红　掌　拨 清　波。　红　掌　拨 清　波。

5　5　5 3　5 | 6　6　5 | 3 2 3　5 6 3 | 2· 1　6 2 | 1　− ‖

鹅　鹅　鹅，　曲 项　　向 天　歌，　白　毛　　浮 绿　水，　红　掌　拨 清　　波。

象声词歌曲

在农场里

1 = C 2/4

佚名　词曲

1　1　2	3　1	2　2	2　2　3	4　2	3　3
1.猪　儿　在	农　场	噜　噜，	猪　儿　在	农　场	噜　噜，
2.牛　儿　在	农　场	哞　哞，	牛　儿　在	农　场	哞　哞，
3.鸭　子　在	农　场	嘎　嘎，	鸭　子　在	农　场	嘎　嘎，

5　5　6	5　3	4　4　6	5　5　4	2	1　− :‖
猪　儿　在	农　场	噜　噜　叫，	猪　儿　噜　噜	噜。	
牛　儿　在	农　场	哞　哞　叫，	牛　儿　哞　哞	哞。	
鸭　子　在	农　场	嘎　嘎　叫，	鸭　子　嘎　嘎	嘎。	

（2）歌词内容富有美感且有教育意义

音乐的教育功能是音乐的社会功能中发展最早的功能之一。历史上不同国家、不同时代、不同阶级的思想家共同认为：音乐可以育人。为幼儿选择的歌曲歌词内容富有美感且有教育意义，能够达到审美教育和思想教育的目的。

宝宝不怕冷

1 = C 2/4
♩ = 100

夏晓红　词曲

1　2　1　2	3　3	1　3　1　3	5　5	3　5　3　5
1.北　风　北　风	呼　呼，	雪 花　雪 花	飘　飘，	小 手　小 手
2.小　球　小　球	拍　拍，	一 二　一 二	跑　跑，	宝 宝　不 怕

[1.] 6　6	5　6　5　6	2　2 :‖	[2.] 2　5　3　2	1　1 ‖
搓　搓，	小 脚　小 脚	跳　跳，	锻 炼　身 体	好　呀。
冷　呀，				

（3）歌词结构简单多重复的歌词利于幼儿的理解、记忆与创编

我爱我的小动物

佚名　词曲

1＝E $\frac{4}{4}$

$\underline{5\ 5}\ \underline{5\ 5}\ \underline{4\ 3}\ 1\ |\ \underline{2\ 1}\ \underline{2\ 3}\ 5\ -\ |\ \underline{3\ 3\ 3}\ \underline{5\ 5\ 5}\ |\ \underline{3\ 3}\ \underline{2\ 2}\ \underline{1}\ -\ ‖$

我 爱 我 的 小 羊，小 羊 怎 么 叫？　咩 咩 咩 咩 咩 咩，咩 咩 咩 咩 咩。
我 爱 我 的 小 狗，小 狗 怎 么 叫？　汪 汪 汪 汪 汪 汪，汪 汪 汪 汪 汪。
我 爱 我 的 小 鸡，小 鸡 怎 么 叫？　叽 叽 叽 叽 叽 叽，叽 叽 叽 叽 叽。
我 爱 我 的 小 鸭，小 鸭 怎 么 叫？　嘎 嘎 嘎 嘎 嘎 嘎，嘎 嘎 嘎 嘎 嘎。

（4）歌词内容易于用动作表现

幼儿活泼好动、且处于具体形象思维阶段，歌曲中的歌词易于用动作表现能够帮助幼儿理解、记忆歌词，更能够激发幼儿参与活动的兴趣。

蝴蝶花

屠晓雯　词
朱德诚　曲

1＝F $\frac{2}{4}$

$3\ \underline{1\ 3}\ 6\ |\ 5\ \ 3\ 1\ |\ \underline{5\ 5}\ \underline{6\ 6}\ \underline{1\ 2}\ \underline{1\ 2}\ |\ \underline{3\ 5}\ \underline{2\ 3}\ \underline{1\ 2}\ \underline{6\ 1}\ |\ 5\ 1\ 1\ |\ 2\ 3\ 3\ |$

你 看 那 边 有 一 只

$6\ |\ \overset{\frown}{\underline{6\ 1}}\ |\ \underline{5\ 5}\ 5\ |\ \underline{1\ 3}\ \underline{3\ 1}\ |\ \underline{5\ 5}\ 5\ |\ 2\ \overset{\frown}{\underline{6\ 1}}\ |\ \underline{2\ 2}\ 2\ |$

小 小 花 蝴 蝶，我 轻 轻 地 走 过 去，想 要 捉 住 它。

$5\cdot\ \underline{3}\ |\ 2\cdot\ \underline{3}\ |\ \underline{6\ 1}\ \underline{3\ 1}\ |\ 2\ 0\ |\ 5\cdot\ \underline{3}\ |\ 2\cdot\ \underline{3}\ |\ \underline{6\ 1}\ \underline{2\ 6}\ |$

为 什 么 蝴 蝶 不 害 怕？　为 什 么 蝴 蝶 不 害

$5\ 0\ |\ X\ 0\ |\ \underline{5\ 5}\ 3\ |\ 6\ \ 5\ |\ \underline{2\ 5}\ \underline{5\ 3}\ 2\ |\ 1\ -\ ‖$

怕？　 哟！ 原 来 是 一 朵 美 丽 的 蝴 蝶 花。

2）曲调的选择

（1）音域不宜太宽

歌曲曲调的选择首先应当考虑的是音域。音域是指一首歌曲中最低到最高音的范围。

为幼儿选择的歌曲音域不宜太宽。小班适合的音域为 c^1–a^1（即 C 调 1–6），其中最舒服的是 d^1–g^1（即 C 调 2–5）之间。中班适宜的音域为 c^1–b^1（即 C 调 1–7）。大班适合的音域为 c^1–c^2（即 C 调 1–$\dot{1}$）。在幼儿园的集体音乐教育活动中，应着重帮助儿童唱好 c^1–c^2 这个音域范围内的音。

鞋子也会踏踏响

1 = C 4/4

日本幼儿歌曲
清水　词
弘田童太郎　曲
吴家苓　译词
汪爱雨　配歌

为儿童选择歌曲时，也不必机械地套用上述音域范围。一些歌曲虽然音域较宽，但主旋律仍处于上述音域范围，个别音超出这个范围，只要不是时值过长，不是停留在强拍上，出现的次数也不多，仍然适合儿童学唱。

我们是快乐的好儿童

1 = F 3/4

南斯拉夫儿歌

《我们是快乐的好儿童》音域为九度（5-6，F调c^1-d^2），6（F调d^2）超过音域范围，但出现次数较少，仅为一拍，并位于弱拍，所以这首歌适合幼儿学唱。

教师在选择歌曲时，不能仅局限于 C 调。一首歌曲只有三个音（do re me）最适合的是 E 调；一首歌曲只有五个音（do re mi fa so）最适合的是 D 调。

眼睛闭闭好

1 = E 4/4

刘明将　词曲

```
1  -  2 | 3  -  - | 3  -  2 | 1  -  - | 1  -  3 | 2  -  1 | 2  -  - |
风     不吹，     树     不摇，     鸟  儿  也     不  叫。

1  -  2 | 3  -  - | 3  -  2 | 1  -  - | 1  -  3 | 2  -  2 | 1  -  - ‖
```

粉刷匠

1 = D 2/4

温和地

波列辛斯卡娅　曲
周愻功　译配

```
5 3 5 3 | 5 3 1 | 2 4 3 2 | 5  - | 5 3 5 3 |
我是一个   粉刷匠，粉刷本领   强，      我  要  把  那

5 3 1 | 2 4 3 2 | 1  - | 2 2 4 4 | 3 1 5 |
新房子，刷得很漂  亮。      刷了房顶  又刷墙，

2 4 3 2 | 5  - | 5 3 5 3 | 5 3 1 | 2 4 3 2 | 1  - ‖
刷子飞舞  忙，   哎呀我得   小鼻子，变呀变了   样。
```

　　一些优秀的音乐作品，教师也可以进行转调处理来引导幼儿学唱，只要转调之后的歌曲音域不超过小、中、大班年龄阶段要求即可。

小班歌曲

妈妈我要亲亲您

1 = ♭E 4/4

彭野　词曲

```
3  3 2 3 | 3 2 | 1  1 6 5 | 0 | 6 6 6 5 | 6 | 1 | 3 3 3 2 1 2 | 0 |
妈 妈呀我要   亲亲您，   亲亲您的额头 摸摸您的眼，

3 3 3 5 6 | 5 | 3 3 3 2 1 6 | 1 | 5 6 1 6 2 | 3 | 3 3 3 2 1 1 | 0 ‖
亲亲您的鼻子 摸摸您的耳朵，亲亲您的嘴巴 摸摸您的脸。
```

中班歌曲

给爷爷奶奶敲敲背捶捶腿

1=D 2/4　　　　　　　　　　　　金潮　词曲

中速 亲切地

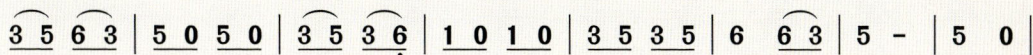

```
3 5 6 3 | 5 0 5 0 | 3 5 3 6 | 1 0 1 0 | 3 5 3 5 | 6 6 3 | 5 - | 5 0 |
```
1. 爷爷 亲哟，奶奶 亲哟，我是您的好宝宝 哟，
2. 咚咚咚咚 咚咚，敲敲 背哟，两只小手忙得 欢 哟，

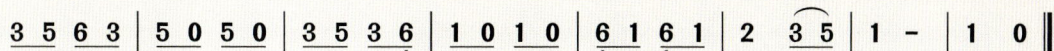

```
3 5 6 3 | 5 0 5 0 | 3 5 3 6 | 1 0 1 0 | 6 1 6 1 | 2 3 5 | 1 - | 1 0 |
```
宝宝不撒娇哟，宝宝不胡闹 哟，我是您的好宝宝 哟。
咚咚咚咚 咚咚，捶捶 腿哟，两只小手忙得 欢 哟。

大班歌曲

小树叶

1=F 2/4　　　　　　　陈镒康　词　茅光星　曲

```
3 3 3 2 | 1 5 | 3 3 3 3 | 2 - | 2 3 5 | 3 3 2 | 1· 6 | 1 - |
```
1. 秋风起来 啦，秋风起来 啦，小树叶离开了妈 妈，
2. 小树叶沙沙，沙沙沙沙 沙，好像在勇敢地说 话，

```
7· 7 | 7 7 6 5 | 6· 1 | 2 - | 2 3 5 | 3 2 | 1 - | 1 - |
```
飘 呀飘呀飘向哪 里，心里可害怕？
春 天春天我会回 来，打扮树妈妈。

（2）速度适中

　　由于幼儿呼吸比较浅、短，不足以支持快速或慢速的演唱，因此，为幼儿选择的歌曲速度应当适中。为小班幼儿选择的歌曲宜采用中速。中班幼儿活泼好动，除活泼欢快的歌曲外，还应适当选择一些速度较慢的歌曲。大班幼儿控制能力增强，可为其选择稍快稍慢的歌曲，也可以选择一些含有速度变化的歌曲。

小班歌曲

小老鼠上灯台

1=D 2/4　　　　　　　张宾善　词　生茂　曲

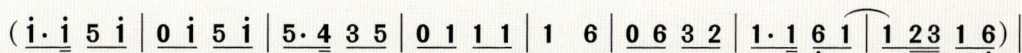

```
(1· 1 5 1 | 0 5 1 | 5· 4 3 5 | 0 1 1 1 | 1 6 0 6 3 2 | 1· 1 6 1 | 1 2 3 1 6)
```

```
1 1 2 | 0 0 | 3 1 2 | 0 0 | 0 5 3 | 2 1 6 | 1 1 2 |
```
小老鼠 上灯台，举着喇叭 叫起来，

```
0 0 | 6 5 3 5 | 0 0 | 0 0 | 6 5 3 5 | 0 0 | 0 |
```
吹灭了灯，蹬翻了台，

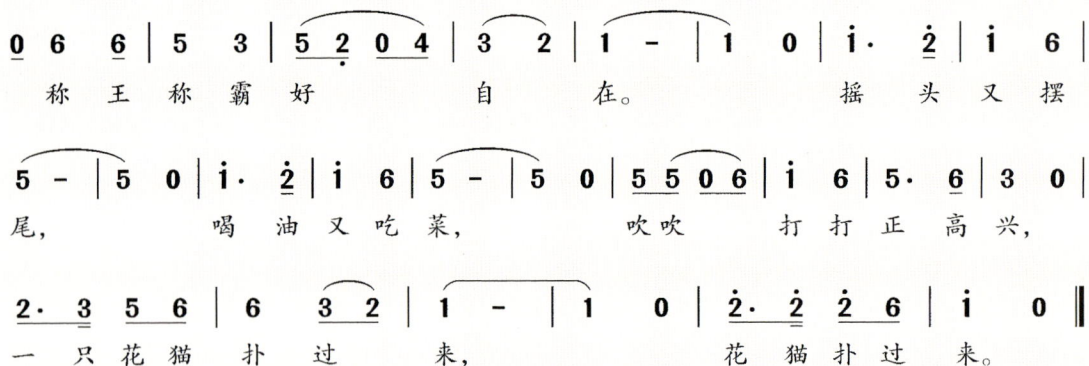

称王称霸好 自 在。   摇头又摆

尾，   喝油又吃菜，   吹吹 打打正高兴，

一只花猫扑过 来，   花猫扑过 来。

小猫咪写信

1 = D 4/4

林芳泽　词
徐正渊　曲

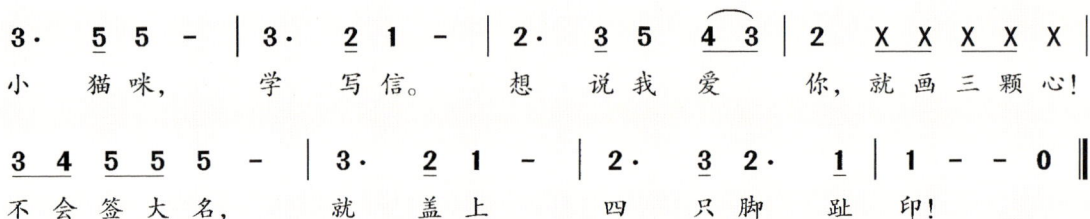

小 猫咪， 学 写信。 想 说我爱 你，就画三颗心！

不会签大名， 就 盖上 四 只脚 趾 印！

郊 游

1 = G 2/4

佚 名 词曲

活泼地

走 走 走走走，我 们小手 拉小手，走 走 走走走，

一同 去郊 游。 白云悠 悠阳 光柔 柔，

青山 绿水 一片锦 绣，   走 走 走走走，

我们小手 拉小手，走 走 走走走，一同 去郊 游。

（3）节奏较简单

幼儿演唱的歌曲节奏应当简单。小班幼儿可选择四分音符、八分音符、二分音符的节奏。中班幼儿可选择四分音符、八分音符、二分音符、带附点的节奏。大班幼儿可选择四二拍、四四拍、三拍子的歌曲和弱起节奏歌曲，能较好地掌握附点音和切分音节奏的演唱。

小班歌曲

小蝌蚪找妈妈

橘子船　词
刘北休　曲

1=D 2/4

（3 4 5｜i 6 5｜5 6 5 3｜2 3 1）｜1 1 5｜1 6 5｜5 6 5 3｜1 3 2｜
小蝌蚪，找妈妈，荷花举个 大火把。

3 4 5｜i 6 5｜5 6 5 3｜2 1 3｜5 6 5 3｜2 3｜1 -｜1 -‖
呱呱呱，呱呱呱，顺着歌声 就到家，顺着歌声 就到 家。

中班歌曲

我们是中班小朋友

佚 名 词曲

1=♭B 2/4

3·4 5｜5 6 5｜5 i i 6｜5 -｜6 4 6｜5 5 3｜5 4 3 1｜2 -｜
小 鸟 喳喳叫，太阳眯眯 笑，小 朋友 多高兴，我们开学 了。

3·4 5 6｜5 -｜5·i 2 i｜6 -｜5 5 6｜5 5 3｜2·2 6｜5 -｜
我们爱学习，我们有礼 貌，我们是中班的小 朋友。

3·4 5 6｜5 -｜5·i 2 i｜6 -｜5 5 6｜5 5 i｜2 6 5｜i -‖
我们爱学习，我们有礼 貌，我们是中班的小 朋友了。

大班歌曲

老鼠画猫

1=D 4/4

轻快地 诙谐地

（1 5 3 5 6 5 0｜6·5 6·5 1 2 0｜1 5 3 5 6 5 0｜7·7 6·5 1 -）｜
1 5 5 -↗｜3 3 5 -｜5 6 5 3 5｜1 3 2 -｜1 5 5 -↗｜
小老鼠 来画猫，哎呀 眼睛要画小。 小老鼠

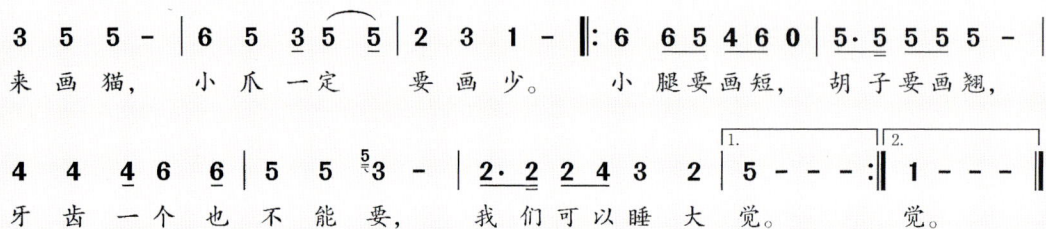

来画猫，　小爪一定　要画少。　　小腿要画短，　胡子要画翘，

牙齿一个也不能要，　我们可以睡大觉。　　　觉。

弱起节奏歌曲

胡说歌

1 = F 4/4

卢乐珍、汪爱丽　译配

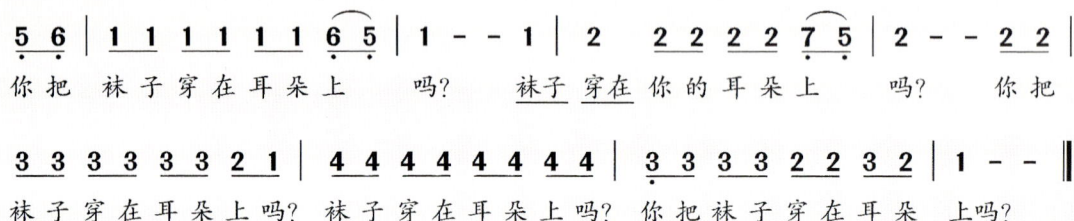

你把　袜子穿在耳朵上　吗？　袜子穿在你的耳朵上　吗？　你把

袜子穿在耳朵上吗？　袜子穿在耳朵上吗？　你把袜子穿在耳朵　上吗？

（4）旋律较平稳

幼儿不适宜演唱起伏较大的歌曲，他们最容易掌握的是三度和三度以下的音程；其次是四度、五度、六度音程。小班可多选以五声音阶（1 2 3 5 6）为骨干的旋律；大班幼儿可选择三度以上的跳音。

小班歌曲

我爱我的幼儿园

1 = C 2/4

佚　名　词曲

中速

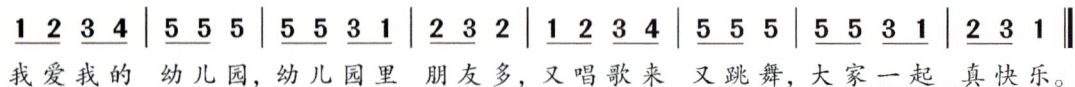

我爱我的　幼儿园，幼儿园里　朋友多，又唱歌来　又跳舞，大家一起　真快乐。

中班歌曲

电灯跟我一起睡啦

1 = F 3/4 4/4

中速稍慢

程宏明　词
王音宣　曲

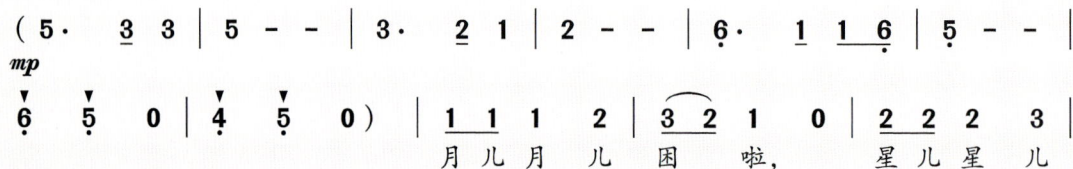

月儿月儿困啦，　星儿星儿

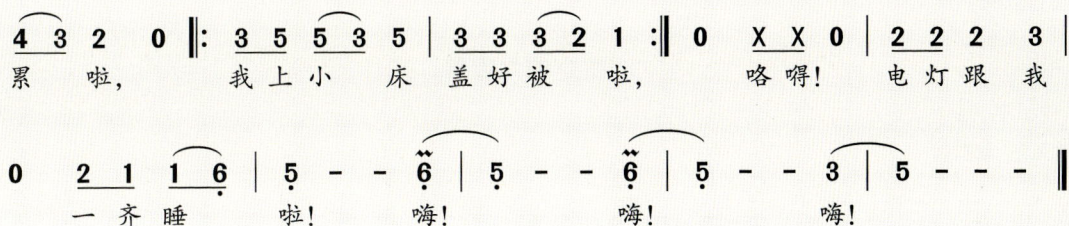

4 3 2 0 ‖: 3 5 5 3 5 | 3 3 3 3 2 1 :‖ 0 X X 0 | 2 2 2 3 |
累　啦，　　　我上小　床盖好被　啦，　　　咯嘚！　电灯跟我

0 2 1 1 6 | 5 - - 6 | 5 - - 6 | 5 - - 3 | 5 - - - ‖
一齐睡　　　啦！　　　嗨！　　　嗨！　　　嗨！

大班歌曲

老师再见了

1 = F 3/4

(3 - 1 | 5 - 3 | 4· 5 4 3 | 2 - - | 7 - 6 5 5 | 3 2· 1 2 3 | 1 - -)|

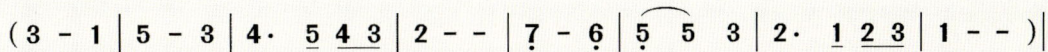

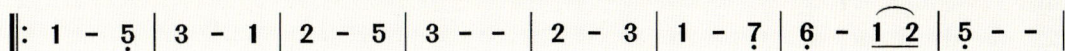

‖: 1 - 5 | 3 - 1 | 2 - 5 | 3 - - | 2 - 3 | 1 - 7 6 - 1 2 | 5 - - |
1.老　师老　师您　真好，　　　辛　勤培　育好苗　苗，
2.老　师老　师您　真好，　　　辛　勤培　育好苗　苗，

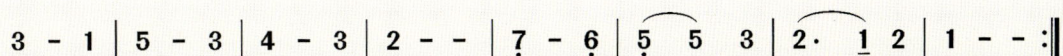

3 - 1 | 5 - 3 | 4 - 3 | 2 - - | 7 - 6 5 5 | 3 2· 1 2 | 1 - - :‖
教　我画　画做　游戏，　　　教　我唱　歌和　舞蹈。
苗　苗活　泼又　健壮，　　　聪　明勇　敢有　礼貌。

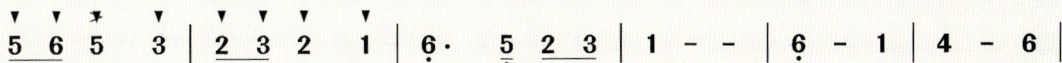

5 6 5 3 | 2 3 2 1 | 6· 5 2 3 | 1 - - | 6 - 1 | 4 - 6 |
　　　　　　　　　　　　　　　　　　　　　今　天我　们

5· 6 5 | 3 - - | 6 - 1 | 4 - 6 | 5· 6 5 | 3 - - | 1 - 1 2 - 3 |
毕　业了，　明　天就　要上　学校，　等　我戴　上

4· 3 4 6 | 5 - - | 7 - 6 5 5 | 3 1 3 | 2 1 2 | 1 - - ‖
红　领巾，　再　来向　您问　个好。

（5）结构较短小工整

　　为幼儿选择的歌曲结构应短小工整。小班应选择 2~4 个乐句，总长度 8 个小节左右；中大班选择 6~8 个乐句，总长度 16~20 个小节左右。

小班歌曲

小老鼠上灯台

佚　名　词曲

1 = C 2/4

中速　诙谐地

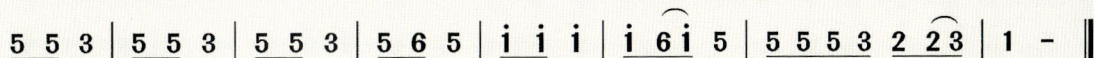

5 5 3 | 5 5 3 | 5 5 3 | 5 6 5 | i i i | i 6 i 5 | 5 5 5 3 2 2 3 | 1 - ‖
小老鼠，上灯台，偷油吃，下不来。喵喵喵，猫来了，叽里咕噜滚下　来。

中班歌曲

贪吃的大猩猩

1=F 2/4

日本童谣改编

风趣 幽默地

（6）词曲关系简单

为幼儿选择的歌曲词曲关系应当简单，以一字一音为主。小班应当一个字对一个音；中大班可以一个字对两个音。

小班歌曲

小蝌蚪找妈妈

1=C 2/4

佚 名 词曲

中班歌曲

洗手绢

1=C 2/4

苏 茹 词
汪 玲 曲

歌谣风

大班歌曲

毕业歌

2 **演唱形式的选择**

1）独唱

　　一个人独立地歌唱或独自歌唱。

2）齐唱

　　两个或两个以上幼儿一起整齐地演唱完全相同的曲调和歌词。

3）接唱

　　包括个人对个人的接唱和小组对小组的接唱。包括半句半句地接唱，一句一句地接唱。
　　半句半句地接唱

我和奶奶去买菜

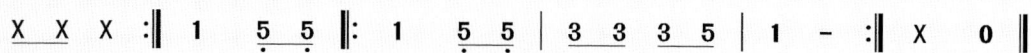

X X X : ‖ 1 5̲5̲ ‖: 1 5̲5̲ | 3̲3̲ 3̲5̲ | 1 - :‖ X 0 ‖
西红柿，　哎 呀呀，　哎 呀呀，拿也拿不了。　　嗨！
小豌豆。

A组：青菜绿油油呀！
B组：豆芽黄澄澄呀！
A组：白菜大又好呀！
B组：芹菜水灵灵呀！
一句一句地接唱

我们是中班小朋友

佚 名 词曲

1 = ♭B 2/4

3̲·4̲ 5 | 5̲6̲5̲ | 5̲1̲1̲6̲ | 5 - | 6̲ 4̲6̲ | 5̲5̲3̲ | 5̲4̲3̲1̲ | 2 - |
小 鸟 喳喳叫，太阳眯眯笑，　小 朋友 多高兴，我们开学了。

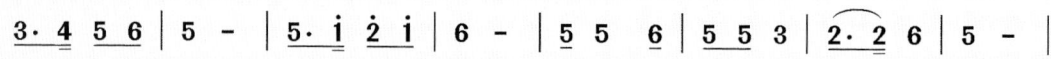

3̲·4̲ 5̲6̲ | 5 - | 5̲·1̲ 2̲1̲ | 6 - | 5̲5̲ 6̲ | 5̲5̲3̲ | 2̲·2̲ 6̲ | 5 - |
我们爱学习，　我们有礼貌，　我们 是 中班的 小 朋友。

3̲·4̲ 5̲6̲ | 5 - | 5̲·1̲ 2̲1̲ | 6 - | 5̲5̲ 6̲ | 5̲5̲1̲ | 2̲ 6̲5̲ | 1 - ‖
我们爱学习，　我们有礼貌，　我们 是 中班的 小 朋友了。

A组：小鸟喳喳叫，太阳眯眯笑，小朋友多高兴，我们开学了。
B组：我们爱学习，我们有礼貌，我们是中班的小朋友。
A组：我们爱学习，我们有礼貌，我们是中班的小朋友了。

4）对唱

人与个人、小组与小组、个人与小组之间的回答式的歌唱。

打电话

儿 歌
汪 玲 曲

1 = F 2/4

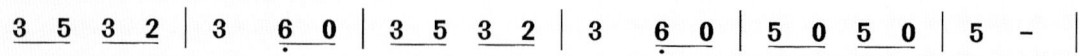

3̲5̲ 3̲2̲ | 3 6̲0̲ | 3̲5̲ 3̲2̲ | 3 6̲0̲ | 5̲0̲ 5̲0̲ | 5 - |
两个小娃娃呀，　正在打电话呀，　喂，喂，喂，

3̲3̲ 2̲5̲ | 3 - | 2̲0̲ 2̲0̲ | 2̲·3̲ | 5̲5̲ 3̲2̲ | 1 - ‖
你在哪里呀？　哎，哎，哎，　我在幼儿园。

合唱：两个小娃娃呀，正在打电话呀。
A组：喂，喂，喂，你在哪里呀？
B组：哎，哎，哎，我在幼儿园。

5）轮唱

各声部先后按一定间隔开始演唱同一首歌曲。

新年好

6）领唱

一个人或几个人演唱歌曲中的主要部分，集体演唱歌曲中配合的部分。

我有两个家

领唱：告诉小鸟，告诉小花猫，告诉小松鼠，告诉小青蛙。

齐唱：一个家有老师，一个家有妈妈，两个家我都爱，两个家我都爱。

7）合唱

①一个声部用哼鸣的方式演唱旋律，另一个声部按相同节奏朗诵歌词。

数鸭子

李　霞　改编

1 = C 2/4

```
3   1 | 3 3 1 | 3 3 5 6 | 5 - | 6 6 6 5 | 4 4 4 | 2 3 2 1 |
门   前    大 桥 下，  游 来 一 群    鸭。      大 家 快 来   数 一 数，  一 二 三 四

2 - | 3   1 | 3   1 | 3 3 5 6 | 6 - | i   5 5 | 6   3 |
五。    一    只    两    只， 三 只 四 只 鸭，    五    只 小   鸭  子，

2 1 2 3 | 5 - | i   5 5 | 6   3 | 2 1 2 3 | 1 - |
快 快 游 过  来，      五    只 小   鸭  子，   快 快 游 过  来。
```

一个声部歌词朗诵，另一个声部用"啦"哼唱旋律。

②一个声部唱歌，另一个声部用相同旋律唱衬词。

欢乐颂

席勒原诗、集体改填词
贝多芬　曲

1 = F 4/4

```
3 3 4 5 | 5 4 3 2 | 1 1 2 3 | 3· 2 2 - | 3 3 4 5 | 5 4 3 2 |
1.蓝 天 高 高，白 云 飘 飘，太 阳 公 公 在  微 笑。   树 上 小 鸟 吱 吱 在 叫，
2.啦 啦 啦 啦 啦 啦 啦 啦 啦 啦 啦 啦 啦 啦   啦 啦 啦 啦 啦 啦 啦

1 1 2 3 | 2· 1 1 - | 2 2 3 1 | 2 3 4 3 | 1 2 3 4 3 2 |
河 里 小 鱼 尾 巴 摇。   花 儿 点 头，草 儿 弯 腰，欢 迎 小 朋
啦 啦 啦 啦 啦 啦 啦。   唔 唔 唔 唔 唔 唔 唔 唔 唔 唔 唔 唔 唔 唔

1 2 5 - | 3 3 4 5 | 5 4 3 2 | 1 1 2 3 | 2· 1 1 - |
友 们 到，  我 们 大 家 多 么 快 乐，又 唱 歌 来 又 舞 蹈。
唔 唔 唔，  啦 啦 啦 啦 啦 啦 啦 啦 啦 啦 啦 啦 啦 啦。
```

③一个声部唱歌词，另一个声部在第一个声部休止或延长处演唱填充式的词曲。

梦之船

1=D或♭E 3/4

宏赖菊夫　词
市川都志春　曲

```
3 - 3 | 3 2 1 | 5̣ - - | 5̣ - - | 3 - 3 | 3 4 3 | 2 - - | 2 - - |
摇   啊摇  啊摇，               我  的梦  之 船，

0 0 0 | 0 0 0 | 0 3 3 | 3 3 3 | 0 0 0 | 0 0 0 | 0 4 4 | 4 4 4 |
        摇摇摇摇摇摇                      摇摇摇摇摇
```

```
2 - 2 | 2 1 6̣ | 5̣ - - | 5̣ - - | 5 - 5 | 5 4 2 | 1 - - | 1 - - |
在  那遥远的天   边，        轻  轻飘   荡。

0 0 0 | 0 0 0 | 0 0 0 | 0 0 0 | 0 0 0 | 0 0 0 | 5 5 5 | 5 4 4 4 4 |
                                        轻轻飘  荡，轻轻飘  荡。
```

```
5 - 3 | 5 - 3 | 5 - - | 3 4 5 | 6 - 4 | 6 - 4 | 6 - - | 6 - - |
喂！你快 来 看！    那就是神  秘椰 子岛。
```

```
5 - 5 5 | 5 4 3 | 4 - 4 | 4 3 2 | 5̣ - 5̣ | 5̣ 6̣ 7̣ | 1 - - | 1 - - ‖
可  爱的小矮 人正 在岸    上快 乐跳舞歌唱。
```

④一个声部唱歌词，另一个声部演唱固定音型式的词曲或延长音。

王老先生有块地

1=♭E或F 4/4

佚　名　词曲

```
1 1 1 5̣ 6̣ 6̣ 5̣ | 3 3 2 2 1 - | 1 1 1 5̣ 6̣ 6̣ 5̣ | 3 3 2 2 1 - |
王老 先生有块 地，咿呀咿呀哟，  他在 地里养小 鸡，咿呀咿呀哟，

X X X X  X | X X X X  X | 3 3 2 2 1 - | X X X X  X | X X X X  X | 3 3 2 2 1 - |
咿呀咿呀哟  咿呀咿呀哟，咿呀咿呀哟，  咿呀咿呀哟  咿呀咿呀哟，咿呀咿呀哟，
```

```
1 1 1 | 1 1 1 | 1 1 1 1 1 1 | 1 1 5̣ 6̣ 6̣ 5̣ | 3 3 2 2 1 - ‖
叽叽叽  叽叽叽，叽叽叽叽叽叽叽叽，王老 先生有块 地，咿呀咿呀哟。

X X X X X X | X X X X X  X | 1 1 5̣ 6̣ 6̣ 5̣ | 3 3 2 2 1 - ‖
他在地里养小鸡，他在地里养小  鸡，王老 先生有块 地，咿呀咿呀哟。
```

第一声部：王老先生有块地。　　　第二声部：咿呀咿呀呦。

第一声部：他在地里养小鸡。　　　第二声部：咿呀咿呀呦。♫♫♫，♫♫♫，♫♫♫。

第一声部：王老先生有块地。　　　第二声部：咿呀咿呀呦。

⑤两个声部同时开始演唱两首相互和谐的歌曲。

要求：两首歌曲可共用和声；节奏简单；拍号协调一致，如两首歌曲都是四二拍，或两首歌曲都是四四拍，或两首歌曲都是四三拍，或一首歌曲四二拍一首歌曲四四拍；旋律重合时没有大量不和谐音程。

《小篱笆》与《法国号》

小篱笆

1=F 3/4

金　波　词
佚　名　曲

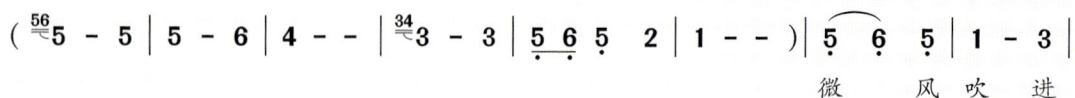

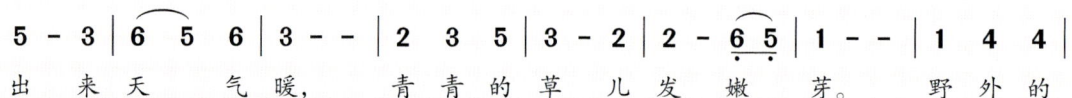

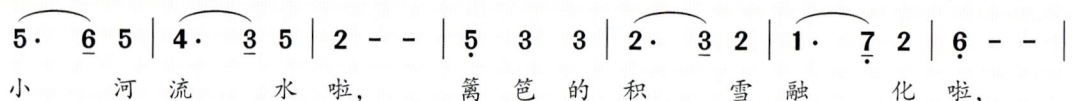

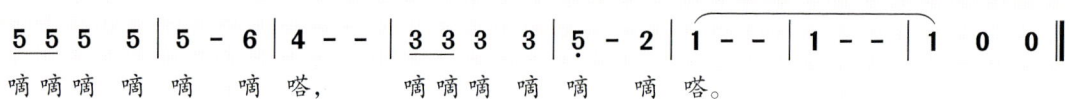

```
(⁵⁶5 - 5 | 5 - 6 | 4 - - | ³⁴3 - 3 | 5 6 5 2 | 1 - -) 5 6 5 | 1 - 3 |
                                                    微  风  吹 进

5 3 1 | 2 - 0 | 5 6 5 | 3 - 2 | 1 2 6 | 5 - - | 5 6 5 |
小     篱  笆，      把 春 天  送 到 我  的  家。     太  阳

5 - 3 | 6 5 6 | 3 - - | 2 3 5 | 3 - 2 | 2 - 6 5 | 1 - - | 1 4 4 |
出 来 天  气 暖，    青 青 的 草 儿 发  嫩  芽。     野 外 的

5· 6 5 | 4· 3 5 | 2 - - | 5 3 3 | 2· 3 2 | 1· 7 2 | 6 - - |
小  河 流  水 啦，     篱 笆 的 积  雪 融  化 啦，

5 5 5 5 | 5 - 6 | 4 - - | 3 3 3 3 | 5 - 2 | 1 - - | 1 - - | 1 0 0 ‖
嘀 嘀 嘀 嘀 嘀  嘀 嗒，     嘀 嘀 嘀 嘀 嘀  嘀 嗒。
```

法国号

1=F 3/4
中速 稍快

法国民歌
卡洛尔·A.莱茵哈特　词
因　心　译配

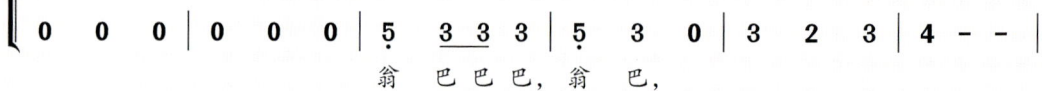

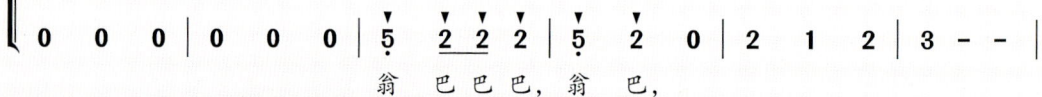

```
5· 3 3 | 5· 3 3 | 0 0 0 | 0 0 0 | 3 2 3 | 4 - - |
翁 巴 巴， 翁 巴 巴，          谁 在 唱 歌？

0 0 0 | 0 0 0 | 5· 3 3 3 | 5· 3 0 | 3 2 3 | 4 - - |
              翁 巴 巴 巴， 翁 巴，   

5· 2 2 | 5· 2 2 | 0 0 0 | 0 0 0 | 2 1 2 | 3 - - |
翁 巴 巴， 翁 巴 巴，          每 天 这 样。

0 0 0 | 0 0 0 | 5· 2 2 2 | 5· 2 0 | 2 1 2 | 3 - - |
              翁 巴 巴 巴， 翁 巴，
```

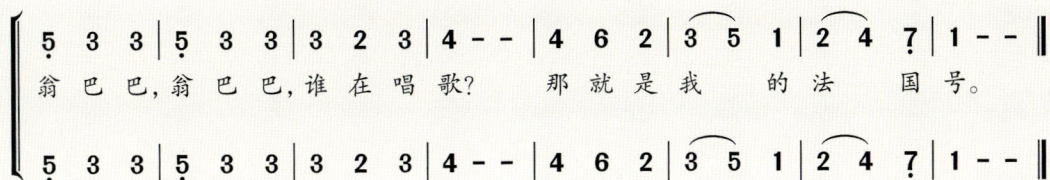

《眼睛闭闭好》和《雁儿飞》

眼睛闭闭好

刘明将 词曲

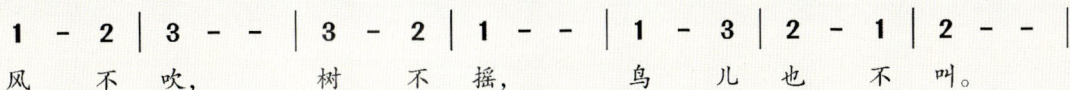

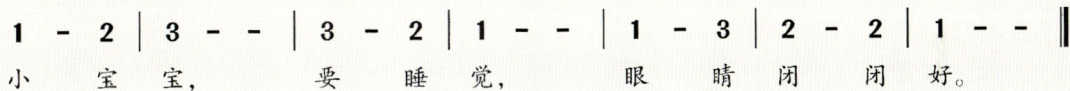

雁儿飞

朱晋杰 词
李嘉评 曲

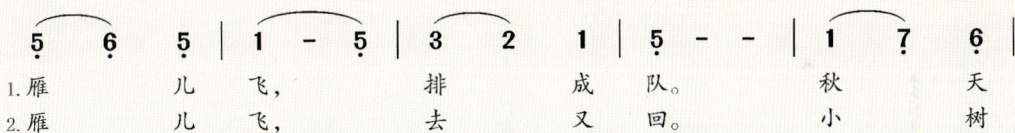

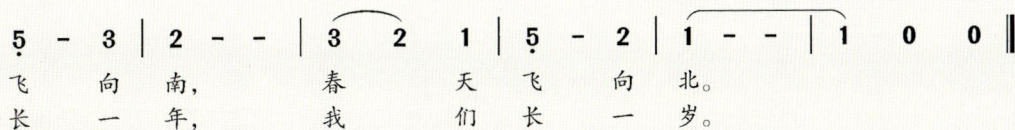

8) 表演唱歌

　　一边唱歌一边做身体动作的表演。

小猪睡觉

刘明将 词曲

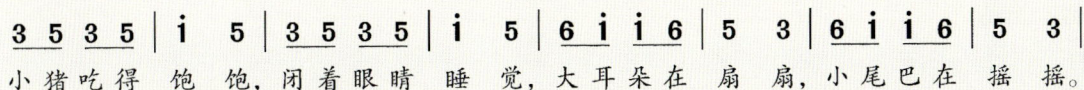

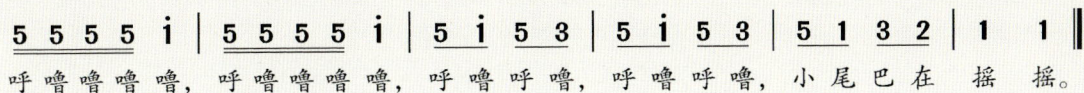

课题四 ▶ 学前儿童歌唱活动的设计与指导

学前儿童歌唱活动方案基本要素包括活动名称、活动目标、活动准备、活动过程、活动延伸等。

1 活动名称

歌唱活动的名称主要来源于歌曲的名称，如《粉刷匠》等。

2 活动目标

活动目标是通过教学活动所期望达成的结果。活动目标既为活动指明了方向，也可以成为评价幼儿发展的依据。歌唱活动目标的制订可参考学前儿童歌唱活动各年龄阶段目标。知识技能目标着眼于歌唱技巧的学习及运用，如歌词的理解；音准；连贯、舒缓、断顿、跳跃等唱法；二分音符、八分音符、休止符、切分音、附点等节奏；面部、声音、动作等表情；对唱、接唱、轮唱等演唱形式。情感目标着眼于对歌曲传达情感的体验以及自己在歌唱时的情感表达。

【例】

不倒翁（小班）

1. 能理解歌词内容，感受歌曲的幽默与活泼。
2. 能用肢体动作表现不倒翁可爱的形象。
3. 体验与同伴共同歌唱的乐趣。

给爷爷、奶奶捶捶背、敲敲腿（中班）

1. 能理解歌曲内容。
2. 能完整演唱歌曲，并尝试唱准休止符。
3. 能用歌声表达对爷爷奶奶的爱。

老鼠画猫（大班）

1. 感受歌曲诙谐、幽默的风格，理解歌词内容。
2. 学会完整演唱歌曲，能够用滑音唱法表现小老鼠机灵的形象。
3. 体验与同伴共同歌唱的乐趣。

---

3 活动准备

良好的活动准备是活动顺利开展的前提与基础。歌唱活动的准备包括物质准备和经验准备。

1）物质准备

（1）环境创设

活动开始前，教师可创设与歌曲内容相符合的环境。例如歌唱活动《我有两个家》，教师收集全家福以及教师和幼儿一起活动的照片，布置成"两个家"的照片展。

（2）材料准备

活动开始前，教师可准备图谱、头饰、道具、音乐等材料。例如歌唱活动《小树叶》，教师准备了音乐《小树叶》以及落叶人手一片。

2）经验准备

（1）能力准备

能力准备是指幼儿达成教学活动目标所必备的关键能力。例如歌唱活动《梦之船》要求幼儿能用打击乐器随乐自如地为歌曲伴奏，那么幼儿必须已经具备一定的打击乐演奏能力。

（2）生活经验准备

生活经验准备是指幼儿理解教学活动情节，对教学活动对象产生兴趣所必需的生活经验基础。例如歌唱活动《我和奶奶去买菜》，幼儿具备与家长买菜的生活经验。

4 活动过程

学前儿童歌唱活动的活动过程为：导入—范唱—学唱—复习—创编。

1）导入

（1）动作导入

动作导入适合的歌曲是词曲简单多重复，歌词内容是直接描述动作过程的或是比较富于动作性的。

歌曲《大公鸡》：老师扮演公鸡："早上空气真好，公鸡爸爸要带小鸡到草地上捉虫吃，现在我们跟着音乐一起出发了。"老师引导幼儿学做公鸡的动作，并跟着音乐一起来到草地上，捉捉虫。玩了一会儿，老师跟孩子们说"玩得漂亮衣服都脏了，我们一起洗个澡吧"，接着带着孩子们做扑扑翅膀，做洗澡的动作。公鸡是孩子所熟悉的小动物，教师利用模仿公鸡爸爸带着小鸡到草地上玩以及洗澡等动作，让孩子们在不知不觉中熟悉歌曲的内容。

（2）歌词创编导入

歌词创编导入适合的歌曲是歌曲内容简单多重复，歌词语法结构单纯清晰，具有某些语言游戏性质。

歌曲《打电话》：教师边做打电话动作，边唱第一段歌词，让幼儿熟悉歌曲后，引导幼儿说说，除了告诉你的好朋友你在幼儿园外，你还能告诉他们你在哪里呢？当孩子们回答了"动物园""公园""游乐场"等的时候，教师将孩子的这些回答创编到歌词中，并邀请幼儿尝试进行新词的直接填唱。

打电话

1 = F 2/4

儿　歌
汪玲曲

3 5 3 2 | 3 6̇ 0 | 3 5 3 2 | 3 6̇ 0 | 5 0 5 0 | 5 - |
两 个 小 娃 娃 呀，　正 在 打 电 话 呀，　喂，　喂，　喂，

3 3 2 5 | 3 - | 2 0 2 0 | 2· 3 | 5 5 3 2 | 1 - ‖
你 在 哪 里 呀?　哎，　哎，　哎，　我 在 幼 儿 园。

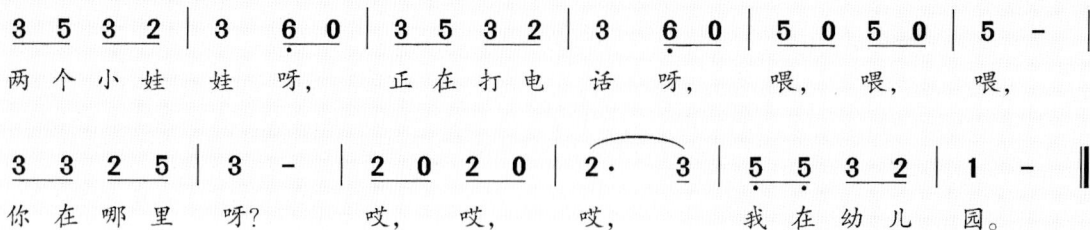

（3）情境表演导入

情境表演导入适合的歌曲歌词内容所反映的是一些简单的幼儿可以"一目了然"的情境或事件，而且这些情境和事件也是幼儿可以用自己的语言表述出来的。

一分钱

1 = D 2/4
稍慢

潘振声　词曲

(5 1̇ | 6̇ 1̇ 5 | 3 5 2 3 | 1 -) 5 1̇ | 6̇ 1̇ 5 | 3 5 2 3 | 5 0 |
　　　　　　　　　　　　　　　　　　　　我 在 马 路 边，捡 到 一 分 钱，

3 5 6 1̇ | 5 5 6 3 | 5 1̇ 3 | 2 0 | 3 2 1 2 | 3 - | 6 5 3 5 |
把 它 交 给 警 察 叔 叔 手 里 边。　叔 叔 拿 着 钱，　对 我 把 头

6 0 | 5 1̇ 6 5 | 3 5 2 | (5 2 3 2 | 1 0 1 2 | 3 5 6 2̇ | 1̇ 0 0) ‖
点，　我 高 兴 地 说 了 声：叔 叔 再 见。

歌曲《一分钱》：请一幼儿扮演小朋友，老师扮演警察，将小朋友在马路上捡到钱，并交给警察的过程表演出来。让幼儿通过欣赏这一情境来了解歌词内容。

（4）故事讲述导入

故事讲述导入适合的歌曲歌词内容稍偏重表现情境或事件发展的细节，更便于使用讲故事的方法来让儿童接受的歌曲。

粗心的小画家

1 = C 2/4

许浪　词
韩德常　曲

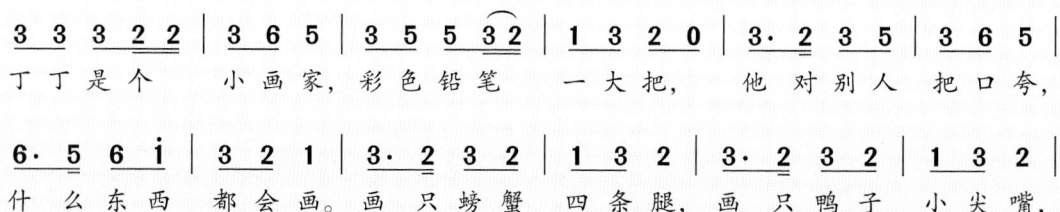

3 3 3 2 2 | 3 6 5 | 3 5 5 3 2 | 1 3 2 0 | 3· 2 3 5 | 3 6 5 |
丁 丁 是 个　小 画 家，彩 色 铅 笔　一 大 把，　他 对 别 人 把 口 夸，

6· 5 6 1̇ | 3 2 1 | 3· 2 3 2 | 1 3 2 | 3· 2 3 2 | 1 3 2 |
什 么 东 西 都 会 画。画 只 螃 蟹 四 条 腿，画 只 鸭 子 小 尖 嘴，

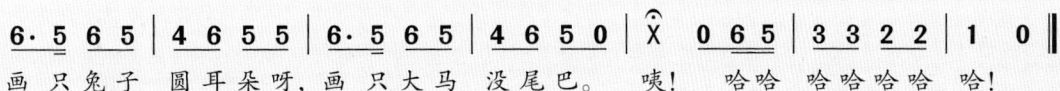

```
6·565 | 4655 | 6·565 | 4650 | X̂ 065 | 3322 | 1 0 ‖
画只兔子 圆耳朵呀，画只大马 没尾巴。 咦! 哈哈 哈哈哈哈 哈!
```

教师将《粗心的小画家》歌词改编成故事，让幼儿对歌词加深印象。"今天我们带来了一个小朋友，他的名字叫丁丁，平时他最喜欢画画了，彩色铅笔非常的多，他自认为自己很能干，见人就称自己是个小画家，什么东西都会画。可是这个小画家有个缺点，他可粗心了。我们一起来瞧一瞧他的画吧。画只螃蟹四条腿；画只鸭子小尖嘴；画只小兔圆耳朵；画只大马没尾巴。这样粗心的小画家引来了大家哈哈哈的嘲笑，我们可不能学他呀。你喜欢这样的小画家吗？"最后，老师告诉小朋友，将这个故事改编成一首歌曲。

（5）歌词朗诵导入

歌词朗诵导入适合的歌曲歌词中的词语及逻辑顺序比较细致、复杂，而情境性、故事性又不够明显，不太便于儿童整体、直觉把握歌曲。

小桌椅

王成玉　词
徐宏勋　曲
王履三　配伴奏

1=C 2/4

```
5 1 6 5 | 3 2 3 | 5 1 2 3 | 2 5 5 | 6 5 | 6 5 |
1.小桌子， 中间摆， 小椅子， 两边排，小 桌 椅 呀
2.小桌子， 中间摆， 小椅子， 两边排，轻 轻 搬 呀

5 6 5 3 | 2 - | 6 6 5 3 | 2 3 | 1 - ‖
多 么 好， 工人 叔叔 造 出 来。
轻 轻 抬， 爱护 桌椅 别 弄 坏。
```

教师在引导幼儿说说桌子椅子从哪里来后，完整朗诵一遍《小桌椅》的歌词激发幼儿的兴趣。"小桌子，中间摆，小椅子，两边排，小桌椅呀多么好，工人叔叔造出来。"随后教师鼓励幼儿一起朗诵歌词，并用琴声为幼儿的朗诵伴奏。在朗诵的时候，为了增加趣味性，教师可以改变朗诵的节奏，或是边拍节奏边朗诵，激发幼儿的兴趣。

（6）游戏导入

游戏导入适应于传统音乐游戏中伴随游戏边玩边唱的歌曲。歌曲内容多为游戏中的动作、人际关系、游戏方式或规则等。

学唱《套圈》歌曲前，教师请孩子们三个人组成一组，教他们玩套圈的游戏。在玩游戏的过程中，教师再配上套圈音乐，让幼儿在游戏的过程中熟悉歌曲的旋律、节奏、歌词。

套圈

1=E 2/4

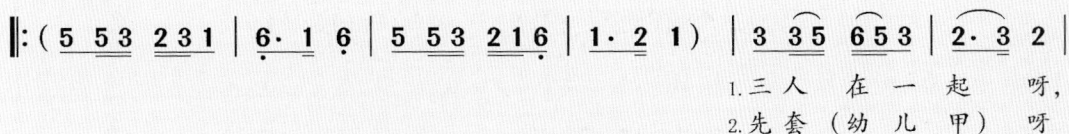

```
‖: (5 553 231 | 6· 1 6 | 5 553 216 | 1· 21) | 3 35 653 | 2· 3 2 |
                                                 1.三人 在一 起 呀，
                                                 2.先套 (幼儿甲) 呀
```

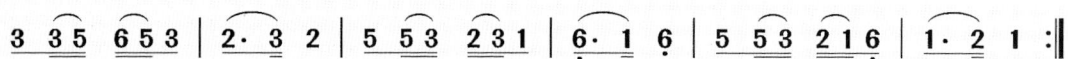

围个 小 圆圈 呀，手儿 拉着 手 呀，我们 做游戏 呀。
再套（幼儿乙） 呀，后套（幼儿丙） 呀，套人 真有趣 呀。

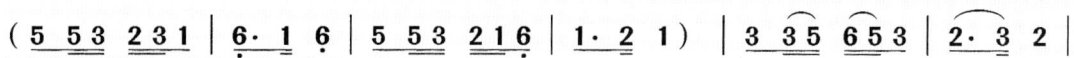

你呀 我呀 他 呀，

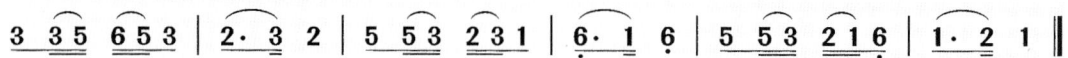

都是 好朋友 呀，大家 套一套 呀，越套 越欢喜 呀。

（7）填充参与导入

填充参与导入适应于歌曲中含有不断重复出现的简单而特点鲜明的词曲动机。

《在农场》这首曲子里出现的动物有猪、牛、鸭，教师可以先与幼儿讨论这些动物的叫声，随后，教师完整范唱歌曲，并在歌曲里出现动物叫声的地方出示图片，引导幼儿根据歌曲的旋律唱出相应的小动物的叫声。

在农场里

佚　名　词曲

1= C 2/4

1.猪 儿 在 农场 噜 噜，猪 儿 在 农场 噜 噜，
2.牛 儿 在 农场 哞 哞，牛 儿 在 农场 哞 哞，
3.鸭 子 在 农场 嘎 嘎，鸭 子 在 农场 嘎 嘎，

猪 儿 在 农场 噜 噜 叫，猪 儿 噜 噜 噜。
牛 儿 在 农场 哞 哞 叫，牛 儿 哞 哞 哞。
鸭 子 在 农场 嘎 嘎 叫，鸭 子 嘎 嘎 嘎。

（8）副歌前置导入

副歌前置导入适应于带有副歌的、比较大型的歌曲作品。

让座

张振芝　词
祝翠鹰　曲

1= F 2/4

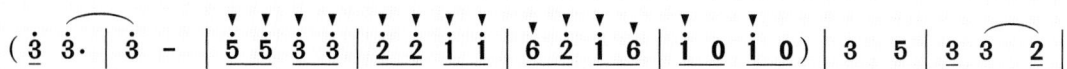

大 汽 车呀

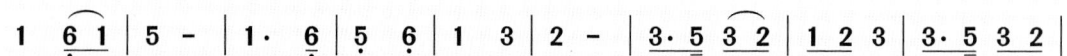

刚停 下，上来一位老妈妈，老妈妈 年纪大，我把座位

让给她，我把座位让给　她。

老妈　妈　把　我　夸，　我　呀摇摇头说了话，　比起

雷锋　叔　叔　差呀差远啦，　比起　　雷锋叔叔差　　远啦。

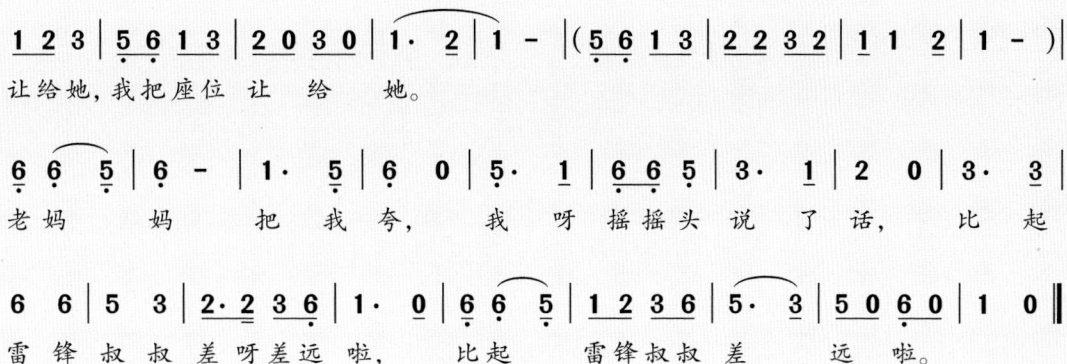

学唱《让座》歌曲前教师先让孩子完整欣赏歌曲，先将副歌部分"我把座位让给她。"和"比起雷锋叔叔差远啦"。这两句歌词让幼儿理解并学会演唱，再由教师完整演唱歌曲，邀请幼儿演唱这两句副歌部分参与歌曲活动，从而达到学会完整歌曲的目的。

（9）无意义音节玩唱导入

无意义音节玩唱导入的目的在于增加情趣和降低歌曲难度。

歌曲《小铃铛》：

① 教师可以提供打击乐器小铃铛，让幼儿倾听它的声音和节奏。

② 教师鼓励幼儿用动作和嗓音模仿小铃铛的声音，教师用琴声给幼儿伴奏，逐步使幼儿能够唱出小铃铛的模仿声。

小铃铛

汪爱丽　曲
郭　瑶　改编

$1 = C \ \frac{2}{4}$

（10）直观形象导入

直观形象导入适应于歌词含义对学习歌曲的幼儿来说不够明确，歌词的先后顺序比较容易混淆。例如歌曲《合拢放开》最后歌词：这是眼睛，这是鼻子，这是小嘴巴，对于许多幼儿来说很容易忘了顺序。这时候教师可以将眼睛、鼻子、嘴巴的图片按顺序做成 PPT，用这样的形式提示幼儿歌词的顺序，既直观又形象。

2）范唱

教师清唱或随乐演唱引导幼儿初步感受歌词与旋律。教师范唱时要注意演唱的技巧，如发音、咬字、吐字、节奏、速度、力度、动作等，同时应当注意演唱的情绪和情感要有感染力。

3）学唱

（1）学习歌词

教师应采用多感官参与的方法引导幼儿学习歌词。

第一，提问。待幼儿倾听教师范唱后，教师可根据歌曲内容提问，再将儿童的回答用歌词串起来，以此引导他们理解记忆歌词。

蚂蚁搬豆

1 = ♭E　2/4

<u>1 2</u> <u>3 3</u> | <u>1 3</u> 5 | <u>6 5</u> <u>3 6</u> | 5 - | <u>5 3</u> <u>1 3</u> | 2 1<u>6</u> | <u>5</u> <u>1 7</u> 2 | 1 ‖

1. 一只蚂蚁　在洞口，找到一粒　豆，　　用尽力气　搬不动，只是摇摇　头。
2. 左思右想　好一会，想出好办　法，　　回洞请来　好朋友，合力抬着　走。

歌曲《蚂蚁搬豆》中，教师提问"歌曲当中唱到了谁？它在做什么？它搬起豆子了吗？最后它做了什么？"

第二，节奏朗诵。有些歌曲节奏鲜明，词曲结构朗朗上口，可以采用节奏朗诵的方法引导幼儿理解记忆歌词。

蟋蟀合唱

1 = C　4/4

小快板　愉快地

5 · 4 3 · 4 | 5 5 5 5 i̊ - | 4 · 3 2 · 3 | 4 4 4 4 4 6 - |

1. 一　群蟋　蟀吟嘟吟嘟吟！　一　群蟋　蟀吟嘟吟嘟吟！
2. 哥　哥蟋　蟀吟嘟吟嘟吟！　弟　弟蟋　蟀吟嘟吟嘟吟！
3. 爸　爸蟋　蟀吟嘟吟嘟吟！　妈　妈蟋　蟀吟嘟吟嘟吟！

<u>5 5</u> <u>5 5</u> i̊ - | 4 4 4 4 6 - | 7 · 7 6 · 7 | i̊ - - ‖

吟嘟吟嘟吟！　吟嘟吟嘟吟！　在　那草　丛里。
吟嘟吟嘟吟！　吟嘟吟嘟吟！　叫　呀叫　不停。
吟嘟吟嘟吟！　吟嘟吟嘟吟！　天　上月　光明。

第三，图谱。直观、形象、色彩鲜明的图谱能够满足幼儿思维发展水平及兴趣需要，图谱的使用能够有效帮助幼儿理解和记忆歌词。

大班《买菜》（每小节对应一图）

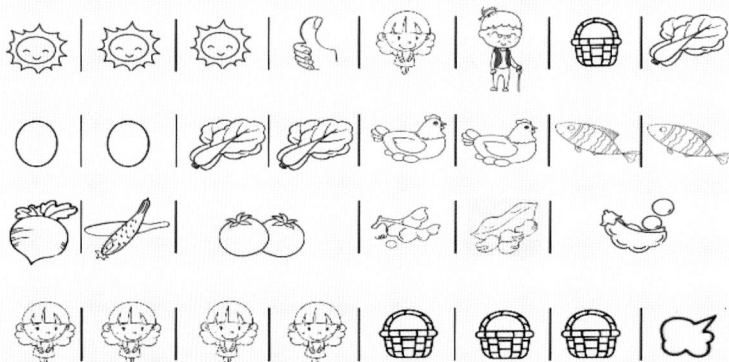

第四，动作。歌唱活动中可配以简单、形象的动作来帮助幼儿理解记忆歌词。

（2）学习旋律

教师可采用练习法等引导幼儿学习歌曲旋律。

歌唱活动《小树叶》中，教师引导幼儿用"嗯"的发音哼唱第一段歌曲的旋律，体验树妈妈看到小树叶飘走时略带悲伤的情感；用"啦"的发音哼唱第二段歌曲旋律，表达小树叶渐渐变得勇敢坚定的情感。

小树叶

（3）学习节奏

教师可通过示范法、练习法、动作模仿法等引导幼儿学习歌曲节奏。

歌唱活动《报春》中，教师引导幼儿倾听音乐，探索用身体动作表现三拍子"强弱弱"的节奏特点。

报春

歌唱活动《夏天的雷雨》中，教师通过示范、拍节奏、单句练习，帮助幼儿感知切分音的节奏，并学习切分音的唱法。

夏天的雷雨

1 = C 2/4

中速

盛璐德 词
马革顺 曲

```
5 5  5 | 6 6 5 | i i 6 3 | 5 - | 1 1  1 | 5 5 3 | 5 5 4 3 | 2 - |
```
1.天空中，一闪闪，什么光发亮？　天空中，轰隆隆，什么声音 响？
2.一闪 闪，一闪闪，闪电光发亮。　轰隆 隆，轰隆隆，打雷声音 响。

```
5 5  5 | 6 6 5 | i i 6 3 | 5 - | 2 3 5 | 5 6 6 5 | 3 2 | 1 - :||
```
天空中，哗啦啦，什么落下 来？　小朋友 请你快快 想一 想。
哗啦 啦，哗啦啦，大雨落下 来。　告诉你 这是夏天 的 雷雨。

歌唱活动《我的老师像妈妈》中，教师运用"嘘"的简单手势，帮助幼儿学唱休止符。

我的老师像妈妈

1 = C 4/4

```
3 3 5 5 6 i 5 | 6 i i 6 5  0 | 3 3 6 6 5 3 2 | 5 3 2 1 2  0 |
```
我 的 老师像妈妈，像呀像妈妈，　小朋友们热爱她，热呀热爱她，

```
3 3 5 5 6 i 5 | 3 5 6 i 5  0 | 3 3 6 6 5 3 2 | 1 2 3 5 2  0 |
```
她教我们讲故事，写字画图画，　唱歌跳舞做游戏，笑呀笑哈哈。

```
i 0 5 0 6 0 3 0 | 2 1  2 3 5  0 | i  6 6 5 3 | 2 5 i  0 ||
```
爸 爸 妈 妈 放 心 吧，　幼儿园就是我的家。

歌唱活动《粗心的小画家》中，教师通过示范法等引导幼儿理解、学习附点音符的演唱方法。

粗心的小画家

1 = C 2/4

许 浪 词
韩德常 曲

```
3 3  3 2 2 | 3 6 5 | 3 5  5 3 2 | 1 3 2 0 | 3· 2 3 5 | 3 6 5 |
```
丁丁是个　小画家，彩色铅笔　一大把，　他 对别人 把口 夸，

```
6· 5 6 i | 3 2 1 | 3· 2 3 2 | 1 3 2 | 3· 2 3 2 | 1 3 2 |
```
什 么 东 西　都会画。画只螃蟹 四条腿，画只鸭子 小尖嘴，

```
6· 5 6 5 | 4 6 5 5 | 6· 5 6 5 | 4 6 5 0 | X 0 6 5 | 3 3 2 2 | 1 0 ||
```
画只兔子 圆耳朵呀，画只大马 没尾巴。　咦！哈哈 哈哈哈哈 哈！

（4）学习演唱形式

教师可通过示范法、游戏法、变换角色法等引导幼儿学习接唱、对唱、领唱、齐唱等多种演唱形式。

歌唱活动《我和奶奶去买菜》中，教师引导幼儿学习用接唱的方式与同伴合作演唱歌曲。一组幼儿唱"鸡蛋圆溜溜呀"，二组幼儿唱"青菜绿油油呀"。

（5）学习表情

歌唱活动中的表情包括声音表情（速度、力度等）、动作表情以及面部表情。教师可引导幼儿运用面部表情、声音表情、动作表情表现音乐的情绪。

歌唱活动《拉钩钩》中教师鼓励幼儿用不同力度的歌声表现生气、高兴的情绪变化。

拉钩钩

4）复习

待幼儿学习完歌曲后可采用变换演唱形式、表演唱歌、游戏等方式引导幼儿复习歌曲。

（1）变换演唱形式

教师可引导幼儿采用对唱、接唱、轮唱、领唱、齐唱等方式复习歌曲。

歌唱活动《摘草莓》中，教师引导幼儿唱第一声部，教师演唱第二声部。

摘草莓

2 - | 1·6 1 2 | 3 3 6 0 | 1·6 1 2 | 3 3 6 0 | 0 1 6 0 | 0 1 6 0 |

莓。　一串串哟 红草莓，好像那个 玛瑙缀。　哟喂，　哟喂，

北。　送给军属 老奶奶，尊敬老人 心灵美。

0 1 6 1 | 6 1 6 0 | 6 - 6 5⌢6 | 3 - | 3 - | 6 6 1 3 | 2· 3 | 1 1 3 3 |

哟喂哟 喂哟喂， 哟　　　喂　　装满小竹篮，风中飘香

尊敬老　人　　心哟心灵

6 - ‖: 6 6 1 3 | 2· 3v 5 - | 5⌢5 3 - | 6 - | 6 - | 6 - | 6 0 0 ‖

味。　尊敬老　人　心　灵　美。

美。

（2）表演唱歌

待幼儿学习完歌曲后，教师可为幼儿提供道具，如头饰等引导幼儿边唱边表演。

歌唱活动《小树叶》中，教师为每一位幼儿准备一片树叶，并引导幼儿大胆地自编动作，尝试边唱边表演，在唱唱玩玩中充分享受歌唱与表演的乐趣。

（3）游戏

游戏的方式更容易满足幼儿活泼好动的特点，且更具有趣味性。待幼儿学习完歌曲后，教师可采用表演游戏、角色游戏等引导幼儿复习歌曲。

歌唱活动《给爷爷奶奶敲敲背捶捶腿》中，幼儿两两结对，其中一个幼儿先扮演爷爷或奶奶，另一个幼儿边唱边给"爷爷"或"奶奶"有节奏地捶背、敲腿，然后交换角色演唱。

给爷爷奶奶敲敲背捶捶腿

金　潮　词曲

1 = D 2/4

中速　亲切地

3⌢5 6 3 | 5 0 5 0 | 3⌢5 3 6 | 1 0 1 0 | 3 5 3 5 | 6 6⌢3 | 5 - | 5 0 |

1.爷　爷　亲哟，奶　奶　亲哟，我是您的 好宝　宝　哟，

2.咚咚咚咚 咚咚，敲　敲　背哟，两只小手 忙得　欢　哟，

3⌢5 6 3 | 5 0 5 0 | 3⌢5 3 6 | 1 0 1 0 | 6 1 6 1 | 2 3 5 | 1 - | 1 0 ‖

宝宝不撒 娇哟，宝宝不胡 闹哟，我是您的 好宝　宝　哟。

咚咚咚咚 咚咚，捶　捶　腿哟，两只小手 忙得　欢　哟。

5）创编

（1）创编歌词

歌唱活动《我们是中班的小朋友》中，幼儿进行歌词创编，将"我们爱学习，我们有礼貌"改成"我们爱劳动，我们爱游戏"等。

（2）创编动作

歌唱活动《粉刷匠》中，幼儿边唱边创编一些动作进行表演。

（3）创编演唱形式

歌唱活动《摇篮曲》中，师幼合作演唱，幼儿朗诵歌词，教师哼鸣伴唱；部分幼儿朗诵歌词，部分幼儿哼鸣伴唱；幼儿唱歌词，教师哼鸣伴唱；教师唱歌词，幼儿哼鸣伴唱。

摇篮曲

（4）创编节奏

歌唱活动《三只猴子》中，幼儿创编节奏型。歌曲原节奏为

"××××"，幼儿创编成 "×× × × ×" "×××××"

"××××" "×××××"。

三只猴子

【例】单段式活动设计

小猫敲门（中班）

陕西师范大学幼儿园　宋姗姗　刘雷

活动目标

1. 能用身体动作感受歌曲的节奏和旋律。
2. 初步学唱歌曲，能够集中注意力，听到口令后做出正确反应。
3. 体验集体歌唱的乐趣。

活动准备

老鼠、小猫头饰 2~3 个。

活动过程

1. **开始部分**

老师讲故事"猫和老鼠"，引起幼儿的兴趣。

2. **基本部分**

（1）教师演唱，幼儿倾听

①讨论：故事中的小猫和老鼠在干什么？

②老师将故事内容编了一首歌曲，请幼儿欣赏。

（2）回忆歌曲内容，记忆歌词

①提问：歌曲中的小猫说了什么话？

　　　　歌曲中的老鼠又做了什么事？

②请幼儿用动作表示歌词内容。

③请幼儿边做动作边念歌词。

（3）在游戏中学唱歌曲

①全体幼儿围成圆圈，个别"小猫"在圈中自由的边唱边模仿猫的样子。扮演老鼠的幼儿在圈外学偷吃东西绕圆边唱边走。唱到"命"字时，猫出圈捉老鼠，老鼠嘴里喊"救命"并赶快逃回自己的位置。

②游戏可多次进行，每次变换扮作"小猫"的人，让幼儿在游戏的情境中，自然地练习歌唱。

（4）变换游戏玩法，幼儿学唱歌曲

①全体幼儿围成圆圈，个别"老鼠"在圈中自由地边唱边模仿老鼠偷吃东西的样子。扮演猫的幼儿在圈外绕圆边唱边走。唱到"命"字时，两只老鼠抱在一起原地蹲下。

②游戏可多次进行，每次变换扮作"小猫"的人，让幼儿在游戏的情境中，自然地练习歌唱。

3. **结束部分**

出示提前准备好的蛋糕，请幼儿来分享，不管是小猫还是老鼠都得到了美味的大餐。

【例】三段式活动设计

梦之船（大班）[1]

福州市晋安区直属机关幼儿园　黄红

活动目标

1. 能认真倾听并感受二声部合唱的艺术美，进行简单的二声部合唱。
2. 学习用自然好听的声音表现歌曲的优美意境，享受与同伴合作演唱的乐趣。

---

[1]《指南》背景下福建省幼儿园音乐教育改革策略研讨会案例汇编（内部资料），2014：16，17.

活动准备

1. 知识准备：会唱歌曲《梦之船》，熟悉 3/4 拍的节奏。
2. 物质准备：椰子岛剪影背景图、梦之船、小矮人图片。

活动过程

1. 练声导入，复习歌曲《梦之船》

模拟大自然音效，趣味练声。

师：你们看，我们来到了美丽的海边！听，这是什么声音？

复习歌曲《梦之船》

师：来到这么美丽的海边，你们看到了什么？我们要怎样去椰子岛呢？这是我们第二次唱这首歌，演唱的时候要用怎样的声音呢？

2. 感受、欣赏合唱歌曲《梦之船》

第一次欣赏合唱

师：今天我们邀请了好朋友和我用一种新的方法来合作演唱《梦之船》，请大家听听歌曲和原来有什么不同？

第二次欣赏合唱

师：这么好听的音乐，让我的小船都想动起来了，请看看我的船什么时候往前开？什么时候左右摇摆？

3. 多途径体验、感受衬词的位置与节奏型

听歌曲感受衬词的位置与节奏型。

今天老师来当船长，你们当水手，看清楚船长的船是怎样开的？

你们发现船是怎样开的？把我们的小手变成小船，跟着船长一起试试吧！

幼儿游戏体验感受衬词的位置与节奏型。

利用椅子当"小船"玩游戏，学习第二声部衬词。

4. 演唱二声部歌曲

听歌曲尝试用手的动作辅助演唱二声部歌曲。

幼儿完整演唱第二声部歌曲。

5. 学习二声部合唱

师：看马上就到椰子岛了！小矮人听到大家优美的歌声就会来欢迎大家的，让我们用优美的歌声把他吸引出来吧！

（1）师幼互动合作演唱。

（2）师幼交换角色合作演唱。

（3）幼儿自由选择角色声部，分声部合作表演。

课题五　学前儿童歌唱活动组织的评价

对学前儿童歌唱活动组织的评价主要包括活动目标、活动内容、活动过程、师幼互动、环境材料、教育效果、教师言行等几个方面。

【例】

形状变变变（小班）

陕西师范大学幼儿园   宋姗姗

活动目标

1. 熟悉旋律、理解歌词，学唱新歌《形状变变变》。
2. 能根据歌曲内容合作摆放图谱。
3. 在活动中体验学会歌曲的成功感。

活动准备

1. 歌曲：《形状变变变》。
2. 玩偶：圆娃娃、方娃娃、三角娃娃。
3. PPT：《形状变变变》。

活动过程

1. 问题导入，引出主题，初步倾听歌曲

（1）出示三个形状娃娃，幼儿认识导入活动。

（2）教师范唱，幼儿熟悉歌曲。

第一遍熟悉（教师范唱）。提问：这三个娃娃是谁呀？他们谁是第一个出场的？接着呢？最后呢？

第二遍熟悉（教师范唱）。讨论：形状娃娃带来了歌曲的图谱，我们一起帮助它把图谱填满。

2. 熟悉歌曲，理解歌词内容

（1）练习歌曲。

①个别幼儿根据歌曲填充图谱。

②教师带领幼儿边唱边验证。

（2）分句练习。

（3）完整练习。

3. 趣味游戏《形状变变变》

去图形宝宝家里做客，尝试替换最后一句的歌词。

结束活动

完整演唱，出示"菱形"，抛出问题。幼儿随音乐退场。

★活动评价

《形状变变变》是一节原创小班歌唱活动，取材于孩子们非常熟悉的图形作为歌曲内容，使幼儿产生浓厚的兴趣。

在目标设计上，制订了如下三维目标：

①熟悉旋律、理解歌词，学唱新歌《形状变变变》。

②能根据歌曲内容合作摆放图谱。

③在活动中体验学会歌曲的成功感。

活动过程中：首先，遵循幼儿的兴趣性原则在对图形的外形特征积累了一定的前期经验的基础上。老师将其融入了音乐，形成了原创歌曲《形状变变变》组织幼儿进行歌唱活动的开展。在明显、易懂的歌词和简单、顺口的旋律的配合下，引导幼儿通过对图形外形的了解和语言描述从而进行歌词的演唱，三个段落以排比句为主，紧紧抓住每种图形的特点来替换主体歌词。

其次，通过实践性原则，为幼儿提供真实的图形抱枕，在直接感官和探索实践的相配合下，观察并说出图形的外在特征，从而迁移到歌词的替换,总体来说符合小班幼儿对音乐感知的敏感度和接受力。

　　同时依据小班幼儿注意力时间较短的年龄特征，老师运用多感官参与法、联想法、情境法、变换角色法为幼儿创设了去图形宝宝家做客的有趣情境，并配合 PPT 的引导，将图形宝宝拟人化的形象展现在幼儿面前，吸引幼儿的注意力，调动幼儿的积极性。

　　另外，为了配合幼儿更快熟记歌词，感知旋律，老师以帮助填满图谱的任务为挑战的形式，引导孩子观察图谱内容，从而记住图形的特征，充分调动幼儿的原有经验，将观察和表达的机会交给孩子，继而自然地引出不同的歌词，并鼓励他们边看图谱边念歌词，感受每句歌词的节奏。

　　最后，以图形王国为线索，引导孩子在熟悉歌词的基础上，初步感受、学习演唱歌曲，一边按要求做动作，一边有节奏地歌唱，让孩子们在玩中学。

　　在活动中大部分幼儿能够根据旋律而唱，并根据图谱和对图形的认知，进行歌词的简单替换。在游戏情节中，幼儿初步感知歌曲节奏性，并能进行演唱，较好地达成了目标。

习题

1. 小班幼儿适合的音域是（　　）。

　　A. d^1–g^1　　　　　　B. d^1–a^1　　　　　　C. c^1–a^1　　　　　　D. c^1–c^2

2. 歌唱活动中幼儿最难把握的是（　　）。

　　A. 歌词　　　　　　B. 节奏　　　　　　C. 旋律　　　　　　D. 音准

3. 适应于歌词含义对学习歌曲的幼儿来说不够明确，歌词的先后顺序比较容易混淆的导入方式是（　　）。

　　A. 直观形象导入　　　　　　　　B. 歌词创编导入

　　C. 情境表演导入　　　　　　　　D. 故事导入

4. 自选内容，设计一份大班歌唱活动方案。

韵律活动

韵律活动是指在音乐的伴奏下以协调性的身体动作来表现音乐的活动。

课题一　学前儿童韵律活动能力的发展特点

　　学前儿童韵律活动能力的发展主要包括身体运动能力、运动随乐能力、独立性、合作性以及创造性五个方面。良好的音乐教育能够全面地促进这些方面的发展，使儿童能够自如地、自我享受地舞蹈和舒适地与他人共同舞蹈[1]。

	小班	中班	大班
身体运动能力	3~4岁儿童身体动作进入初步分化的随意动作阶段 1. 能够逐步学会自由地运用手、臂和躯干来做各种单纯动作，如拍手、跺脚等；能逐步学会用较快的速度做动作 2. 由于平衡和保持重心能力的发展，儿童还可以学会一些简单的联合动作，如一边拍手一边摇头 3. 随着躯干和下肢肌肉力量和平衡能力的发展，3岁末期，儿童已经可以比较自由地做一些单纯的连续移动动作，如"走步""小碎步""小跑步"等。在这个基础上，上下肢联合的简单符合动作也在这个阶段出现，如一边走路一边做吹号、打鼓的模仿动作。跳跃动作对3岁儿童较难	1. 身体大动作、手臂动作有了更好的发展，下肢动作逐步提高，可以比较自由地做连续的移动动作。如跑步、跳步、垫步、踵趾小跑步等 2. 上下肢联合的复合动作也得到逐步发展	1. 学会做比较精细的腕部、指部动作 2. 可以随心所欲地调整上肢和躯干的动作速度和幅度 3. 可以做出比较复杂而更加协调的联合动作，如采茶等 4. 可以学会较多稍复杂的连续移动动作，如秧歌十字步等
运动随乐能力	3~4岁儿童除学会有节奏地跟随音乐做动作外，还初步学会对音乐的总体结构做出反应。如能够等待前奏，随音乐整齐开始、整齐结束动作	能够合拍地跟着音乐节奏做四二拍或四四拍的动作，而且能随着音乐自如地调整自己的动作	能够自如地、熟练地表现音乐的节奏、节拍，对比较复杂的节奏有初步反应，如附点节奏、切分节奏、三拍子节奏等

[1] 许卓娅 . 学前儿童音乐教育 [M]. 长春：东北师范大学出版社，2003：181.

续表

	小班	中班	大班
合作性	3岁幼儿能够很快学会找朋友来跳舞。3岁末可学会两个甚至更多人之间的合作表演方式，如许多小蚂蚁一起搬豆、大家一起拔萝卜等	4~5岁儿童开始注意运用动作与同伴合作、交流。例如在韵律活动中调整位置以避免撞到他人；会与同伴合作表演动作；会主动邀请同伴共舞	合作意识与能力增强，能够用表情、动作、眼神与同伴交流、合作，追求与同伴一起参与韵律活动的快乐
创造性	1.3~4岁儿童可以用身体表现自己的日常生活或熟悉的成人的日常生活，如做游戏、洗衣服、炒菜 2.学会用与他人不相同的动作表现熟悉的事物，如动物、植物、交通工具等 3.学会创造性地运用动作表现音乐性质，如听到欢快的音乐学做小鸟飞、听到舒缓的音乐学做毛毛虫	4~5岁儿童开始尝试用一些基本的舞蹈动作来进行简单的创编，且主动创编的意识大大加强	创造性表现更为灵活、多样、新颖

课题二　学前儿童韵律活动的目标

1 学前儿童韵律活动的总目标 [1]

1）认知目标

①能够感知、理解韵律动作表现的内容、情感和意义，并知道如何进行带有创造性的动作表现。

②能够感知、理解韵律动作与音乐的关系，并知道如何使自己的动作与音乐相协调。

③能够感知、理解道具使用在韵律动作表现活动中的意义，并知道如何运用简单的道具。

④能够理解与韵律活动有关的空间知识，并知道如何运用空间因素进行创造性动作。

⑤能够理解各种韵律活动形式所需的交往、合作要求，知道如何在韵律活动中与他人交往、合作。

2）操作技能目标

①能够较自如地运用和控制自己的身体，比较协调地做各种韵律动作。

②能够比较自如地运用自己的身体动作进行再现性和创造性表现，能够做出比较美好的姿态动作。

③能够在韵律活动中运用简单的道具，并能够带有一定创造性地选择、制作和使用道具。

④能够较熟练地运用简单的空间知识、技能进行动作表现。

⑤能够在合作的韵律活动中比较自然地运用动作、表情与他人交往、合作。

3）情感与态度目标

①能够体验并努力追求参与各种韵律活动的快乐。

[1] 陈金菊. 学前儿童艺术教育 [M].2 版. 长春：东北师范大学出版社，2017：88，89.

②能够体验并努力追求表现出与音乐相协调的韵律动作的快乐。

③能够主动注意各种动作表演中道具的用法，喜欢探索和运用道具，并为这种探索和带有创造性的运用感到满足。

④能够主动注意身体造型和身体移动过程中的空间因素，喜欢探索和运用空间知识，并为这种探索和带有创造性的运用感到满足。

⑤能够体验并努力追求在与他人合作的动作表演活动中获得交往、合作的快乐。

2 学前儿童韵律活动的年龄阶段目标

	小班	中班	大班
运动随乐能力	1. 初步用动作感知稳定拍，拍手、扭动等原地动作基本合拍 2. 基本能够跟随音乐的节奏做上肢或下肢的简单的基本动作和模仿动作	1. 能够合拍地随着音乐做身体不移动或移动的动作 2. 能够按音乐的节奏做简单的上、下肢的基本动作、模仿动作和舞蹈动作	能跟随音乐的节奏较准确地做各种稍复杂的基本动作、模仿动作和舞蹈动作组合
合作性	喜欢参加集体的韵律活动和音乐游戏，学习一些较简单的集体舞	喜欢参加集体的韵律活动和音乐游戏，学习一些基本的舞蹈动作和集体舞	喜欢参加集体的韵律活动和音乐游戏，喜欢自发地随音乐自由舞蹈
创造性		初步尝试用创造性的动作自发地随音乐自由舞蹈，享受并体验用动作、表情和姿态与他人交流的方法和乐趣	1. 进一步丰富舞蹈动作语汇，在掌握一些基本的舞蹈动作的基础上，学习一些含创造性成分的稍复杂的舞蹈组合 2. 能够积极体验用动作、表情和姿态与他人交流的方法和乐趣，并在合作表演的过程中尝试用创造性的动作大胆、主动地表现
道具使用		能够在动作表演过程中学习使用一些简单的道具	能够在动作表演过程中学习选择并较熟练地使用一些简单的道具

通过对学前儿童韵律活动的目标分析不难发现，韵律活动的三要素包括动作、音乐、道具[1]。

1）动作

学前儿童韵律活动中采用的动作一般可分为基本动作、模仿动作、舞蹈动作。

①基本动作：指儿童在反射基础上发展起来的生活动作。例如走、跑、跳、点头、拍手、跺脚等。

②模仿动作：指儿童在表现特定事物的外在形态和运动状况时所用的身体动作，如小鸟飞、小兔跳、下雨等；儿童模仿日常活动的动作，如打球、打蚊子、洗脸、弹琵琶等；模仿成人劳动，如扫地、拖地等。

③舞蹈动作：指经过多年的演化和进步，已经程式化了的艺术表演动作。例如小碎步、小跑步、垫步、秧歌十字步等。

[1] 许卓娅. 学前儿童音乐教育 [M]. 长春：东北师范大学出版社，2003：199-201.

2）音乐

①节奏清晰，结构工整。

韵律活动选择的音乐应当节奏清晰，结构工整，可同一动作不同音乐或不同动作同一音乐。

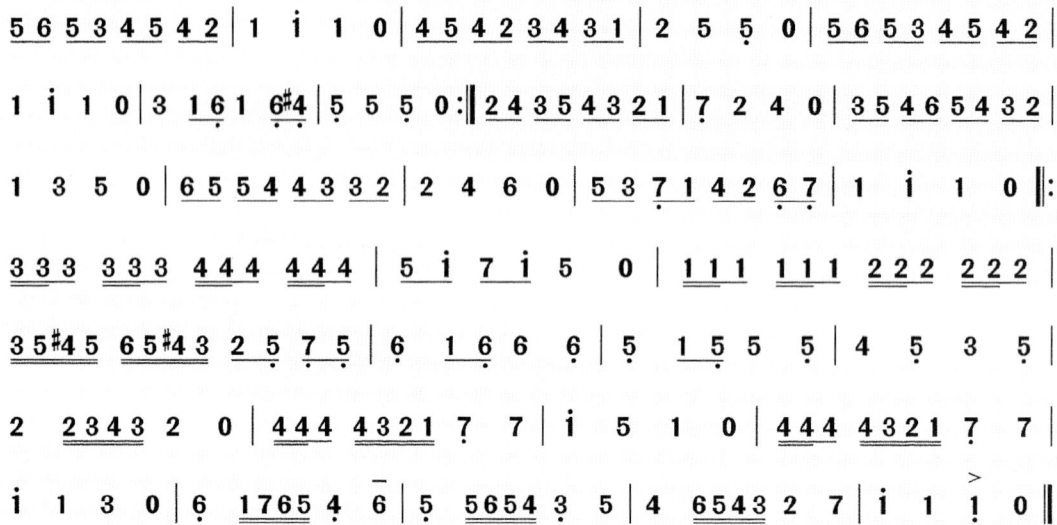

②旋律优美，形象鲜明。

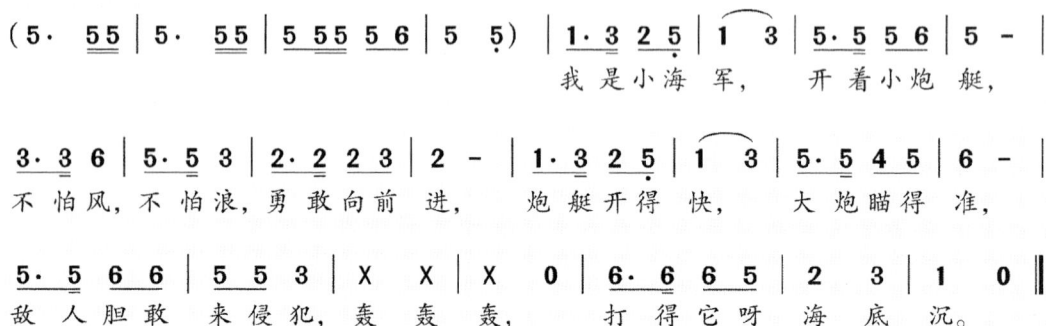

③速度适宜。

在韵律活动中要注意音乐的速度，为3岁儿童伴奏时应注意先用音乐去跟随儿童的动作；待儿童逐步学会用动作跟随音乐后，宜先选用中等的速度；待儿童控制自己动作的能力增强后，才可采用稍快或稍慢的速度和突然变化或逐渐变化的速度。

3）道具

①道具新颖有趣且易取放、抓握。

②道具不宜粗制滥造，也不宜讲究逼真。

③不宜在经济或教师的精力上做过多的投入。

课题三　学前儿童韵律活动的内容

学前儿童韵律活动的基本内容包括律动、舞蹈、节奏活动。

1 律动

律动是在音乐伴奏下的韵律活动，根据音乐的性质、节拍、速度等有规律地、反复地做一个动作或一组动作。其重点在于激发幼儿结合生活经验、学习经验进行丰富的想象与创造。小班（小班以模仿动作为主）和中班幼儿律动活动的主要学习内容是基本动作和模仿动作。大班幼儿律动活动的主要学习内容是舞蹈动作。例如，律动活动《库企企》中，教师可引导幼儿想象一些基本动作，如点头、拍手、跺脚等；日常生活中的动作，如洗脸、梳头、登山等；成人劳动的动作，如扫地、拖地等；舞蹈动作，如小碎步、小跑步来表现音乐。

2 舞蹈

舞蹈是动作的艺术，是通过音乐和动作塑造具体形象、表现一定主题，反映社会生活、抒发情感的一种视觉表演艺术。舞蹈的重点在于引导幼儿运用程式化的动作表达情感。小班幼儿主要学习小碎步、小跑步；中班幼儿主要学习蹦跳步、垫步、踵趾小跑步、侧点步；大班学习进退步、溜冰步、交替步、跑跳步、跑马步、秧歌十字步等。例如，舞蹈活动《尝葡萄》中，教师引导幼儿学习新疆舞的典型动作。

3 节奏活动

节奏活动一般包括语言节奏活动，如儿歌、唐诗、绕口令等；人体节奏活动，如拍手、跺脚、捻指等；节奏读谱活动，如把二分音符读作 ti，八分音符读作 ta 等。这部分内容详见本书知识拓展中的奥尔夫音乐教育与柯达伊音乐教育。

课题四　学前儿童韵律活动的设计与指导

学前儿童韵律活动方案基本要素包括活动名称、活动准备、活动过程、活动延伸等。

1 律动活动的设计与指导

1）活动名称

律动活动的名称主要来源于乐曲的名称，如《库企企》等。

2）活动目标

活动目标是通过教学活动所期望达成的结果。活动目标既为活动指明了方向，也可以成为评价幼儿发展的依据。律动活动目标的制定可参考学前儿童韵律活动各年龄阶段目标。知识技能目标着眼于通过创造性的动作表现音乐结构、音乐性质等。情感目标着眼于体验乐曲情感、表达自己的情绪、感受与同伴共同活动的乐趣等。

【例】

自己的事情自己做（小班）

①能认真倾听音乐，感受音乐的旋律。
②能够随乐有节奏地做刷牙、洗脸、梳头等动作。
③体验自己事情自己做的快乐。

小雨和花（中班）

①能初步感知 AB 段旋律的结构，感受乐曲三拍子的节奏。
②能创造性地用肢体表现 AB 段的音乐形象。
③体验与同伴合作表演的乐趣。

鞋子也会嗒嗒响（大班）

①感受歌曲欢快的旋律，能理解歌词内容。
②能用自然的声音演唱歌曲，学习用简单的日本舞动作来表现歌曲内容。
③体验与同伴共同表演唱的乐趣。

3）活动准备

（1）环境创设

活动开始前，教师可创设与律动活动内容相符合的环境。例如在开始律动活动《自己的事情自己做》前，教师布置娃娃家的场景。

（2）材料准备

活动开始前，教师可准备图谱、头饰、道具、音乐等材料。例如在开始律动活动《自己的事情自己做》前，教师准备音乐《音乐瞬间》，布娃娃一个，穿衣、梳头、洗脸、刷牙等的图片各一张。

（3）经验准备

例如在开始律动活动《自己的事情自己做》前，幼儿有自己动手穿衣、吃饭、洗脸、梳头等经验。

4）活动过程

学前儿童律动活动的活动过程为：导入—欣赏—创编—随乐表演。

（1）导入

①观察导入：主要适应于让儿童在观察具体事物的外部形象或运动状态后，立即用自己的动作创造性地进行表现的活动。例如律动活动《采茶扑蝶》中，教师先引导幼儿观察人们是怎么采茶扑蝶的，然后，让幼儿用自己的动作去表现采茶的劳动人民以及休息时捕捉蝴蝶的动作。待所有人都熟悉了动作后，教师再加入音乐，引导幼儿跟着音乐做采茶扑蝶的律动。

②回忆导入：适应于让儿童在回忆有关具体事物的外部特征形象或运动状态后，再用自己的动作创造性地进行表现的活动。例如在律动活动《洗手帕》中，教师可以出示一条小手帕，提问幼儿是怎么洗手帕的？让幼儿回忆自己洗手帕的过程，教师帮忙总结：先浸湿手帕，接着在搓衣板上搓，用水冲干净后拧干，最后晾起来。教师加入音乐，引导幼儿结合音乐的旋律、节奏等做洗手帕的律动。

③基本动作复习或练习导入：适应于从复习某个熟悉的动作开始练习新动作学习的活动；或直接从观察新动作做示范开始的新动作学习活动。例如律动活动《挤奶舞》教师准备一段蒙古人挤牛奶的录像

后，与幼儿一起练习挤奶的动作：两手手心相对，虎口张开，手腕向中间摆动两下做挤奶动作。音乐不断重复，教师引导幼儿重复练习，为了增加幼儿的兴趣，可以尝试用加快挤奶速度来练习。

④队形复习或学习导入：适应于从复习某个熟悉的队形开始练习新队形学习的活动；或直接从感知、理解新队形开始的新队形学习活动。例如韵律《友谊舞》这一活动中的队形：一数幼儿向左后转，二数幼儿向右后转，一、二数幼儿边做跑跳步，边互握左手，错左肩交换位置与新朋友相遇。由于这一队形比较复杂，这时候需要通过反复练习，因此在活动的开始，教师就可以先引导幼儿进行队形的练习。

⑤舞谱导入：主要适应于重点在于帮助幼儿理解舞蹈符号的作用；学习使用舞蹈舞谱来帮助他们自己舞蹈学习的活动；以及通过舞谱来促进舞蹈学习的活动。在运用舞谱设计时需认准两条：一是必须要让幼儿感兴趣，能引发幼儿的积极性；二是必须让幼儿能看懂（图3-1）。

图3-1

⑥动作创编导入：适应于重点在于发展幼儿的动作创编兴趣和动作创编能力的活动。例如律动《盛开的花》。活动前教师出示花朵盛开的各种形态视频，引导幼儿用身体动作进行创编花朵盛开的样子，接着跟随音乐进行律动活动。

⑦游戏导入：适应于动作或队形的教学可以用游戏的方法来进行的活动。例如律动《红绿灯》。活动前老师给孩子们每人一个小圆圈作为"方向盘"，幼儿与教师一同开着汽车入场。游戏中创设"红绿灯""斑马线""停车场"等标志，让幼儿跟随音乐进行游戏，结合音乐的旋律、节奏做律动。

⑧故事导入：主要适应于情节性比较强的韵律动作组合的学习或创编活动。例如律动活动《洋娃娃和小熊跳舞》，教师可以拿着洋娃娃说：从前有一个活泼善良的洋娃娃，住在美丽宁静的大森林里，她有一座漂亮的小木屋。每天早晨，她都会邀请森林里的小动物们和她一起跳舞，大家都过着快乐的日子。今天洋娃娃她又要举行一场舞会了，她向所有的小动物和朋友们发送了舞会的邀请卡。我们来看看有关舞会的说明吧！就在这时可出示"邀请卡"。洋娃娃突然听到不远处传来一阵轻轻地哭声，原来是一只小熊正在草丛边伤心地哭泣呢。这时老师可以出示小熊。小熊为什么会哭呢？原来呀，小熊一直觉得自己很笨，平时都不敢和大家一起唱歌跳舞，生怕别人笑他。小朋友们，让我们来帮助小熊吧，让他学会唱歌和跳舞，和我们一起参加舞会好吗？音乐播放，教师引导幼儿根据音乐做动作。

⑨音乐欣赏导入：适应于音乐的结构比较复杂、音乐与动作结合的要求比较高的韵律动作组合的学习或创编活动。例如律动活动《匈牙利舞曲》教师以欣赏音乐导入，引导幼儿讨论并谈谈对音乐的感受。教师小结"这首乐曲听起来活泼欢快，有的时候快，有的时候慢，听了让人想跟着音乐动起来"。

（2）欣赏

教师演唱或播放音乐，引导幼儿初步感受音乐的内容、结构、节奏等。

（3）创编动作

引导幼儿想象、创编动作，如基本动作、模仿动作、舞蹈动作表现音乐的内容、结构、音乐性质等。

（4）随乐表演

引导幼儿运用自己创编的动作完整随乐表演。

（5）活动延伸

活动延伸可延伸至表演区、音乐区；进行家园共育；渗透于其他领域。

【例】

小鸡宝宝要出壳（小班）

陕西师范大学幼儿园   郭晓雪

活动目标

    1. 初步了解小鸡出壳的过程。

    2. 能用协调的肢体动作表现小鸡出壳。

    3. 愿意跟随音乐体验小鸡钻出壳的乐趣。

活动准备

    1. 小鸡身体部位图五张。

    2. 幻灯片。

    3. 录音。

    活动重点与难点：跟随音乐律动做肢体动作，根据要求创编小鸡出壳的动作。

活动过程

    1. 出示声音，引出主题

    （1）听小鸡的声音，猜是什么动物。

    提问：你们听，这是谁的声音呀？猜一猜小鸡宝宝在还没孵出来以前住在哪里？

    （2）故事导入。

    讲述故事：小鸡宝宝在蛋壳里一天天长大，它好想看看外面的世界，可是想了很多的办法都钻不出蛋壳，于是就找鸡妈妈来帮忙。

    讨论：妈妈让小鸡宝宝怎么做？（让小鸡宝宝自己想办法钻出蛋壳）你们觉得小鸡宝宝会想出什么办法（蛋壳里什么工具也没有）？

    讨论示范动作：小鸡宝宝可以用身体的哪些地方把蛋壳弄破呢（脚蹬……）？

    （3）教师分别出示图片：小嘴——啄、翅膀——推、小脚——蹬、屁股——顶。

    2. 感知音乐，分步骤练习小鸡出壳的过程

    （1）播放第一遍音乐，动作示范。

    小脚 蹬—蹬 蹬—蹬 蹬—蹬

    屁股 顶—顶 顶—顶 顶—顶

    翅膀 推—推 推—推 推—推

    小嘴 啄—啄 啄—啄 啄—啄

    （2）播放第二遍音乐，幼儿尝试练习。

    ①教小鸡宝宝学本领。（小鸡录音）：呜呜，我刚才没有学会这些本领，呜呜呜呜……

    ②小结：鸡蛋摇晃了几下，小鸡没有钻出蛋壳。

    （3）播放第三遍音乐，幼儿尝试练习（注意动作先后顺序）。

    这次我们再给小鸡宝宝教一遍。

    小结：蛋壳裂了一条缝，小鸡宝宝马上就要出来了，可是还是钻不出来。

    （4）播放第四遍音乐，幼儿尝试练习（幼儿创编动作）。

    讨论：小鸡宝宝只对着蛋壳的一个地方用力蹬，用力顶，用力推，用力啄，所以只有一个地方裂了一条缝。我们要想办法让蛋壳的四周都裂缝。你们有没有好办法让蛋壳的四周都裂缝？

    大家一起做动作。

    小结：小鸡宝宝钻出蛋壳。

3. 小鸡宝宝出壳游戏

（1）小鸡宝宝终于钻出壳啦！我们听一听它在说什么？

（小鸡录音）：小朋友们，你们的办法真好，我已经钻出蛋壳啦。谢谢你们！

（2）一起扮演小鸡宝宝玩小鸡出壳的游戏吧！

每人发一个小鸡头饰，大家一起扮演小鸡玩小鸡出壳的游戏（播放完整音乐）。

外面的青草地里有很多的小虫子，我们一起去捉虫子吃吧！

活动延伸

美工区投放黄色纸盘、彩笔和彩纸，制作小鸡宝宝。

2 舞蹈活动的设计与指导

1）活动名称

舞蹈活动的名称根据音乐名称而定，如《小雨和花》。

2）活动目标

活动目标是通过教学活动所期望达成的结果。活动目标既为活动指明了方向，也可以成为评价幼儿发展的依据。舞蹈活动目标的制订可参考学前儿童韵律活动各年龄阶段目标。知识技能目标着眼于感知音乐的结构，感受音乐的节奏，学习舞蹈动作与队形，用肢体表达一定的主题等。情感目标着眼于体验乐曲情感、表达自己愉快的情绪、感受与同伴共同活动的乐趣等。

【例】

蓝鸟（小班）

①感受歌曲旋律，能理解歌曲内容。

②能随音乐用小碎步有节奏地表现鸟飞的动作。

③体验与同伴共同舞蹈的快乐。

摘果果（中班）

①感受乐曲欢快的旋律。

②学习摘果果和踵趾小跑步的动作。

③体验与同伴共同舞蹈的快乐。

尝葡萄（大班）

①感受维吾尔族舞蹈热情、活泼的风格，理解歌词内容。

②学习维吾尔族舞蹈典型的动作。

③通过边唱边跳表达自己愉快的情绪。

3）活动准备

（1）环境创设

活动开始前，教师可创设与律动活动内容相符合的环境。例如在开始舞蹈活动《尝葡萄》前，教师在展示区张贴有关维吾尔族人民歌唱、舞蹈等生活、娱乐照片，以及新疆风光图片。

（2）材料准备

活动开始前，教师可准备图谱、头饰、道具、音乐等材料。

（3）经验准备

例如舞蹈活动《摘果果》，目标在于引导幼儿初步学会摘果果和踵趾小跑步的动作，因此，在活动开始前幼儿必须有转动手腕的经验。

4）活动过程

舞蹈活动的过程有两种模式：

▲导入—欣赏—观察学习—随乐完整舞蹈—创编

▲导入—欣赏—创编—观察学习—随乐完整舞蹈

（1）导入

同律动活动。

（2）欣赏

欣赏有歌词的音乐。对于有歌词的音乐，教师通常先引导幼儿熟悉音乐的内容与旋律，再引导幼儿欣赏教师的舞蹈。

【例】

尝葡萄（大班）

舞蹈活动《尝葡萄》中，首先，教师通过示范法演唱歌曲《尝葡萄》；其次，通过提问法引导幼儿理解歌词内容；再次，通过练习法引导幼儿尝试拍打切分节奏，感受维吾尔族音乐的活泼风格；最后，通过示范法、观察法、讨论法、动作模仿法等引导幼儿欣赏感受维吾尔族舞蹈动作的特点。

欣赏无标题的音乐。对于无标题的音乐，教师通常采用示范法、多感官参与法、观察法、练习法、动作模仿法、尝试法、探究法等引导幼儿熟悉音乐旋律、舞蹈动作和队形。例如在舞蹈活动《加沃特舞曲》中，教师采用视听结合的方式，引导幼儿边听音乐，边观赏教师跟随音乐作"脚跟、脚尖、跑跑跑"的动作，感受音乐活泼、欢快的情绪，熟悉基本舞蹈动作。

（3）学习

教师通过示范法、观察法、练习法、动作模仿法、多感官参与法、尝试法、探究法等引导幼儿学习舞蹈动作与队形。例如舞蹈活动《尝葡萄》中，教师引导幼儿随乐模仿教师舞蹈，鼓励幼儿边唱边跳，体验维吾尔族舞蹈活泼的风格。舞蹈活动《加沃特舞曲》中，教师借助图谱引导幼儿学习单人舞；之后借助图谱，采用讨论法、示范法、讲解法等引导幼儿学习双人舞；最后，借助图谱，结合讨论法、尝试法、探究法引导幼儿跳双圈集体舞。

【例】

《加沃特舞曲》单人舞图谱

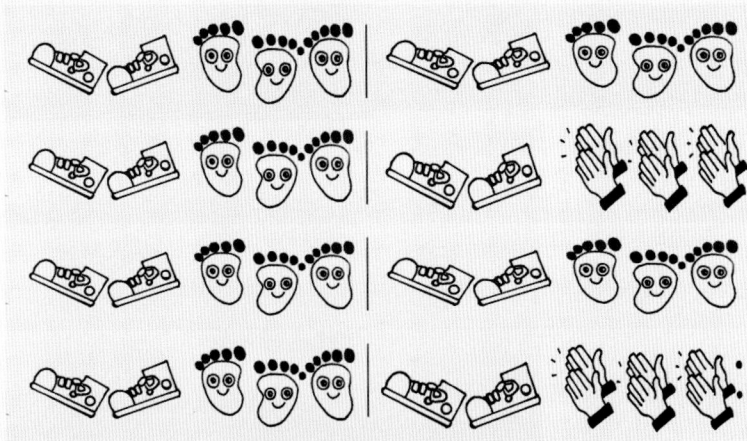

《加沃特舞曲》双人舞图谱

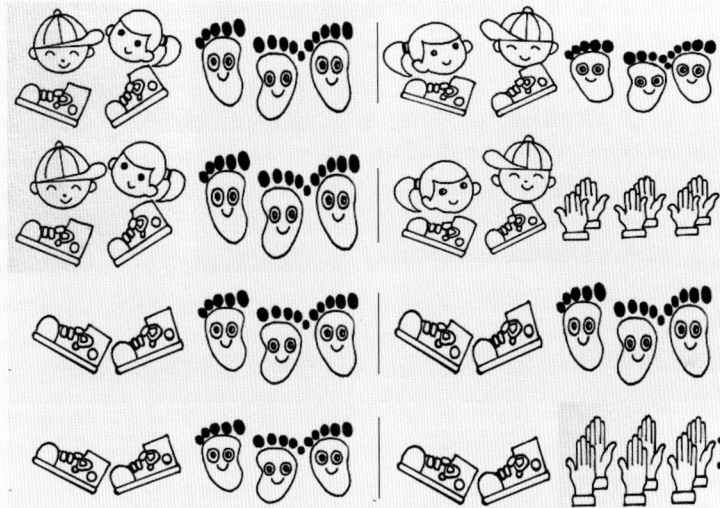

《加沃特舞曲》双圈舞图谱

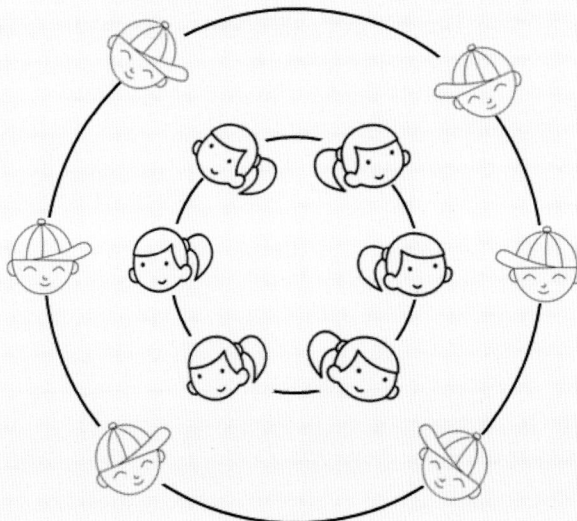

（4）随乐完成舞蹈

待幼儿学习基本舞步和队形后，引导幼儿随乐进行完整舞蹈。

（5）创编

教师通过预知学习法等引导幼儿创编舞蹈动作。例如在舞蹈活动《尝葡萄》中，教师引导幼儿尝试用自己创编的动作随乐舞蹈，大胆表达自己的情绪和感受。例如在舞蹈活动《加沃特舞曲》中，待幼儿模仿学习了舞谱中的动作后，启发幼儿自由创编舞蹈动作与队形。

5）活动延伸

活动延伸可延伸至表演区、音乐区；进行家园共育；渗透于其他领域；渗透于节日活动等。

【例】

大班舞蹈律动《bing bang》活动设计

陕西师范大学幼儿园　韩 凯

活动目标

1. 感受音乐的节奏、旋律和情绪，合拍地进行动作表演。

2. 能和同伴一起在双圈上舞蹈并交换舞伴，同时创编不同的动作表现音乐。

3. 体验舞蹈律动与音乐创造带来的快乐。

活动准备

1. 环境准备：幼儿坐半圆，每人右手带手环，相互之间有一定的距离。

2. 物质准备：PPT 课件：图谱①②③，音乐，视频片段：郎朗演奏钢琴曲。

活动过程

1. 回顾演唱歌曲，导入活动

（1）教师和幼儿一起演唱歌曲《bing bang》。

师：上次我们学唱的歌曲《bing bang》，你们还记得吗？让我们一起来唱一下吧。

（2）提出活动内容，引导幼儿观察图谱动作。

师：今天，我们要把这首好听的歌曲表演出来，请你们先来看一看都有哪些动作呢？

2. 幼儿观察图片，尝试合拍的表演动作

（1）出示 PPT 图谱①，幼儿观看理解。

提问：你在图谱上看到了什么图标（有腿、手、键盘）？

你觉得这些图标要如何表演（拍手、拍腿、弹琴）？

（2）请幼儿充分发表自己的见解，并个别演示动作，大家一起学习。

（3）出示完整的图谱②，幼儿观察，和教师一起进行动作表演。

①教师提问，帮助幼儿理解图谱的表演方法。

提问：你们发现这张完整的图谱上有什么不一样的地方（有的图标大，有的图标小）？

你觉得大图标要怎么表演，小的图标要怎么表演，谁来试一试？

②请个别幼儿来演示动作，教师帮助幼儿正确表演（大的图标表演得较慢，小的图标表演得较快）。

（4）教师带领示范，引导幼儿熟悉动作。

①无音乐，教师和幼儿一起哼唱歌曲，完整熟悉一遍动作。

②播放音乐，教师和幼儿一起进行舞蹈律动，熟悉动作。

（5）引导幼儿身体自然摆动，表现音乐快乐轻松的情绪。

①教师提问，引导幼儿体会音乐的情绪。

提问：你觉得这首音乐怎样，在你表演动作的时候你觉得心情怎么样？

　　　　你可以怎样用身体的动作表现你的快乐情绪（身体随着音乐自然地摆动）？

②播放视频片段，幼儿体会投入、尽情地表演。

③播放音乐，师幼一起加入身体律动合拍的表演动作一遍。

3. 进行双人舞蹈律动的表演，注意舞伴之间的相互配合

（1）教师提问，引导幼儿讨论交流双人配合的动作。

①提问：钢琴除了 1 个人弹，还可以几个人弹（两个人弹）？

　　　　我们的舞蹈也要两个人一起跳才会更快乐，你们觉得两个人跳舞时应该怎样配合动作？

②请幼儿充分表达自己的意见。选择大家都认同的配合动作来表演舞蹈。

③教师梳理动作：两个人面对面，把自己一个人拍手的动作变成互相拍手的动作。

（2）幼儿练习两个人舞蹈。

①幼儿两人面对面坐，播放音乐，进行舞蹈律动的表演。

②幼儿两人面对面站立，播放音乐，进行舞蹈律动的表演。

4. 设置情境，进行双圈舞蹈律动并交换舞伴进行表演

（1）设置情境，引起幼儿表演的兴趣。

教师讲述：现在，在我们学校有一场舞蹈律动表演活动，邀请我们小朋友也去表演，小演员们，你们想去表演吗？（想）好的，为了让我们的表演更精彩，我们首先要再练习练习。

（2）播放音乐，幼儿练习双圈舞蹈。

①教师讲述舞蹈要求，幼儿了解练习。

舞蹈要求：幼儿双圈面对面站立（男孩快速的拉成一个圈，然后放下手向后转面向圈外，女孩找一个男孩做舞伴，面对面站好）。

②播放音乐，幼儿在双圈上表演舞蹈律动一次（可视幼儿的掌握情况增加练习的次数）。

（3）增加交换舞伴的环节，幼儿尝试练习动作。

①教师讲述：为了让我们的舞蹈更具有表演性，我们除了和自己的舞伴一起舞蹈外，还要交换舞伴进行表演。

②出示 PPT 图谱③，教师提问。

提问：你们觉得我们在音乐的什么时候交换舞伴比较合适？

　　　　看看图谱，你觉得在哪个动作的时候交换舞伴比较合适（在音乐的末尾跺脚的时候交换舞伴）？

　　　　怎么交换舞伴（在跺脚时向旁边走，寻找新的舞伴）？

③幼儿充分表达自己的想法，并示范动作。

小结：在一遍音乐结束的地方交换舞伴，向戴手环的方向走两步寻找下一个舞伴。

④无伴奏，幼儿尝试交换舞伴，第一次，男孩子不动，女孩子向戴手环的方向移动。

⑤无伴奏，幼儿尝试交换舞伴，第二次，所有幼儿都向戴手环的方向移动（此环节可视幼儿的掌握情况增加或删减）。

⑥播放音乐，进行舞蹈并交换舞伴表演一次。

5. 引导幼儿充分想象创编动作，进行舞蹈律动表演

（1）教师提问，引导幼儿想象创编。

提问：我们刚才表演的都是弹奏钢琴，你还想表演什么乐器呢？

　　　　谁能用动作给我们表演一下，让我们猜一猜你表演的是什么乐器？

（2）幼儿个别表演，集体学习动作。

（3）幼儿进行创编动作的舞蹈律动表演。

①教师讲述舞蹈要求，幼儿了解练习。

舞蹈要求：第一遍舞蹈做弹钢琴的动作，第二遍音乐时，教师给出口令"换乐器"，幼儿用自己创编的动作来替换弹钢琴的动作进行表演。

②播放音乐，幼儿尝试将自己创编的动作加入舞蹈中，合拍地进行舞蹈律动表演。

6. 进行正式的演出，幼儿充分自信地展现舞蹈，感受舞蹈表演的快乐和成就感

（1）设置情境，激发表演的激情。

情境讲述：孩子们，正式的演出就要开始了，展示我们的机会来了，你们准备好了吗？让我们专心、投入地进行这次的表演吧！

（2）播放音乐，幼儿和教师一起完整地进行双圈、互换舞伴进行舞蹈律动。

（3）给予幼儿充分的肯定，小结结束活动。

小结：今天的舞会非常成功，小朋友们演出非常投入，特别精彩，我们一起期待下一次的音乐舞会吧！

活动建议

①表演区：投放音乐、图谱、服装、头饰等，供幼儿在区域活动时间，创造性地进行音乐舞蹈律动的表演。

②亲子活动：请幼儿回家将舞蹈律动教给爸爸妈妈，和爸爸妈妈一起在家里表演舞蹈律动，感受亲子活动的快乐。

附：动作谱图

图谱①

bi　　　　　　bang　　　　　　Bili bili

图谱②

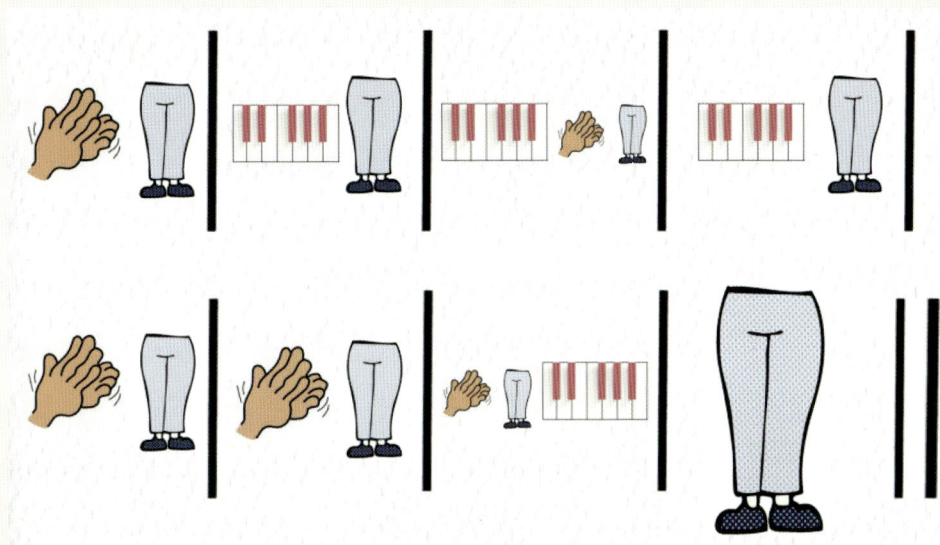

图谱③

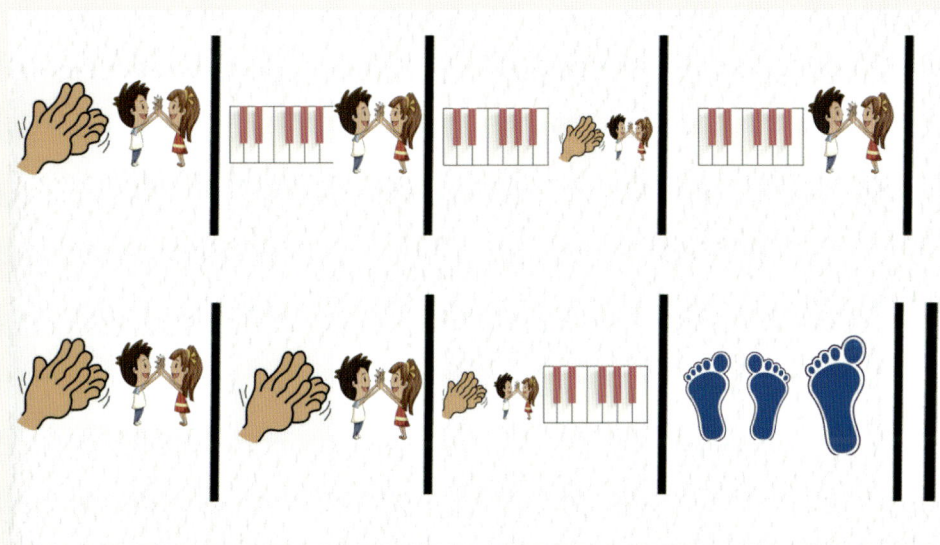

课题五　学前儿童韵律活动组织的评价

　　对学前儿童韵律活动组织的评价主要包括活动目标、活动内容、活动过程、师幼互动、环境材料、教育效果、教师言行几个方面。

【例】

美食总动员（大班）

陕西师范大学幼儿园　宋姗姗

活动目标

1. 尝试用动作随音乐表现"服务员""小顾客"两种角色的基本情节。

2. 进入"美食城"的情境中，能与同伴相互配合，做出相应的动作。

3. 在体验游戏快乐的同时，懂得应合理进食、不暴饮暴食的道理。

活动准备

原创音乐《美食总动员》

活动过程

1. **故事导入**

（1）听故事《美食总动员》，引出活动。

（2）提问："嘟嘟到底在美食城里吃了些什么呀？让我们一起听一听！"

2. **欣赏音乐，根据故事，配合动作，完成律动**

（1）欣赏音乐，练习基本动作。

第一遍随乐做动作（完整放音乐）。

听音乐，初步学习"嘟嘟"的基本动作模型。

尝试跟随老师的动作熟悉音乐结构。

（2）第二遍随乐做动作（完整放音乐）。

逐渐熟悉音乐，再次练习"嘟嘟"的动作。

学会通过再次练习动作，自己检验回答是否正确。

（3）A 段增加难度。幼儿在故事的引导下，循序渐进地随乐练习动作。

T1（教师）——S 众（全体幼儿）（口头唱，不放音乐）。

引出角色"服务员"——新角色基本动作。

在一对多的模式下，初步学会两人配合。

S（幼儿）——S（幼儿）（完整放音乐）。尝试并练习与同伴相互配合的基本动作。

T2（配班教师）——S 众（全体幼儿）。（音乐 A 段）

再次引出角色"服务员"——在基本动作的基础上增加难度。

难点前置，跟随 A 段音乐感受动作的变化。

S 众（全体幼儿）——T2（配班教师）（音乐 A 段）。

与"新服务员"（配班教师）交换角色，感受并练习增加难度后的动作。

在练习过程中发现问题，注意引导与提示幼儿的节拍要正确。

T1（教师）——S1（一名幼儿）（音乐 A 段）。

示范动作，解决问题。

在高级榜样的示范后，掌握动作节拍。

S（幼儿）——S（幼儿）（完整放音乐）。

空间难度的提升——由坐变为站。

幼儿完整练习并熟练两人相互配合的动作。

3. **B 段增加难度。跟随音乐进行趣味游戏**

教师完整示范（完整放音乐）。

B 段提升难度。

通过观察，发现 B 段动作的变化。

集体练习，自然引出游戏"抢马桶"（完整放音乐）。

在游戏过程中，配班教师加入，在最后"坐下"环节时，自然进入"抢马桶"游戏。

游戏结束部分（"打针"声音）。

配班教师刻意没有抢到椅子，在情境中引出游戏的规则。

根据规则，游戏循环进行。

4. 完整进行音乐游戏

幼儿完整游戏，感受与同伴合作游戏的愉快（完整放音乐）。

交换角色完整游戏，感受不同角色的动作（完整放音乐）。

第三遍完整游戏，加入自由发挥环节（音乐：完整 +A）。

5. 结束活动

再次出现音乐 A 段，教师小结。

讨论："发生了什么事情？嘟嘟可真是好了伤疤忘了痛呀！我们可不能像他这样暴饮暴食！"

幼儿跟着音乐退场。

★ 活动评价

本节活动是一节韵律活动，在音乐的陪伴下，幼儿一人或两人合作，有节奏有节拍地进行身体的律动活动。锻炼孩子的乐感，肢体动作，对身体的控制。

孩子最喜欢的事情莫过于吃好吃的东西，本节活动就从幼儿的这一兴趣点出发，设计了"美食总动员"的韵律活动。

活动目标设定为以下三维目标：

①尝试用动作随音乐表现"服务员""小顾客"两种角色的基本情节。

②在"美食城"的情境中，能与同伴相互配合，进行韵律活动。

③在体验游戏快乐的同时，懂得应合理进食、不暴饮暴食的道理。

活动过程中，老师首先用情境法，设置了"美食城"的情境，引起幼儿的兴趣。接着用示范法，结合音乐示范人物的动作，幼儿则用观察法，欣赏了解音乐和人物动作，再通过尝试法，模仿法来学习和感受人物动作。

活动环节设置由简单到复杂，层层递进，环环相扣。首先，体现了幼儿的主体性体验原则：通过"教师的一对多模式"和幼儿一起探索音乐结构，尝试用动作表现音乐结构；在幼儿对音乐本身和动作模型都熟悉的基础上，转为"幼儿的一对一模式"。这样以教师为主导的学习模式逐渐转为幼儿自发的主动探索模式。

其次，体现了同伴间的交流、合作与竞争。从开始的一对一同伴交流模式——"分角色交流合作"到变位置换同伴的"换角色继续交流合作"到最后同伴间的公平"竞争"，有效地实现了幼儿与同伴间的互动。

再次，挑战中成功经验的提取与分享。在每一环节中都有"发挥幼儿主动性"挑战新问题的环节，在环节中注重观察"有效提取幼儿成功经验"实现同伴间"分享与共勉"进而培养幼儿的学习品质。

活动中，教师的语言亲切，简练，提问准确，能有效地推动活动的不断开展，同时教师非常注意引导幼儿，给幼儿充分地表达自己想法的机会，并引导幼儿同伴之间互相学习，充分发挥同伴间的榜样力量。

本节活动孩子在不断的挑战中，跟随音乐进行"服务员"和"小客人"的韵律活动，实现在游戏中学习的目标。

习题

1. 学前儿童韵律活动的内容包括（   ）。

  A. 欣赏、律动、舞蹈 　　　　　　B. 欣赏、律动、节奏活动

  C. 律动、舞蹈、歌唱 　　　　　　D. 律动、舞蹈、节奏活动

2. 学习小碎步、小跑步是（   ）年龄班的教育内容。

  A. 小班 　　　　　B. 中班 　　　　C. 大班 　　　　D. 学前班

3. 适应于音乐结构比较复杂、音乐与动作结合的要求比较高的韵律动作组合的学习或创编活动的导入方式是（   ）。

  A. 音乐欣赏导入 　　B. 舞谱导入 　　C. 游戏导入 　　D. 故事导入

4. 自选内容，设计一份大班韵律活动。

打击乐演奏活动

打击乐演奏活动是指以身体大肌肉动作参与为主，运用一定的节奏和音色，通过打击乐操作来表现音乐的一种活动。

课题一　学前儿童打击乐演奏能力的发展特点

打击乐演奏能力的发展主要包括操作乐器的能力以及演奏乐器时的随乐性、合作性以及创造性等四个方面[1]。

	小班	中班	大班
操作能力	1. 较易掌握运用手臂大肌肉动作来演奏的打击乐器 2.3 岁儿童最容易掌握的是铃鼓和串铃的演奏法	1. 能模仿成人、教师的演奏方法，开始探索同一种乐器的不同演奏方法 2. 能够掌握铃鼓、沙锤等乐器演奏方法	1. 能演奏一些小肌肉操作的打击乐器，如三角铁 2. 用手腕带动的打击乐器，如双响筒 3. 对同一种打击乐器的演奏方法更加细化，例如圆舞板捏奏法
随乐性	3 岁末期大多数幼儿基本能够合拍地随乐演奏，且一般儿童也已具备了初步的随乐意识，能够从跟随音乐并与音乐相协调一致的活动中直接获得愉快经验	大多数幼儿能够基本合拍地随乐演奏四二拍、四四拍或四三拍的节奏	能够比较准确地演奏有附点节奏、切分节奏，以及结构相对复杂的乐曲
合作性	1. 在良好的教育下，3 岁幼儿能够学会在演奏时与大家一起整齐地开始和结束 2. 能够初步学会理解简单的指挥手势，并及时地按指挥意图做出正确的反应 3. 能够初步体验到合作协调的愉快，愿意在演奏活动中用积极的情感和态度与他人沟通、配合	1. 不仅能够与同伴同时开始和同时结束演奏，还能在 2~3 个不同声部的演奏配合中处理好自己声部与其他声部之间的关系 2. 不仅懂得在演奏过程中始终注意指挥的手势，还能够根据指挥的手势含义来调整自己的乐器演奏	1. 能够准确地演奏出自己的声部，努力保持整体音响的协调性，迅速理解各种手势并积极做出准确反应 2. 在担任指挥时，能使用明确的手势，通过面部表情和眼神等与演奏者进行积极的情感沟通

[1] 许卓娅. 学前儿童音乐教育 [M]. 长春：东北师范大学出版社；2003：217-223.

续表

	小班	中班	大班
创造性	在良好的教育下，3 岁幼儿能够学会为熟悉的、性质鲜明的音乐形象选择比较合适的乐器和演奏方法、用不同的音色表现乐段和乐句的结构	在教师引导下，用基本的节奏型来创造性地表达音乐	1. 能为鲜明的音乐作品制定配器方案，包括选择合适的乐器、确定合适的节奏型 2. 大胆地尝试参与即兴指挥

课题二   学前儿童打击乐演奏活动的目标

1 学前儿童打击乐演奏活动的总目标[1]

1）认知目标

①认识各种常用打击乐器并能够初步辨别音色特点。

②了解有关打击乐器的基本知识。

③掌握一些常见的简单节奏型，知道如何运用各种节奏型的简单变化规律进行创造性表现。

④理解指挥手势含义，知道与指挥相互配合，懂得有关保护乐器的意义和简单知识。

2）操作技能目标

①能够自如地演奏一些常见的打击乐器，并奏出和谐、美好、有表现力的音响。

②能够在集体奏乐活动中有意识地控制、调节自己奏出的声音，使自己的演奏与集体相协调，与音乐相协调。

③发放、使用、收取乐器的过程中能够正确执行有关保护乐器的要求。

3）情感态度目标

①喜欢参与打击乐演奏活动，并努力追求参与打击乐器演奏的快乐。

②喜欢在集体奏乐活动中与他人进行交往与合作，能够注意并努力追求集体奏乐活动中的声音和谐与情感默契，积极体验并享受与他人合作演奏的快乐。

③乐意探索乐器不同的演奏方法，喜欢运用各种不同音色、不同节奏型的简单变化规律，进行创造性的表现活动。

2 学前儿童打击乐演奏活动年龄阶段目标

	小班	中班	大班
操作技能	学习并掌握几种最常用的打击乐器（如碰铃、串铃、铃鼓、圆舞板、沙球）的演奏方法	进一步学习并掌握更多打击乐器（如木鱼、蛙鸣筒、小拨、小锣等）的演奏方法	进一步学习并掌握一些打击乐器（如双响筒、三角铁）的演奏方法

[1] 李桂英，许晓春 . 学前儿童艺术教育（音乐分册）[M]. 北京：高等教育出版社，2011：152.

续表

	小班	中班	大班
随乐性	能够为简单、短小的二拍子和四拍子的歌曲、乐曲伴奏	能够为四二拍、四四拍、四三拍的歌曲、乐曲伴奏	能够用乐器为二拍子、三拍子、四拍子、有附点节奏、切分节奏的乐曲伴奏
合作性	初步学会看指挥开始和结束演奏	能正确地根据指挥的手势开始、结束和变化演奏 能在集体的打击乐演奏中有意识地注意在音色、音量和表情上与集体相协调一致	进一步学会看指挥开始、结束和变化演奏
创造性		能初步尝试参与部分打击乐演奏配器方案的设计	能参与部分打击乐演奏配器方案的讨论
常规	了解并遵守集体打击乐演奏活动中的一些基本规则，如乐器取放的恰当位置等	能自觉地遵守集体的打击乐演奏活动中的一些常规，养成爱护乐器的态度和习惯	
情感	喜欢操弄打击乐器，喜欢参加集体的打击乐演奏活动		

课题三 ▶ 学前儿童打击乐演奏活动的内容

1 音乐

1）音乐的类型

学前儿童打击乐演奏活动中使用的音乐分两类，一类是纯粹的打击乐曲，另一类是指特定的歌曲。

2）音乐的要求

①节奏清晰、结构工整、旋律优美、形象生动鲜明。
②多选择幼儿熟悉的歌曲、韵律活动曲、欣赏曲。
③两个或两个以上乐段的乐曲，段落之间最好对比鲜明。

3）各年龄阶段音乐选择的要求

3~4岁：幼儿熟悉的歌曲或韵律活动曲，节奏简单、短小的一段体。

大鼓和小鼓

小林纯一　词
中田喜直　曲
陈永莲　译配

$1=C$ $\frac{2}{4}$

3 3　1 1｜5̣　5̣｜3 3　1 1｜5 5 5｜6 5　3 3｜5 3　2 2｜5̣　5̣｜1 1 1‖

敲起了大鼓　嗵　嗵，敲起了小鼓　咚咚咚。敲起了大鼓，敲起了小鼓，嗵　嗵，咚咚咚。

5~6岁：选择的音乐不一定是幼儿学习过的，结构可以是一段体也可以是两段体或三段体。乐段与乐段之间、乐句和乐句之间最好存在比较明显的差异。

土耳其进行曲

佚名曲

$1=C$ $\frac{2}{4}$

（5 4 3 2　1｜5 4 3 #1　2｜5 4 3 2　1 3｜4　4）｜

[A段]

5 3 3｜5 3 3 3̇｜2̇1̇7 6 5 4｜3 4 5｜5 3 3｜5 3 3 3̇｜2̇1̇7 6　5 #5｜

6̇·　0｜1̇ 6 6 6｜2̇ 7 7 7｜2̇ 7 2̇ 7｜3̇ 1̇ 3̇ 1̇｜5 3 5 3｜5 3 3 3̇｜

[B段]

转1=G

2̇1̇7 6　5 7｜1̇·　0｜#5 5 6 7 3｜1̇ 1̇ 7 6｜#5 5 6 7 3｜3̇ 7 3̇ 7｜1̇ 6 3̇ 7｜

转1=C

1̇ 6 1̇ 6｜#5 5 6 7 3｜1̇ 1̇ 7 6｜#5 5 6 7 3｜3̇ #1̇ 3̇ 1̇｜3̇ #1̇ 3̇ 1̇｜3̇ 1̇ 3̇ 1̇：‖

D.C.

② 乐器

1）乐器的类型

学前儿童打击乐演奏活动的乐器主要包括强音乐器、弱音乐器、特色乐器、旋律乐器。

强音乐器包括锣、鼓、镲等。

弱音乐器包括圆舞板、三角铁、碰铃、棒铃、棒镲、沙锤、木鱼、串铃、单响筒（图4-1至图4-9）。

图4-1

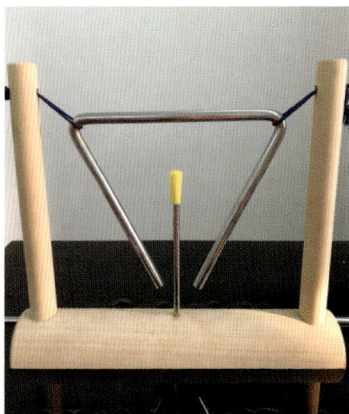

图4-2

图4-3

图 4-4

图 4-5

图 4-6

图 4-7

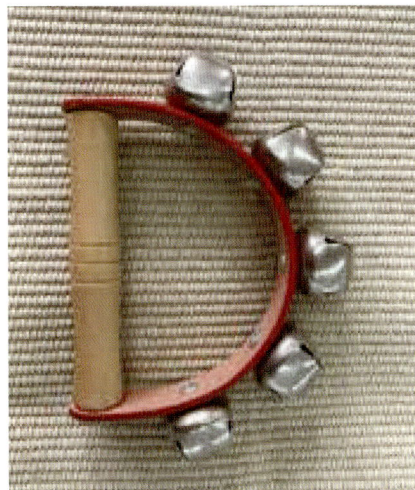
图 4-8

图 4-9

特色乐器包括响板（圆弧板）、铃鼓、双响筒、蛙鸣筒（图4-10）。

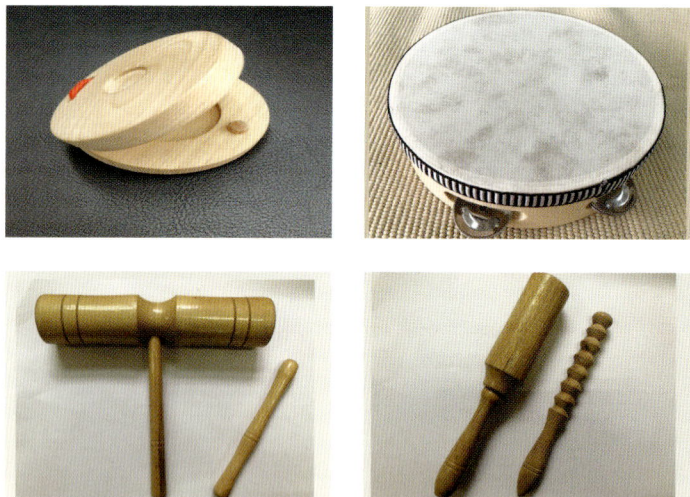

图4-10

旋律乐器包括木琴、铝板琴、自制乐器（图4-11）。

图4-11

2）各年龄阶段选择乐器的要求

小班：铃鼓（拍奏）、串铃、沙球、碰铃、圆舞板（拍奏）

中班：木鱼、蛙鸣筒、小钹、小锣、铃鼓（摇奏）

大班：双响筒、三角铁、圆舞板（捏奏）、沙球（震奏法）、小钹（擦奏法）。

3 配器

学前儿童打击乐演奏活动中制定配器方案包括选配乐器和节奏型。

1）选配乐器

除幼儿的年龄特点外，教师在引导幼儿选配乐器时主要应考虑乐器的音色是否与音乐作品形象相符合。例如歌曲《秋天》，应使用三角铁等带有绵延音的乐器；《蚂蚁搬豆》则应使用单响筒等音响比较清脆的乐器。

2）选配节奏型

节奏型的选配有三种，即歌曲、乐曲本身的节奏；固定节奏；根据乐曲变化来变换节奏或突出某个节奏型。

【例】

一只哈巴狗

1 = C 2/4　　　　　　　　　　　　　　　　　　　　　　童谣歌曲

<u>1 1</u> <u>1 2</u> | 3　　 <u>X X</u> | <u>3 3</u> <u>3 4</u> | 5　　 <u>X X</u> |

1. 一只 哈巴 狗，　"汪 汪"　坐在 大门 口，　"汪 汪"
2. 一只 哈巴 狗，　"汪 汪"　吃完 肉骨 头，　"汪 汪"

<u>6 6</u> <u>5 4</u> | 3　　 <u>X X</u> | <u>5 5</u> <u>2 3</u> | 1　　 <u>X X</u> | (<u>X X·</u>) :||

两眼 黑黝 黝，　"汪汪"　想吃 肉骨 头。"汪汪"，　"汪汪"。
尾巴 摇一 摇，　"汪汪"　向我 点点 头。"汪汪"，　"汪汪"。

①歌曲、乐曲本身的节奏：

<u>1 1</u> <u>1 2</u> 3 — | <u>3 3</u> <u>3 4</u> 5 — |

× × × × × — | × × × × × — |

<u>6 6</u> <u>5 4</u> 3 — | <u>5 5</u> <u>2 3</u> 1 — |

× × × × × — | × × × × × — |

②固定节奏：

<u>1 1</u> <u>1 2</u> 3 — | <u>3 3</u> <u>3 4</u> 5 — |

× 　 × 　 × | × 　 × 　 × |

<u>6 6</u> <u>5 4</u> 3 — | <u>5 5</u> <u>2 3</u> 1 — |

× 　 × 　 × | × 　 × 　 × |

③根据乐曲变化来变换节奏或突出某个节奏型：

<u>1 1</u> <u>1 2</u> 3 — | <u>3 3</u> <u>3 4</u> 5 — |

× 　 × <u>× ×</u> × | × 　 × <u>× ×</u> × |

<u>6 6</u> <u>5 4</u> 3 — | <u>5 5</u> <u>2 3</u> 1 — |

× 　 × <u>× ×</u> × | × 　 × <u>× ×</u> × |

3）各年龄阶段配器的要求

	小班	中班	大班
音色变化	在乐段之间变化音色	在乐句之间变化音色	可以在乐段、乐句之间变化音色
节奏变化	一拍一次或两拍一次均匀节奏，整个乐段之间没有音色变化	一拍一次或两拍一次均匀节奏，偶尔可以出现不同长短的音符组成的节奏型，有时也可在乐句最后一个音上变化音色	可以在乐句之中变化节奏

4 指挥

1）手势

动作提示法：教师在指挥时通过动作引导幼儿演奏的一种方法。

模拟指挥法：教师在指挥时模仿打击乐的演奏手势来指挥。这是学前儿童打击乐演奏活动中最常采用的指挥方法。

语言提示法：教师在指挥时通过语言引导学前儿童演奏的一种方法。二拍子"预备一起"；三拍子"一、二——起"；四拍子"一、二、三——起"。

2）队形

半圆形（适合单一音色、两种音色的乐队使用）（图4-12）

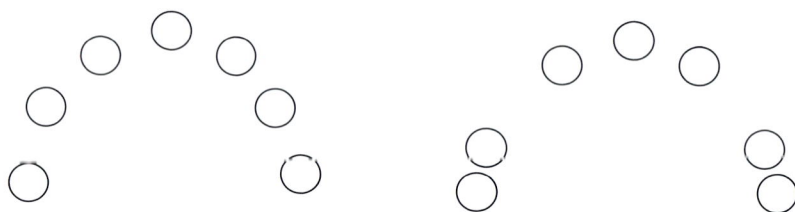

图4-12

马蹄形（图4-13）

图4-13

"品"字形（图4-14）

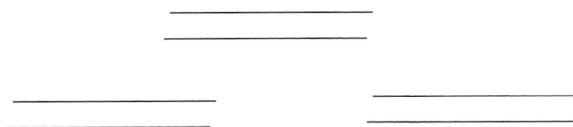

图4-14

满天星形（适合中大班，每相邻两列为一个音色组）（图4-15）

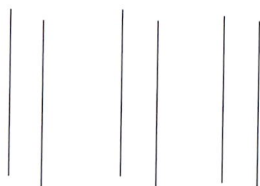

图4-15

5 总谱

学前儿童打击乐演奏活动中的总谱包括通用总谱和变通总谱。

【例】

钟表店

外国轻音乐
颂今 填词

1 = D 2/4

(3 1 | 2 5̣ | 5̣ - | 5̣ 2 | 3 1 | 1 - | 3 5 | 5̣ 5̣ | 3 5 | 5̣ 5̣ | 4 4 3 2 7 |

嘀嗒! 嘀嗒! 嘀嗒! 嘀嗒! 时间的脚步

i 3 5 | 3 5 | 5̣ 5̣ | 3 5 | 5̣ 5̣ | 2 2 5 7 5 | 6 #4 5 | 3 5 5 5 | 3 5 5 5 |

飞快跑,嘀嗒! 嘀嗒! 嘀嗒! 嘀嗒! 一分一秒都 好重要。人人都要 珍惜时间,

4 4 3 2 7 | i 3 5 | 3 5 5 5 | 4 i i | 5 3 4 2 | 1 7 1 | 1 ‖

不分男女和 老少,光 阴一去不 回头,再 也别想往 回找。

通用总谱

X X X X | X X X X | X X X X X X | X X X |

X X X X | X X X X | X X X X X X | X X X |

X X X X | X X X X | X X X X X X | X X X |

X X X X | X X X X | X X X X X X | X X X |

变通总谱

1.语音总谱

X X X X | X X X X | X X X X X X | X X X |
嘀 嗒 嘀 嗒　嘀 嗒 嘀 嗒　嘀 嘀 嘀 嗒 嗒　嘀 嘀 嗒

X X X X | X X X X | X X X X X X | X X X |
嘀 嗒 嘀 嗒　嘀 嗒 嘀 嗒　嘀 嘀 嘀 嗒 嗒　嘀 嘀 嗒

X X X X | X X X X | X X X X X X | X X X |
嘀 嗒 嘀 嗒　嘀 嗒 嘀 嗒　嘀 嘀 嘀 嗒 嗒　嘀 嘀 嗒

X X X X | X X X X | X X X X X X | X X X |
嘀 嗒 嘀 嗒　嘀 嗒 嘀 嗒　嘀 嘀 嗒 嗒　嘀 嘀 嗒

2. 动作总谱

X　X　X　X | X　X　X　X | X　X X　X | X　X　X |
拍　手　踩　脚　　拍　手　踩　脚　　拍　手　　踩　脚　　拍　手

X　X　X　X | X　X　X　X | X　X X　X | X　X　X |
拍　手　踩　脚　　拍　手　踩　脚　　拍　手　　踩　脚　　拍　手

X　X　X　X | X　X　X　X | X　X X　X | X　X　X |
拍　手　踩　脚　　拍　手　踩　脚　　拍　手　　踩　脚　　拍　手

X　X　X　X | X　X　X　X | X　X　X　X | X　X　X |
踩　脚　拍　手　　踩　脚　拍　手　　踩　脚　踩　脚　　拍　手

3. 图形总谱

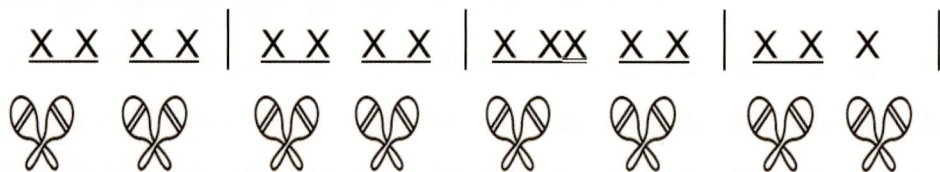

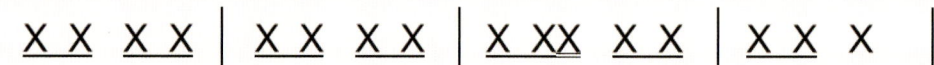

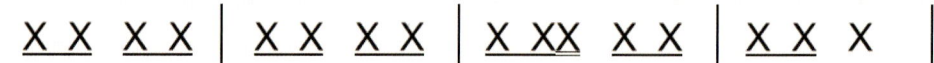

课题四　学前儿童打击乐演奏活动的设计与指导

1　活动名称

学前儿童打击乐演奏活动的名称有两类，一类是音乐的名称，例如《土耳其进行曲》；另一类是教学活动过程中所做的有趣的活动或游戏，例如《锅碗瓢盆进行曲》。

2　活动目标

活动目标是通过教学活动所期望达成的结果。活动目标既为活动指明了方向，也可以成为评价幼儿发展的依据。打击乐演奏活动目标的制定可参考学前儿童打击乐演奏活动各年龄阶段目标。知识技能目标着眼于感受音乐的结构与性质、制订配器方案（选择乐器、确定节奏型）、具备随乐能力（控制力度与速度、把握节奏、看指挥）等。情感目标着眼于体验打击乐演奏活动的乐趣、与同伴合作演奏的乐趣等。

【例】

大猫小猫（小班）

1. 感受音乐的强弱变化，能初步根据音乐变化选择合适的乐器。
2. 能初步控制演奏力度表现音乐的强弱变化。
3. 体验打击乐演奏活动的乐趣。

瑶族舞曲（中班）[1]

1. 感受瑶族音乐的优美和欢快，以及瑶族鼓点的节奏特点。
2. 学会边看指挥边运用乐器演奏乐曲。
3. 体验与同伴合作演奏的乐趣。

巡逻兵进行曲（大班）

1. 感受进行曲雄壮有力的风格，理解乐曲表达的巡逻兵神气的形象。
2. 能够看图谱随乐用肢体表现乐曲节奏。
3. 体验与同伴合作演奏的乐趣。

3　活动准备

1）环境创设

活动开始前，教师可根据幼儿年龄、活动需要安排幼儿就座。例如打击乐演奏活动《巡逻兵进行曲》前，教师将幼儿座位摆放成满天星形，但每两列椅子间要保持一定间隔，巡逻兵可在其中列队穿梭。

2）材料准备

活动前，教师可准备图谱、音乐、乐器等材料。

[1] "福建省幼儿园教师教育用书"编写委员会. 福建省幼儿园教师教育用书领域活动指导（中班上册）[M]. 福州：福建人民出版社，2017：133.

3）经验准备

例如打击乐演奏活动《土耳其进行曲》前，在生活活动、游戏活动时播放音乐，让幼儿先熟悉音乐。

4 活动过程

学前儿童打击乐演奏活动的过程一般是导入—欣赏—徒手练习—制订配器方案—随乐演奏。

1）导入

①总谱学习导入：主要适应于原配器比较复杂、精美、完善的打击乐作品。

【例】

②总谱创编导入：适应于原设计比较单纯，可以让儿童有更多创造性表达机会的打击乐作品。例如《田纳西摇摆》中，教师可引导幼儿跟随音乐用创造性的动作表现音乐节奏"× ×|× × ×"。

③主要声部学习导入：主要适应于本身含有主次两个声部，其主要声部本身比较复杂、精美、完善的打击乐作品。例如打击乐演奏活动《瑶族舞曲》中，教师可引导幼儿学习主要声部的节奏，之后再把其他声部加入。

④主要声部创编导入：主要适应于本身含有主次两个声部，其主要声部比较单纯，可以让幼儿有更多创造性表达机会的打击乐作品。例如《凤阳花鼓》中，教师可引导幼儿想象不同的动作来表现乐曲的主要声部，之后再结合图谱进行完整演奏。

⑤音乐欣赏导入：主要适应于原创意本身比较复杂、精美、完善，更值得让幼儿欣赏或更值得来教幼儿学习怎样欣赏的音乐作品。例如打击乐演奏活动《闹新春》中，教师引导幼儿欣赏音乐《闹新春》导入，感受乐曲热闹、喜庆的气氛。打击乐演奏活动《小木匠》中，教师以音乐欣赏导入，引导幼儿安静倾听音乐并猜想音乐的内容。

⑥故事导入：主要适应于具有更多形象或情节描写性的打击乐作品。打击乐《小精灵的魔法》：我们可以将乐曲《Tango Bello》进行剪接，并根据乐曲形式改编成故事，让幼儿对乐曲加深印象，分清每个段落。活动引入给幼儿讲述的故事，在一个美丽的城堡里，住着一群可爱的王子和公主，他们每天都

开开心心地唱歌、跳舞、做游戏。突然一个巫婆从梦中醒来，"是谁吵醒了我！我要把他们变成石头雕像。"于是巫婆施展了邪恶的巫术，把王子和公主全都变成了石头雕像。城堡里一下子变得静悄悄的，这时一群小精灵飞过来，看见静悄悄的城堡和以往不一样，王子和公主全都一动不动的。小精灵们用魔法解救了王子和公主，王子和公主获救后和小精灵们开心地跳起了舞蹈！幼儿融入故事情景后再完整欣赏乐曲时，便模仿起小精灵和巫婆的动作，整个课堂的气氛非常活跃。

⑦韵律活动导入：主要适应于改编成打击乐作品的韵律活动曲。例如打击乐演奏活动《苹果送给老师尝》中，教师先引导幼儿听音乐跟随教师练习全曲的舞蹈动作，以感受乐曲的基本旋律及附点、切分音符等特点。

⑧歌唱导入：主要适应于改编成打击乐作品的韵律活动曲。例如打击乐演奏活动《大猫小猫》中，教师引导幼儿复习歌曲《大猫小猫》导入，进一步感受音乐的节奏与力度，之后再引导幼儿选配乐器。

2）欣赏

学前儿童打击乐演奏活动的音乐一般是歌曲或乐曲。

对于歌曲，教师可利用多感官参与法，引导幼儿学唱并用动作表现歌曲，使幼儿初步感知歌曲的结构和音乐性质。例如打击乐演奏活动《大猫小猫》中，教师可先引导幼儿学唱歌曲，用嗓音感受并表现大猫、小猫不同的力度。之后，再引导幼儿在音乐伴奏下边唱边表演大猫和小猫，通过不同的动作幅度来展现大猫、小猫的力度差异。

对于无标题的纯器乐曲，教师可通过讨论法、对话法、观察法、多感官参与法、音像匹配法等引导幼儿熟悉音乐。例如打击乐演奏活动《瑶族舞曲》中，教师首先引导幼儿安静倾听音乐，之后出示图谱引导幼儿边观察图谱边再次欣赏音乐，以了解音乐的结构和音乐性质。打击乐演奏活动《凤阳花鼓》中，教师首先引导幼儿欣赏音乐并用肢体动作表现音乐活泼、欢快的节奏特点。之后教师出示图谱，引导幼儿观察图谱中图形的大小、颜色及排列位置代表的不同含义。

3）徒手练习

待幼儿熟悉音乐后，教师可采用练习法、观察法、多感官参与法、音像匹配法等引导幼儿通过语言节奏朗诵、拍手等方式练习各种乐器声部的节奏型。例如，打击乐演奏活动《大猫小猫》中，待幼儿熟悉歌曲后，教师演唱，幼儿拍手为教师伴奏，再次感受大猫、小猫的力度。打击乐演奏活动《瑶族舞曲》中，待幼儿熟悉音乐后，教师引导幼儿通过语言节奏、声势游戏（拍手、跺脚等）来表现音乐。打击乐演奏活动《过新年》中，待幼儿欣赏音乐后，教师引导幼儿边观察图谱边用"嗒"的象声词来表现音乐节奏。

4）制订配器方案

徒手练习后，教师可采用讨论法、对话法、对比法、演示法、尝试法、探索法等引导幼儿制订配器方案。例如打击乐演奏活动《大猫小猫》中，教师为幼儿提供铃鼓和碰铃，引导幼儿比较二者的音色，找出适合大猫、小猫的乐器。打击乐演奏活动《过新年》中，待幼儿熟悉音乐节奏后，教师出示乐器，讲解、示范乐器的演奏方法，并引导幼儿讨论各乐句适宜的乐器。打击乐演奏活动《小鞋匠》中，教师向幼儿介绍乐器后，鼓励幼儿自主选择乐器，边看图谱边演奏，倾听演奏效果后，调整配器方案，再次为歌曲伴奏。

5）随乐演奏

制订配器方案后，教师通过练习法、多感官参与法引导幼儿进行集体演奏。例如打击乐演奏活动《大猫小猫》中，教师引导幼儿分成大猫、小猫两组，分别演奏铃鼓和碰铃，在教师指挥下随乐演奏。打击乐演奏活动《瑶族舞曲》中，待幼儿徒手练习后，教师随乐敲击小鼓、幼儿使用碰铃进行合奏。打击乐演奏活动《过新年》中，教师引导幼儿边看图谱边进行集体演奏。

5 活动延伸

活动延伸可延伸至表演区、音乐区；进行家园共育；渗透于其他领域；渗透于节日活动等。

【例】

欢乐满山谷（小班）

陕西师范大学幼儿园   陈 洁

活动目标

1. 初步感知全曲曲式。
2. 尝试用语词、肢体、道具、乐器为乐曲进行伴奏。
3. 感受乐曲欢快、热烈的情绪，体验活动的快乐。

活动准备

1. 沙锤、串铃、响板、铃鼓、三角铁若干。
2. 沙蛋、伴奏音乐《欢乐满山谷》。

活动过程

1. 开始部分：情景导入

（1）讲述情景：今天老师要带小朋友一起去一个非常美丽的地方——"欢乐谷"，那里有好多好吃的东西，等着我们亲手做呢，让我们一起准备——出发喽！

（2）哇！这里的树上有这么多的苹果，让我们一起摘果子吧！（背景音乐）

2. 基本部分

（1）引导幼儿用动作熟悉音乐。

讨论：我们摘了这么多苹果，准备怎么吃呢（幼儿自由讲述）？

引导幼儿了解榨果汁的顺序，一起随音乐用动作榨果汁（音乐 A）。

引导幼儿创编不同的榨果汁的动作。

引导幼儿做三明治（音乐 B）。

榨果汁和三明治整体律动（完整音乐）。

（2）出示乐器，幼儿选择，按照图谱进行打击。

出示乐器，幼儿认识。

讨论：榨果汁和做三明治等适合哪种乐器。

幼儿尝试用不同乐器进行不同节奏型的演奏。

（3）听清音乐，增加难度继续打击。

讨论：这么多好吃的好喝的，都把谁吸引来了（播放音乐 A，仔细听音乐里都有哪些小动物）？

讨论：这些小动物出场，乐器如何演奏。

教师引导幼儿完整音乐，进行打击乐演奏。

3. 结束部分：快乐演奏

我们再来举办一场音乐会吧！请幼儿交换乐器进行演奏。

邀请欢乐谷其他的客人一起来表演吧！

课题五 ▶ **学前儿童打击乐演奏活动组织的评价**

对学前儿童打击乐演奏活动组织的评价主要包括活动目标、活动内容、活动过程、师幼互动、环境材料、教育效果、教师言行几个方面。

【例】

疯狂动物城（大班）

陕西师范大学幼儿园 刘 华

活动目标

1. 在感受乐句的基础上，学习用乐器演奏适合不同情境的"x、xx 、x x xx x"三种节奏型。

2. 能倾听他人、与同伴合作/分角色演奏，并在学习观察的基础上尝试总结规律，进行简单的推理。

3. 在打击乐活动中，体验规则下自主性的发挥、关爱他人的情感和成功营救的喜悦。

活动准备

音乐《盗贼舞曲》、PPT、堂鼓；幼儿看过电影《疯狂动物城》。

活动过程

1. 创设情境，故事导入

（1）讲述故事内容，引起幼儿兴趣。

（2）听音乐，辨别用了哪些武器进行反击。

2. 听音乐，根据图谱理解音乐内容

（1）听音乐第一遍（听音乐，跟随教师做攻击动作）

提问：刚才我们都使用了什么武器反击？

小结：在最远的时候先开炮，然后走近一些后再开枪，距离最近的时候发飞镖。

提问：听到了什么声音后使用武器反击的？

（2）听音乐第二遍（听音乐，知道武器反击的时间）

幼儿听音乐后，自由回答。

小结：在我们行动途中，危险动物发现了我们，我们要迅速准备，然后准确攻击。这一次要考验考验大家，能不能准确地使用武器反击。

3. 出示乐器，幼儿讨论，学习打击，进行打击乐活动

（1）第三遍（幼儿跟随音乐自己表演）

出示新型武器——鼓，幼儿尝试发出不同的武器的声音。

小结：大炮——重击鼓面；手枪——鼓边两下；飞镖——鼓槌相互摩擦（暗器声音很小）

请个别幼儿上前演示。

（2）第四遍（加入攻击乐器，教师指挥）

完整打击乐曲一遍。

PPT 课件，拯救失踪的动物们。（出现不同形状笼子）

找到失踪动物（欢呼）/狼群（快藏起来）

设置音乐情景，探索鼓的更多的打击方法。

在沙漠里行走：轻轻摩擦鼓面

（3）第五遍音乐（师掩护幼攻击）

提问：刚才我是在什么时候为你们打掩护的？在你们攻击时我在做什么？那这次换你们掩护我，好吗？

（4）第六遍音乐（幼掩护师攻击）

讨论，那这次谁可以来掩护我们？

小结：选3个幼儿拿乐器做掩护。

（5）分角色进行打击乐活动

第七遍音乐（三名幼儿掩护，其他幼儿攻击）

第八遍音乐（分四组分别是掩护组、大炮组、手枪组、飞镖组）

第九遍（分成四组）

第十遍（分成四组掩护和一名负责最后敲大军鼓的幼儿，分声部演奏）

小结：我们终于救出了所有的小动物，可是为了不让坏人继续逍遥法外，我们要去摧毁整个黑城堡。

4. 结束部分

小结：摧毁了城堡救出了全部失踪的动物，顺利完成了解救任务。让我们一起护送他们安全回家吧。

活动延伸

（1）完整游戏，并加入状况发生，如：

狼来了——学狼叫，掩护自己。

狗熊来了——迅速躺下装死。

马蜂来了——跑回座位，躲起来。

（2）家长可引导幼儿在电影《疯狂动物城》的基础上，根据故事情节和人物创编新的游戏环节。

★活动评价

《疯狂动物城》是一节打击乐活动。本活动的故事情节来源于动画电影《疯狂动物城》的部分剧情。《疯狂动物城》这部动画电影是幼儿所熟知的、喜欢的、感兴趣的，于是老师提取内容，进行改编，以营救小动物为任务目标，分解音乐，利用乐器制造对战效果，巧妙地设计了这节打击乐活动。

《纲要》指出：一次成功的音乐教育活动，不仅要让幼儿获得音乐知识，更要使幼儿快乐而愿意参与到音乐活动中。本节活动以幼儿兴趣为出发点。将幼儿感兴趣的动画电影设计为情节主线，配合旋律特点鲜明的乐曲，帮助幼儿快速进入活动情境中。

本节活动的一大特点就是，整节活动只运用了一种乐器"堂鼓"进行演奏，摒弃了传统的利用多种乐器，分声部进行演奏的方式，引导幼儿探索一种乐器的不同演奏方法。例如：开炮——敲击鼓面，开枪——敲击鼓边，发射飞镖——摩擦鼓槌等，并完美地匹配了音乐和故事情景。

本节活动在游戏中加入了找规律的环节，通过打开不同颜色不同形状的笼子发现笼子的秘密，最终成功完成救援。体现了多领域结合，使幼儿在感受音乐的同时，体验规律游戏。

活动中教师将自己设定为和幼儿一致的角色，通过对话法、情景法、尝试法以及对话讨论法，多种师幼互动的形式引导幼儿在感知乐器的多种演奏方法的同时鼓励幼儿完成救援。整节活动后教育目标都有效达到，教育效果良好。

习题

1. 下列属于强音乐器的是（　　）。

A. 鼓　　　　　　　　B. 三角铁　　　　　　C. 圆舞板　　　　　D. 单响筒

2. 适合小班幼儿使用的打击乐器是（　　）。

A. 双响筒　　　　　　B. 三角铁　　　　　　C. 木鱼　　　　　　D. 碰铃

3. 适应于原配器创作比较复杂、精美、完善的打击乐作品的导入方式是（　　）。

A. 总谱学习导入　　　B. 总谱创编导入　　　C. 故事导入　　　　D. 韵律活动导入

4. 自选内容，设计一份中班打击乐演奏活动方案。

音乐欣赏活动

音乐欣赏一般指通过聆听音乐作品获得审美享受的音乐活动。

课题一 **学前儿童音乐欣赏能力的发展特点**

音乐欣赏能力包括倾听、理解、创造性表达和个人音乐趣味倾向四个方面[1]。

	小班	中班	大班
倾听	1. 他们会更多地自发倾听环境中的各种声音并主动地分辨和描述这些声音 2. 在音乐活动过程中，他们会更仔细地倾听各种音响，并按要求努力地分辨和描述它们。他们能分辨音乐的速度，但对力度、音色的理解有一定困难	1. 他们能够欣赏内容更加广泛、性质、体裁风格更加多元的音乐作品 2. 能够感受音乐结构，在欣赏有鲜明对比的音乐时能够指出音乐力度的变化	1. 他们能够关注音乐作品的细节部分 2. 能够辨别较为复杂的器乐曲结构，对音乐速度、力度变化感知更加细腻，能区分音乐作品中的音色
理解	1. 学会理解他们所熟悉的歌曲的歌词内容 2. 学会理解性质鲜明的音乐情绪	1. 能够借助歌词和已有的生活经验、音乐经验基本理解歌曲表达的形象、情绪、情感 2. 对于较为复杂的、没有标题的纯乐曲的理解还有一定的困难	能够理解纯音乐的形象、情绪、情感
创造性表达	1. 最容易理解和掌握的创造性表现手段是身体动作 2. 运用语言、图片来表现音乐有困难	1. 能够借助图片、动作，对音乐进行创造性的表现 2. 在表现过程中努力追求表现的独特性、创造性	1. 能够用较完整的语言或一定的故事情节来表述音乐 2. 能通过身体动作、嗓音、图片表达对音乐的理解
个人音乐趣味倾向	3~6 岁儿童普遍喜欢他们熟悉的、节奏鲜明、情绪欢快、音响明朗、内容易于理解的音乐。 4~6 岁儿童出现个人偏好		

[1] 许卓娅. 学前儿童音乐教育 [M]. 长春: 东北师范大学出版社，2003：255.

课题二 ▶ 学前儿童音乐欣赏活动的目标

1 学前儿童音乐欣赏活动的总目标[1]

1）认知目标

①能够形成一些初步的音乐舞蹈概念，掌握一些简单的音乐舞蹈知识，并知道如何运用各种概念、知识进行感知、理解和表现。

②初步了解应该如何从音乐、舞蹈活动中获取各种艺术和非艺术的经验。

2）操作技能目标

①初步积累一定的音乐、舞蹈语汇。

②能够在欣赏音乐的过程中注意运用有关概念深化自己的感知和理解。

③初步学习运用各种不同的艺术表现手段来表达自己对音乐、舞蹈作品的理解认识、想象、联想和情感体验。

④初步养成有注意情感参与的安静倾听、安静观赏的习惯。

3）情感与态度目标

①能够体验并努力追求倾听、观赏音乐、舞蹈作品的快乐。

②对各种不同的音乐、舞蹈的形式、内容有比较广泛的爱好。

③喜欢与他人分享倾听、观赏及谈论音乐、舞蹈表演的快乐。

2 学前儿童音乐欣赏活动的年龄阶段目标[2]

	小班	中班	大班
倾听	在保持一定兴趣和注意力的情况下，能安静地倾听音乐	能够安静地、注意力集中地倾听音乐	养成安静地、注意力集中地倾听音乐的习惯，不受他人和周围事物的干扰影响
理解与表达	1. 喜欢倾听周围生活中的各种声音，并用自己喜欢的方式（体态、动作、嗓音等）来表达 2. 能初步感受性质鲜明、单纯、结构短小的歌曲，有标题器乐曲的形象、内容、情感；能利用表情、动作或语言等表达自己的想法	1. 能够对周围生活中的各种声音进行辨别，并用自己喜欢的方式模仿表达 2. 能感受对比鲜明、结构简单的歌曲和器乐曲的形象、内容和情感，辨别乐曲的段落、乐句、旋律等，并说出自己的感受 3. 在了解进行曲、摇篮曲、各种舞曲的基础上，了解其名称并学会描述其特征 4. 能听形象鲜明的音乐故事并随音乐表现故事，也能把听到的音乐讲成故事。初步学习运用不同的艺术表演形式（文学、美术、舞蹈等）来表达对音乐的感受和理解	1. 喜欢倾听周围环境中的各种声音，并用多种方式带有创造性地表现 2. 能较准确地感受性质鲜明、单纯，结构适中的器乐曲，稍复杂的音乐作品的形象、内容、情感；能在感受过程中较丰富地想象、联想，能有积极而富有个性的外部反应 3. 能够听辨出进行曲、摇篮曲和各种舞曲的性质与风格，能更加广泛地欣赏不同体裁、不同地域文化的音乐，对经典名曲有一定的欣赏积累 4. 喜欢并较自信地使用不同艺术手段来表达欣赏音乐作品的感受，能比较自觉地从音乐欣赏中获取各种艺术和非艺术的经验

[1] 陈金菊. 学前儿童艺术教育 [M]. 长春：东北师范大学出版社，2017：29.
[2] 陈金菊. 学前儿童艺术教育 [M]. 长春：东北师范大学出版社，2017：30.

课题三　学前儿童音乐欣赏活动的内容

1 选材

学前儿童音乐欣赏活动一方面来源于周围环境中的声音，如人体的声音（拍手、跺脚等）、日常用具的声音（锅碗瓢盆等）、自然界的声音（风声、鸟啼等）、交通工具的声音（警车鸣笛等）等。另一方面来源于音乐作品，如中外优秀儿童歌曲、器乐曲、音乐童话、中外名作品的片段、动画片音乐等。3~6 岁儿童音乐欣赏活动的选材以歌曲为主。

2 辅助材料

为了帮助学前儿童更好地理解音乐，音乐欣赏活动需要三种辅助材料，即语言材料、视觉材料、动作材料。

1）语言材料

语言材料在这里是指含有艺术形象的有声文学材料，包括故事、诗歌、散文等。例如音乐欣赏活动《毛毛虫与蝴蝶》中，教师讲述故事"森林里要举行选美大赛，一只毛毛虫来了，身体软绵绵的，一伸一缩慢慢爬，结果它输掉了比赛。之后她每天吃很多很多的树叶，织了一个叫作'茧'的房子，有一天，毛毛虫变成了一只美丽的蝴蝶。小蝴蝶飞来又飞去，开心极了。"教师通过讲故事的方式引导幼儿理解歌词以及歌曲中传达出的悲伤、欢快的情绪。

2）视觉材料

视觉材料形象具体，包括点、线（波浪线、螺旋线、锯齿线等）、图形（三角形、正方形等）、图片、视频、教具等。例如欣赏活动《毛毛虫与蝴蝶》中，教师用螺旋线表现第一段缓慢的音乐，用点表现第二段欢快的音乐。欣赏活动《天鹅》中，教师边播放音乐边播放天鹅视频，引导幼儿理解音乐内涵。欣赏活动《玩具兵进行曲》中，教师使用小公主、小士兵、小鸟的头饰，引导幼儿理解音乐结构及情绪。欣赏活动《狮王进行曲》中，教师使用图谱引导幼儿理解音乐形象与小动物之间的关系。

【例】

3）动作材料

通过跟随音乐做动作的方式参与到音乐中。例如欣赏活动《毛毛虫与蝴蝶》中，教师引导幼儿扮演毛毛虫与蝴蝶以表达对音乐的感受。欣赏活动《狮王进行曲》中，幼儿随乐用肢体表现出不同的动物形象。

课题四 ▶ 学前儿童音乐欣赏活动的设计与指导

1 活动名称

音乐欣赏活动的名称可以是歌曲或器乐曲名称，如《狮王进行曲》《迷路的小黄鸭》等。对于一些无标题的乐曲，教师可根据为幼儿创设的主题情境对活动进行命名，如《有趣的按摩》《小精灵的魔法棒》等。

2 活动目标

活动目标是通过教学活动所期望达成的结果。活动目标既为活动指明了方向，也可以成为评价幼儿发展的依据。音乐欣赏活动目标的制订可参考学前儿童音乐欣赏活动各年龄阶段目标。知识技能目标着眼于对歌曲或乐曲形象、结构、性质、情绪的理解与表达。情感目标着眼于音乐传达的情感、幼儿参与欣赏活动的快乐等。

【例】

小小的船（小班）

1. 能感受歌曲优美的意境、理解歌词内容。
2. 能大胆想象并用动作表现音乐四三拍的节奏。
3. 体验歌曲传达的意境之美。

小海军（中班）

1. 感受雄壮、舒缓的不同音乐风格。
2. 能大胆用动作表现自己对歌曲的理解。
3. 萌发对解放军叔叔的热爱。

天鹅（大班）

1. 安静倾听音乐，感受乐曲舒缓优美的风格。
2. 能大胆想象并用自己喜欢的方式表达对音乐的理解。
3. 体验音乐传达的意境之美。

---

3 活动准备

1）环境创设

活动开始前，教师可根据需要对活动室进行环境创设。例如音乐欣赏活动《天鹅》，在活动开始前，教师可搜集天鹅图片贴于活动室墙壁上。

2）材料准备

活动前，教师可准备图片、视频、图谱、音乐、乐器、画笔、头饰等材料。

3）经验准备

例如欣赏活动《小海军》前，幼儿对海军有一定的了解。

4 活动过程

学前儿童音乐欣赏活动的过程一般是导入—欣赏—表达。

1）导入

（1）从完整作品开始

比较适合于结构单纯、清晰的作品以及不太注重感知体验细节的教学设计。例如欣赏活动《赛马》中教师可以身穿蒙古人的衣服进行引入，引起幼儿对蒙古人民的兴趣，随后教师出示大草原的图片，告诉幼儿今天老师要带他们去大草原游玩。接着教师播放《赛马》的音乐，让幼儿完整欣赏，在欣赏的过程中，教师可以随音乐的旋律做骑马等动作，帮助幼儿理解音乐。

（2）从作品的某个部分开始

比较适合于结构稍复杂的作品，以及比较注重感知体验细节的教学设计。例如《挪威舞曲》这首舞曲全曲 ABA 段式结构明显，变化清晰，A 段轻快活泼，B 段紧张急促。在这个活动中，教师可以以情景和游戏贯穿整个活动。先让幼儿欣赏 B 段，小动物在森林中玩耍时遇到险情的音乐形象，让幼儿进行有主题的音乐想象与表现帮助幼儿在轻松的氛围中理解、表现音乐，感受音乐带来的美感和乐趣。

（3）从某种辅助性材料开始

是与专门性的教学设计相对应的。

①从其他音乐活动导入。

歌唱活动

音乐欣赏活动《落叶》：活动开始时，教师"秋天来了，瞧，树叶落下来了，你们还记得我们学过的歌曲《秋天》吗？我们一起来唱一遍吧。"由此引入音乐欣赏活动。

奏乐活动

音乐欣赏活动《加沃特舞曲》中，教师创设快乐的修鞋老头情境，借助语音总谱、动作总谱引导幼儿有节奏地"钉鞋"，之后再进行整体音乐的欣赏。

韵律活动

音乐欣赏活动《小海军》中，教师引导幼儿随乐律动，使幼儿初步感受乐曲的音乐性质。

音乐游戏

音乐欣赏活动《咿呀咿呀呦》中，教师首先引导幼儿玩听辨反应游戏，听到音乐中出现"咿呀咿呀呦"时快速举手。

②从文学活动导入。

音乐欣赏活动《小池边》中，教师进行配乐故事表演导入。"在一个美丽的地方，住着一群可爱的小孔雀。小孔雀最喜欢到水池边玩，它们用嘴梳理翅膀上的羽毛，开屏展示自己的美丽。它们在清清的水池边戏水。太阳下山了，快乐的小孔雀们回家了，它们越飞越远……"[1]

③从美术活动导入。

《跳舞的树叶》教师引导幼儿观察秋风中落叶：秋天到了，小树叶纷纷跳起舞来，离开了树妈妈。你能把跳舞的树叶画下来吗？幼儿在绘画的过程中，教师播放《跳舞的树叶》让幼儿边画边欣赏音乐。

[1] "福建省幼儿园教师教育用书"编写委员会.福建省幼儿园教师教育用书领域活动指导 [M].福州：福建人民出版社，2017：140.

2）欣赏

（1）歌曲

对于歌曲欣赏，教师可先采用示范法、对话法、音像匹配法等引导幼儿理解歌词内容，之后再通过多感官参与法、联想法、情境法等重复深入欣赏以引导幼儿理解歌曲传达的情绪情感。例如欣赏活动《迷路的小花鸭》中，教师首先范唱，然后提问"小花鸭怎么了？它为什么哭了？"之后教师再次范唱引导幼儿理解小花鸭迷路后独自一人悲伤、害怕的心情，使幼儿产生帮助小花鸭的愿望。第三次范唱后，教师引导幼儿用语言、动作表达帮助他人及接受别人帮助后感激的情绪。欣赏活动《小海军》中，教师首先范唱并提问"歌曲当中唱到了谁？他们在做什么？"以引导幼儿理解歌词内容。之后教师通过演奏引导幼儿感受音乐由雄壮到舒缓的情绪变化。

（2）无标题器乐曲

对于无标题器乐曲的欣赏，教师可通过音像匹配法、对话法、讨论法、多感官参与、整体感知法、观察法、联想法、情境法等引导幼儿理解乐曲结构、性质、内容等。例如欣赏活动《狮王进行曲》中，教师出示图谱，引导幼儿边听音乐边指出图谱中对应的图形，使幼儿感受音乐中狮王的形象、音乐的高低和强弱变化等。音乐欣赏活动《天鹅》中，教师引导幼儿边听音乐边欣赏天鹅图片，观察天鹅美丽的身姿、娴静的神态，以辅助幼儿理解音乐传达的形象及情绪。音乐欣赏活动《赛马》中，教师引导幼儿边听音乐边想象赛马情景，以感受乐曲传达的奔放、热烈的情绪。

3）表达

幼儿感受音乐的内容、情绪情感后，教师可通过预知学习法、多感官参与法、音像匹配法等引导幼儿进行大胆的、充满创造性的表达。例如欣赏活动《小海军》中，待幼儿熟悉歌词和旋律后，教师引导幼儿大胆想象并用肢体表达小海军神气的样子及休闲时的样子。欣赏活动《狮王进行曲》中，待幼儿熟悉音乐后，教师引导幼儿用动作表现出狮王威风凛凛的步伐。欣赏活动《春》中，待幼儿熟悉音乐后，教师引导幼儿选择自己喜欢的方式，如语言、动作、图画等来表达对音乐的理解。

5 活动延伸

活动延伸可延伸至表演区、音乐区；进行家园共育；渗透于其他领域；渗透于节日活动等。

【例】

快乐的小动物（中班）[1]

泉州市机关幼儿园　傅晖文

活动目标

1. 感受乐曲 ABA 的结构，体验渐强渐快的 A 段和轻松愉快的 B 段的音乐性质。

2. 能用语言、动作表现对音乐的感受，创编各种动物走路、吃食、跳舞等动作。

3. 享受倾听音乐，与同伴共同扮演角色的乐趣。

活动准备

图谱、音乐《加速度圆舞曲》、玩偶小老鼠

活动过程

1. 学小动物，律动入室

师：我们一起学小动物做做运动吧。

---

[1]《指南》背景下福建省幼儿园音乐教育改革策略研讨会案例汇编（内部资料），2014：214-215。

2. 完整欣赏音乐，感受音乐的结构

（1）倾听音乐，初步感知乐曲的特性。

师：老师带来了一首音乐，我们来听听，听了这首音乐，你有什么感觉？你听到什么？你想到什么？

（2）再次欣赏音乐，理解乐曲结构

师：这首音乐讲了什么？它有几段？它们一样吗？怎么不一样？

小结：（教师结合图谱）这首音乐一共有三段，第一段和第三段相似，第二段和它们不同。

师：这首音乐里藏着一只小动物，你听出它是谁了吗？

小朋友猜出那么多的动物，它到底是谁呢（教师出示小老鼠图片）？

3. 结合图谱分段欣赏音乐，引导幼儿用动作表现音乐

（1）欣赏 A 段音乐，体验渐强渐快的音乐情绪。

第一遍音乐（1–8 小节）

师：我们来听一听小老鼠是怎么出门的？小老鼠开始走得怎么样？后来呢？为什么？

原来小老鼠心里害怕有没有大花猫，慢慢、轻轻先看看然后再出门，后来走得越来越快了，我们听着音乐用小手在自己的身体上学一学小老鼠出门的样子吧。

第二遍音乐（9–16 小节）

师：没有发现大花猫，小老鼠怎么样？谁来做一做高兴跳舞的动作？

完整播放 A 段音乐，教师随着音乐边指着图谱，幼儿用动作表现。

（2）欣赏 B 段音乐，体验轻松愉快的音乐情绪

第一遍音乐

师：小老鼠出来玩了一会，会怎么样？肚子饿了怎么办？吃东西的时候会发出什么声音？

结合图谱要求：×一一｜×一一｜×一一｜×一一｜

第二遍音乐

师：小老鼠吃了饼干，还想吃什么？小老鼠还想和好朋友分享好吃的东西，找你的好朋友我们一起来吃个饱。提醒幼儿两人、三人围起来吃东西。

（3）再现 A 段音乐

师：小老鼠吃得饱饱的，悄悄回家，在家门口跳舞，到家了，关好门，我们一起来学吧。

4. 学习根据音乐的结构，创编几种动物出门——跳舞——吃食——回家的情节

师：你们觉得还有什么小动物也想出门来玩？如果你是小白兔会怎么做？是小猴子又会怎么做？

5. 分组完整表演

根据幼儿的意愿，分成不同的动物小组，每组围成一个圈进行音乐表现。要求：

可以边看音乐的图谱，随音乐节奏表演。

表现每种小动物高兴、开心的动作和心情。

6. 小结

今天我们欣赏了一首非常有趣的音乐，名字叫《加速度圆舞曲》，其实音乐就像一本书一样，里面藏着许许多多的故事，下次我们再来欣赏吧。

课题五　学前儿童音乐欣赏活动组织的评价

对学前儿童音乐欣赏活动组织的评价主要包括活动目标、活动内容、活动过程、师幼互动、环境材料、教育效果、教师言行几个方面。

【例】

献给爱丽丝（大班）[1]

福建省儿童保育院　林　琴

活动目标

1. 感受乐曲优美、亲切的风格，体验回旋式及两个对比性插部的速度与力度的变化。

2. 能够通过语言、动作、图画等方式大胆想象、表达对音乐的理解。

3. 体验音乐欣赏活动的快乐。

活动准备

舞谱、舞蹈彩带人手一条、CD、纸、笔

活动过程

1. 出示城堡、小爱丽丝背景图片，引导幼儿初步倾听感受音乐

师：今天爱丽丝在她音乐城堡开音乐会，邀请我们参加呢！你听城堡里飘来了好听的钢琴曲。你们听过这首曲子吗？是在哪里听到的？

小结：这首好听的钢琴曲叫《献给爱丽丝》，爱丽丝是一位美丽的姑娘，音乐家把这首音乐献给爱丽丝，把爱丽丝的许多有趣的故事藏在这个音乐里，你们想听吗？

2. 分段欣赏《献给爱丽丝》

师：小时候的爱丽丝跟你们一样是一位聪明、友爱、勇敢的孩子，有一天她邀请许多小朋友到她的音乐城堡里开音乐会，许多小朋友拿着请柬来了。你们喜欢小伙伴在音乐会上表演什么节目？

（1）片段 1 欣赏：小爱丽丝弹钢琴

欣赏音乐

师：我们听听小爱丽丝弹了几遍钢琴？她是怎么弹的？（师根据幼儿回答贴示钢琴图谱）

感受、表达

拿出双手，我们边听边弹，听听音乐有什么变化，你弹起来心情觉得怎么样？

戴上表情和动作，我们和小爱丽丝一起来弹琴。

（2）片段 2 欣赏：小爱丽丝唱歌

欣赏音乐

小爱丽丝在弹琴，小伙伴在唱歌呢。你听！（师贴示麦克风图谱）

表达

你能听着音乐的节奏来唱歌吗？

（3）片段 3 欣赏：小爱丽丝跳舞

欣赏音乐

师：又弹又唱真开心，爱丽丝还喜欢跳舞呢，这是跳舞的彩带，这条神奇的彩带喜欢听音乐的变化跳舞，我们一起听听跳舞的音乐。

感受、表达

---

[1]《指南》背景下福建省幼儿园音乐教育改革策略研讨会案例汇编（内部资料），2014：185-186.

师：音乐有变化吗？你们要听着音乐的变化舞动彩带。

鼓励全班幼儿听音乐用彩带舞出音乐的变化（前面音乐优美舒缓，后面欢快，最后音乐停止）。

（4）片段 4 欣赏：小爱丽丝游戏

欣赏音乐：爱丽丝又弹又唱又跳舞，玩得很开心。突然，城堡外面传来奇怪的声音，我们来听听，到底发生了什么事？你想到什么？

感受、表达

请把你听到的、想到的、用笔在纸张上画出来。用最简单的线条（竖线、横线、波浪线等）。放三遍音乐，音乐有变化，你的线条也要有变化。

让孩子说说自己画出的感受。（前面音乐听起来沉重，感觉到……后面音乐轻快，感觉到……）

将孩子的绘画补充到图谱中。

尝试玩孩子想到的熊走和爱丽丝回座位的游戏。

完整欣赏音乐

参加这个音乐会开心吗？我们一起来完整听听，边听边想想音乐里的故事，师指图谱引导幼儿倾听音乐。

我们和小爱丽丝一起边听着音乐边玩游戏。

边玩游戏边出教室。

★ 活动评价

《献给爱丽丝》是一首家喻户晓的世界名曲，循环反复的主旋律刻画了甜美的主人公爱丽丝形象。

活动目标的制订围绕以下三个维度：

1. 感受乐曲优美、亲切的风格，体验回旋式及两个对比性插部的速度与力度的变化。

2. 能够通过语言、动作、图画等方式大胆想象、表达对音乐的理解。

3. 体验音乐欣赏活动的快乐。

活动准备较好地满足了活动的需要。

活动过程的设计采用单段式结构。

首先，教师采用情境法以文学活动导入，挖掘音乐作品中的角色形象，设置幼儿易于感知、体验的童年小爱丽丝的故事情节，使幼儿沉浸在参加音乐会的快乐中，符合艺术教育活动的兴趣性原则。

其次，欣赏与表达环节教师采用多感官参与的方法，通过图谱提示、动作表演、游戏参与、绘画想象等欣赏体验通道，使抽象的音乐形象化、游戏化来引导幼儿主动倾听、主动发现、主动感受、主动表达。此外，教师通过提问法不断激发幼儿好奇、探究的心理动机，发展自我调整、自我尝试的主动性学习能力，实现自由想象，创造表达的审美愉悦，强化自我实现，审美快乐、成长快乐的主动学习品质。恰当、灵活的教学方法的使用很好地实现了艺术教育活动的主体性原则。

最后，幼儿在活动中能够积极通过语言、动作、图画等表达出自己对音乐的理解和感受，较好地达成了本次活动的目标。

1. 欣赏《天鹅》时，教师引导幼儿用动作表现天鹅的神态，这种欣赏类型是（   ）。

   A. 语言参与　　　　　　　B. 表情参与　　　　　　　C. 视觉参与　　　　　　　D. 运动觉参与

2. 适应于结构单纯、清晰的作品以及不太注重感知体验细节的教学设计的导入方式是（   ）。

   A. 从完整作品开始　　　　　　　　　　B. 从作品的某个部分开始

   C. 从某种辅助性材料开始　　　　　　　D. 韵律导入

3. 自选内容，设计一份大班音乐欣赏活动方案。

音乐游戏

音乐游戏是在音乐伴随下进行的一种有规则的、以发展学前儿童音乐能力（音乐的感受力与表达力）为目标的游戏。

课题一 学前儿童音乐游戏的类型[1]

1 根据游戏的内容和主题分类

1）有主题的音乐游戏

有主题的音乐游戏一般有内容、有情节、有角色、能表现出鲜明的形象和动作。例如音乐游戏《小老鼠上灯台》《小老鼠打电话》《鸭子上桥》。

2）无主题的音乐游戏

无主题的音乐游戏一般没有特定的情节，只有随音乐做动作或包含有各种各样的队形组织和变化，有捕捉、猜想和竞赛的因素。例如《抢椅子》《库企企》。

2 根据游戏的形式分类

1）歌舞游戏

这类游戏一般是在歌曲的基础上产生的，即按照歌词、节奏、乐句和乐段的结构做动作，并进行游戏。这类游戏可以有较明显的主题、内容，也可以没有专门的情节和角色。例如音乐游戏《看样学样》中，教师边唱"看我点点头"边点两次头，幼儿边唱"大家点点头"边模仿教师点两次头。

2）表演游戏

这类游戏是按专门设计、组织的不同音乐来做动作或变化动作而进行的游戏。从游戏内容上来看，一般有一定的情节和角色；从游戏形式上来看有较强的表演性。例如音乐游戏《小蝌蚪找妈妈》中，幼儿边唱边做小蝌蚪的游动动作，当唱到最后一句"妈妈妈妈你在哪？"后，小蝌蚪停住做四处寻找妈妈的动作，看到"鸭妈妈""大鱼""乌龟"的图片就摆摆手然后继续演唱；看到"鲨鱼"图片就跑到凳子后面躲起来；看到"青蛙"图片就高兴地游到妈妈身边。

[1] 郭亦勤.学前儿童艺术教育活动指导 [M].上海：复旦大学出版社，2014：117.

3）听辨反应游戏

这类游戏比较侧重于对音乐和声音的分辨、判断能力的训练，以培养儿童对音乐的高低、强弱、快慢、音色、乐句等的分辨能力。例如音乐游戏《听声学步》中，教师逐一演奏鼓、碰铃、三角铁、蛙鸣筒四个乐器，幼儿倾听分辨并做相应动物的动作。

课题二 **学前儿童音乐游戏的设计与指导**

1 活动名称

音乐游戏的音乐名称可以是音乐的名称，例如《种葵花》《库企企》；也可以是游戏的主题，如《森林冒险》《洗衣机》。

2 活动目标

活动目标是通过教学活动所期望达成的结果。活动目标既为活动指明了方向，也可以成为评价幼儿发展的依据。音乐游戏的知识技能目标着眼于对歌曲或乐曲形象、结构、性质、风格、情绪的理解与创造性的表达。情感目标着眼于体验游戏的乐趣。

> 【例】
>
> **高人矮人（小班）**
>
> 1. 能感知音区的高和低。
> 2. 能随乐有节奏地模仿高人、矮人的走路姿势。
> 3. 愿意遵守游戏规则，体验与同伴游戏的乐趣。
>
> **捞鱼（中班）**
>
> 1. 能体会音乐中的休止符。
> 2. 能够用声音、动作表现休止符。
> 3. 理解并遵守游戏规则，体验合作游戏的乐趣。
>
> **库企企（大班）**
>
> 1. 能安静欣赏音乐，按提示听懂音乐旋律。
> 2. 尝试随乐大胆创编动作进行游戏。
> 3. 理解并遵守规则，体验合作创编的乐趣。

3 活动准备

1）环境创设

游戏前，教师应充分考虑幼儿座位安排、道具摆放位置等，以保证游戏的顺利开展。例如音乐游戏

《种葵花》中，教师请幼儿围坐成圆形。

2）物质准备

　　游戏前，教师可根据需要准备图片、头饰、音乐、道具等材料。

3）经验准备

　　例如音乐游戏《捞鱼》前，教师组织幼儿观看捞鱼场景的视频。

4 活动过程

　　音乐游戏的活动过程为导入—欣赏—教师讲解玩法与规则（音乐游戏的玩法应侧重音乐与动作之间的契合）—游戏（教师采用角色变化法，先与幼儿共同游戏，待幼儿熟悉玩法与规则后，教师退出，请幼儿自主游戏）。

5 活动延伸

　　活动延伸可延伸至表演区、音乐区；进行家园共育；渗透于其他音乐活动等。

【例】

牧羊人和小羊（大班）

陕西师范大学幼儿园　陈 洁

活动目标

　　1. 感知音乐欢乐、明快的节奏

　　2. 尝试创编动作并大胆表现音乐

　　3. 体验团队合作游戏的快乐

活动准备

　　剪辑音乐《孤独的牧羊人》。

活动过程

　　1. 开始部分

　　（1）故事导入：在美丽的大草原，住着聪明的牧羊人和可爱的小羊们。夏天到了，天气越来越热，小羊身上的羊毛也越长越长，牧羊人为小羊做了一件事情，但是调皮的小羊们一点也不配合，它们和牧羊人玩起了捉迷藏。

　　（2）提问：牧羊人到底要为小羊做什么事情呢？让我们一起看一看吧！

　　2. 基本部分，音乐游戏

　　（1）听音乐，教师表演牧羊人和小羊的动作。

　　初步熟悉牧羊人的动作模型。

　　提问：牧羊人为小羊做了什么事情？是怎么做的？

　　练习"剪""躲"的动作。

　　提问：牧羊人剪羊毛的时候小羊会怎么办？

　　（2）在音乐伴奏下，练习并创编"剪""躲"动作。

　　教师当牧羊人，幼儿当小羊，一起练习"剪""躲"动作。

　　幼儿两人一组，分角色一对一练习、创编"剪""躲"动作，巩固强化。

　　（3）增加游戏难度。

　　教师示范（一对一游戏）

提问：我们想的好办法是什么呢？

练习：幼儿两人一组，加入石头、剪刀、布的游戏。

规则：在游戏中赢的一方就要给对方剪一剪。

增加游戏难度：牧羊人和小羊两个团队进行游戏。

规则：一个团队要商量出一样的动作，才有可能赢对方。如果团队中有人动作不一样，就违反了游戏的规则，就要被剪一剪。

变换游戏玩法（手换脚）。

3. 结束部分

邀请客人老师一起参与游戏。

摆造型，合影留念。

活动延伸

在家里和爸爸妈妈一起尝试游戏，进一步体验家庭合作游戏的快乐。

课题三 ▶ **学前儿童音乐游戏活动组织的评价**

对学前儿童音乐游戏活动组织的评价主要包括活动目标、活动内容、活动过程、师幼互动、环境材料、教育效果、教师言行几个方面。

【例】

发条老鼠（小班）

陕西师范大学幼儿园   刘   华

活动目标

1. 感受音乐欢快、断顿，富有颗粒感的特点。

2. 能用肢体动作表现发条老鼠机械和真老鼠灵活的不同动作，并进行大胆创编。

3. 积极参与游戏，体验音乐游戏的快乐。

活动准备

1. 经验准备：幼儿有跟着音乐进行游戏的经验。

2. 物质准备：老鼠发卡人手一个；音乐《欢沁》。

活动过程

1. 教师扮演发条老鼠，故事引入主题

（1）教师讲述：我是小小的发条老鼠，拧动发条后才能一下一下地活动，我跳着舞来了。

（2）教师跟随音乐舞动，引起幼儿的兴趣。

2. 感受 A 段音乐，尝试学会发条老鼠断顿的动作

（1）教师展示发条老鼠的动作：头——肩膀——屁股——小脚。

（2）提问引导，幼儿交流讨论。

提问：发条老鼠是怎么动的？（一下一下动的）

　　　发条老鼠都动了身体的什么地方？

（3）师幼共同表演。

（4）重点感知发条停止后的音乐。

①师幼一起进行游戏。

②提问：发条停止了，我们还能动吗？（一动不动）

3. 感受 B 段音乐，体验真老鼠连续快速的动作

师：你们想变成真正的老鼠自由自在的活动吗？谁能帮助我们呢？

（1）第二角色"仙女"出现，引导游戏继续进行。

（小仙女出现：我是小仙女，我可以帮助你）

动作展示："仙女"向老师施魔法，并说"变"，老师就可以随意活动了。（不加音乐）

（2）师幼随乐舞蹈，感受发条老鼠和真老鼠的不同。

4. 听音乐做游戏，尝试根据音乐情节进行动作创造

（1）交流讨论，引导幼儿进行动作创作。

①情景讨论：我们都变成真正的老鼠啦，大家想去大森林里逛一逛吗？但森林里可能藏着一些危险的老猫，我们要怎么做才能保护自己呢？

②幼儿充分表达自己的想法。

③小结：我们可以变化成森林里的东西，比如石头、树叶、花朵等东西，一动不动。

（2）师幼第一次游戏。

师：想一想自己要变成什么？

提问讨论：刚才我们遇到了谁？（老猫）

　　　　　遇到老猫时你变成了什么？

小结：我们顺利躲过老猫，但它已经知道我们的计划，所以这次要变成不一样的东西来迷惑它，你想变成什么东西？

（3）师幼第二次游戏。

①师幼一起进行游戏，适时提醒幼儿。

②和幼儿一起出去外面进行游戏，自然结束。

活动延伸

亲子游戏：请幼儿向家长展示小老鼠断顿、连续的不同动作，亲子创编更多小老鼠不同的动作类型进行游戏。

活动评价

活动符合小班幼儿年龄特点和学习特点，小老鼠是小班幼儿非常熟悉的动物形象，活动以"发条老鼠"的故事为导入，通过欢快的音乐、有趣的音效、好玩的游戏，支持幼儿在快乐的氛围中体验音乐游戏的乐趣。

活动目标设定为三维目标

1. 知识经验目标：感受音乐欢快、断顿富有颗粒感的特点。

2. 能力目标：能用肢体动作表现发条老鼠机械和真老鼠灵活的不同动作，并进行大胆创编。

3. 情感目标：积极参与游戏，体验音乐游戏的快乐。

活动过程注意

第一，活动遵循幼儿兴趣及年龄特点。以"发条老鼠"的故事为导入，首先通过音乐中鲜明的节奏引导幼儿感知"发条老鼠"断顿的动作特点，其次再鼓励幼儿根据已有经验大胆模仿"真正的老鼠"连续的、快速的动作特点。最后引导幼儿感知音乐中的特殊信号——"猫叫"来进行"静止

游戏"提升幼儿对音乐的感受力和表现力。

第二，以幼儿为本，尊重幼儿的主体性。活动创设宽松的"留白"，通过情境引导激发幼儿的想象力和创造力，将自己变成各种静止不动的东西，感受动作的"静止"和音乐的"流畅"所带来的和谐感。

整节活动中，幼儿完全融入情景之中，专注投入地进行游戏，大胆尝试创编动作，勇敢表达自己的想法，和同伴、老师共同完成了一次又一次的冒险，获得了极大的成就感和自我肯定。在音乐衬托和游戏的情景中，在愉快、轻松的氛围中自然的习得技能，提高了音乐感受、欣赏和表现的能力。教学目标完成，效果良好。

习题

1. 学前儿童音乐能力是指（   ）。

　　A. 感受和表达能力　　　　　　　　　　B. 思维和探究能力

　　C. 平和和协调能力　　　　　　　　　　D. 分享和交流能力

2. 下列不属于音乐游戏类型的是（   ）。

　　A. 歌舞游戏　　　　　　B. 听辨反应游戏　　　　C. 表演游戏　　　　D. 角色游戏

3. 自选内容，设计一份大班音乐游戏活动方案。

学前儿童美术教育

模块三

美术是艺术的一个重要分支，它作为视觉艺术存在的部分，关于产生及其原因问题经过了历史上许多学者的探索和研究，涉及的学说主要有模仿说、游戏说、巫术说等，帮助我们从不同角度了解原始美术。而从再现主义、表现主义、形式主义、当代接受美学等各种理论和观点的出现与发展，则是人们对于美术本质和价值的思考，对进一步认识理解儿童的美术活动和作品、对儿童美术教育本身有着强大的借鉴和启示作用。

学前儿童美术是儿童手、眼、脑合作的活动，需要用多种感官去感知，用脑去思考、理解、加工，用语言去表达，用手去操作。它与成人美术既相关联，又独具特色，是以儿童为主体、反映生活所见所闻所感知的一切事物，通过达到心理上的平衡而进行的美术创作活动。

完整的艺术教育是包括艺术知识、艺术技能、艺术审美三者，以艺术品为媒介而进行的教育。学前儿童进行的艺术教育主要是建立在以艺术审美为主的启蒙教育阶段，引导幼儿学会欣赏美、创造美的任务。因此，学前儿童美术教育是指教育者遵循学前教育的总体要求，根据学前儿童身心发展的规律，有目的、有计划地通过美术欣赏和美术创作活动，培养学前儿童审美能力和创作能力，最终促进其人格和谐发展的一种审美教育[1]。其内容包括绘画活动、手工制作活动、美术欣赏活动。

[1] 屠美如. 学前儿童美术教育 [M]. 长春：东北师范大学出版社，2011：15.

绘画活动

　　绘画是一种视觉艺术、材料艺术、造型艺术，它是通过造型、色彩、构成来塑造艺术形象的一种艺术形式[1]。学前儿童绘画教育是教师引导学前儿童用各种笔、纸等工具和材料，运用线条、造型、色彩、构图等艺术语言创作出视觉形象，从而表达创作者的思想、情感的一种活动[2]。绘画活动能直观地将幼儿对周边生活的认识和理解描画于平面的材料上，具有强烈的感染力，是儿童在幼儿园美术活动中最主要的活动形式，很容易被他们接受和喜爱。

　　绘画活动培养儿童的观察能力，让他们在生活中有一双善于发现的眼睛；提升儿童的动手能力，使手眼脑协调发展，在绘画的过程中丰富美术知识，通过掌握的技能技巧，生动地表现出所见所闻，满足他们对美好生活的憧憬；发展儿童的记忆力、想象力、创造力，大胆地表现心中所想，灵活运用自己掌握的方式方法将生活表现出来，不仅有利于他们宣泄成长过程的能量，形成健康良好的心理品质，更对自我人生审美情趣的培养有着重要的影响。由此可见，绘画活动在幼儿教育中的地位之重，作为儿童教育的工作者、引导者，应详细了解绘画活动的思维发展阶段与特点。

课题一　学前儿童绘画能力的发展阶段与特点

　　儿童绘画的内容和表现形式丰富多彩，20世纪初叶以来，中外众多心理学家和美术教育家都十分关注儿童心理的成长，从各自不同的立场和角度对他们的绘画作品进行了深入的研究，形成了各自的儿童绘画发展阶段观点。综观前人的研究，虽然在观点总结中不同发展阶段对应的年龄范围、概括的儿童绘画能力发展特征均不尽相同，存在些许差异，但基于儿童绘画能力的发展遵循一定的规律、各阶段核心特征趋于相似的原则上，将学前儿童绘画能力的发展阶段归纳为四个阶段：涂鸦期（约1.5~3岁）、象征期（约3~5岁）、图式期（约5~8岁）、写实期（约8岁以后）。

1 涂鸦期（约1.5~3岁）

1）概念

　　这是指儿童从单纯的肌肉运动（玩笔画线阶段），转变为对图画的想象、思考阶段[3]。

2）特点

　　儿童从出生后，就懂得通过各种声音、表情、动作等自发能力表达自己的思想和情感。一岁半左右，

[1] 郭亦勤，王麒．学前儿童艺术教育活动指导[M]．上海：复旦大学出版社，2014：35．
[2] 林琳，朱家雄．学前儿童美术教育与活动指导[M]．上海：华东师范大学出版社，2014：88．
[3] 郭亦勤，王麒．学前儿童艺术教育活动指导[M]．上海：复旦大学出版社，2014：16．

儿童最常见的与外界沟通的行为便是开始在纸上、墙上、地上等乱涂乱画：点、线，画面乱而无意义，但他们不受打扰，尤其专心，甚至乐此不疲。这种行为称为涂鸦，一方面是儿童身体运动本能的需求，并随着感知觉的发展和手部运动水平的提高；另一方面是他们探索周围世界的表现成果。涂鸦活动划分为四个阶段：

（1）无意识涂鸦（图7-1至图7-3）

一岁半左右的儿童，手臂肌肉控制能力差，动作不协调，虽然他们接触到了笔，但只能依靠手臂在纸上前后移动；因他们不知涂鸦结果和运笔的联系，只能涂画出杂乱的点和各种线条，画中的点线没有任何规律可循，也找不到始终，但却能让儿童感到开心，获得心理的满足。

图7-1 无意涂鸦1　　　　　　　　　　图7-2 无意涂鸦2　　　　　　　　　　图7-3 无意涂鸦3

（2）控制涂鸦（图7-4至图7-7）

2岁左右，随着儿童手眼控制力、协调性逐渐加强，他们已经可以意识到手部肌肉和运笔之间的联系，能够在纸上画出上下左右具有方向性的各种点和线条。此阶段控制运动的感觉增强，手部肌肉较前灵活。

（3）圆形涂鸦（图7-8至图7-9）

2岁半左右的儿童，手部肌肉、关节发育更加有力灵活，涂鸦时能注视运笔的方向，开始尝试更加复杂的涂鸦活动，反复画出各种形状的圆圈：未封闭的涡状形线、未封闭的圆、封闭的圆等，大小不一来表现生活中的事物。绘画圆形的运笔需要有起笔和落笔的控制，同时圆形将空间分为内外两区域，因此，圆形涂鸦对儿童绘画的发展具有积极的意义。

图7-4 控制涂鸦（图形涂鸦）1　　　　　　　　　　图7-5 控制涂鸦（图形涂鸦）2

图 7-6　控制涂鸦（纵线涂鸦）1

图 7-7　控制涂鸦（纵线涂鸦）2

图 7-8　控制涂鸦（圆形涂鸦）1

图 7-9　控制涂鸦（圆形涂鸦）2

（4）命名涂鸦（图 7-10 至图 7-11）

当儿童在涂鸦的同时开始说故事，我们可以肯定他们已经进入命名涂鸦阶段。虽然我们可能看不出具体画的是什么，但儿童利用涂鸦和生活经验进行对话，能清楚知晓并说出"我画的是树，是花，是太阳……"将其命名，表达意图明显。他们发生了肌肉运动到想象思考的质的飞跃，因此，命名涂鸦阶段对儿童进一步的发展意义重大。

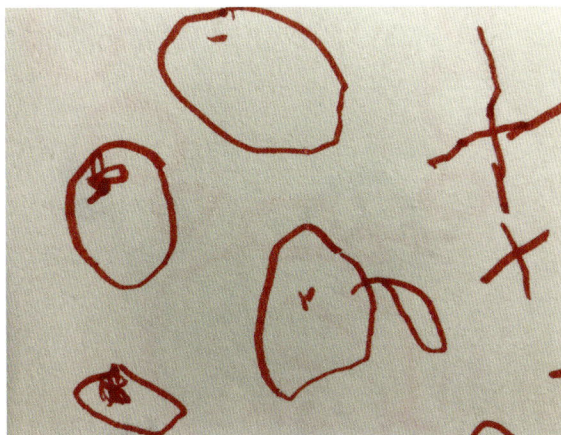

图 7-10　命名涂鸦 1

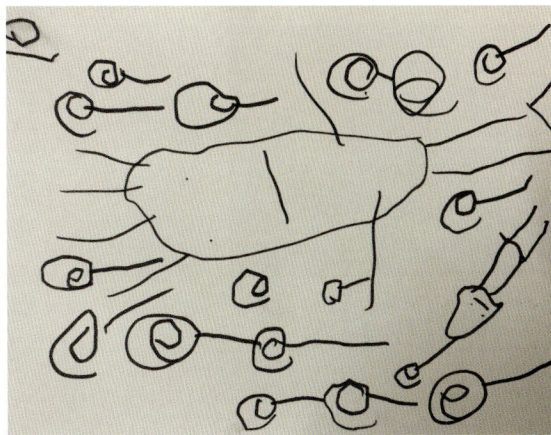

图 7-11　命名涂鸦 2

2 象征期（约 3~5 岁）

1）概念

儿童开始有目的地创造形体，用自创的样式符号（儿童图画中的形象）来尝试表现物体的阶段。[1]

2）特点

象征期是涂鸦期过渡到图式期的一个中间阶段。这个时期的儿童仍然以满足自我需要为中心不受约束，在不受成人干预的情况下大胆按照自己所认知的世界，创造性描绘出直觉性的粗略物体形象的符号，建立起他们自己的表现方式，虽然物象与真实形态相差较大，但具有象征性意义。"蝌蚪人"是象征期最具代表性的儿童画形象：大圆圈、类似眼睛的点，与四肢相似的线。象征期具体可划分为早期象征阶段和中后期象征阶段。

（1）早期象征阶段（图 7-12 至图 7-14）

随着视觉能力的发展，儿童能用简单的点、线结合一起画出物体的基本轮廓，虽然所画物体常常不完整、缺乏综合概括能力，但已经能形成最早的表征形象。色彩上能够识别少数暖色及明度较高的颜色，对间色、复色和色相接近的颜色认识还不易认知；用色取决自己的喜好，不受物体固有色的限制，挑选高明度、高纯度的原色，和强烈对比的搭配；涂色控制力弱，不均匀且涂到轮廓线以外。构图上将每个物体独立排放，互不联系，一个个罗列在画面中。

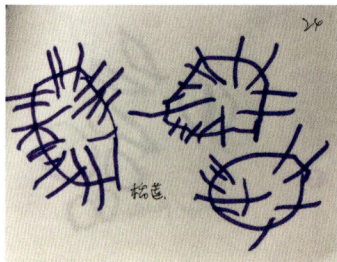

图 7-12　榴莲

图 7-13　手套

图 7-14　我和我的好朋友

（2）中后期象征阶段（图 7-15 至图 7-17）

掌握较多基本形和点线的组合，儿童的绘画内容、种类逐渐多样化，涉及人物、动物、植物以及各种生活常见物等。随着颜色认知增多，画面的色彩越来越丰富，用色能根据物体固有色来选择；涂色的控制力增强，能在规定的轮廓线内涂抹，颜色均匀，画面也较为整洁。构图上有着明显的秩序性，开始有空间意识，画面物体出现空间关系。

图 7-15　我们

图 7-16　杨桃树

图 7-17　烟花和公主

[1] 郭亦勤，王麒. 学前儿童艺术教育活动指导 [M]. 上海：复旦大学出版社，2014：17.

3　图式期（约 5~8 岁）

1）概念

　　儿童逐渐形成并发展其绘画表现的"样式"的阶段。[1] 他们有目的地通过完整物象的描绘表现出成人可以理解的世界和自己的生活。

2）特点

　　随着儿童身心进一步的发展，在绘画中能通过自己的观察和理解，多以固定的样式直观地表现事物。他们的画作时而生动时而呆板，但从画面内容上看基本能获得成人的理解和肯定。图式期是儿童更加准确把握事物基本特征和本质的一个时期，对事物认知更加复杂化，预示着他们抽象化能力的萌芽和发展。图式期具体分为早期图式阶段和后期图式阶段。

　　（1）早期图式阶段

　　造型上能比较细致地表现事物的基本特征，以及事物之间的相互联系，但线条不流畅，依然存在着象征期绘画的特点。色彩上感知辨别能力提升，能根据物体选择相应的固有色，更有儿童能搭配相近色或互补色，使画面层次变化更加丰富。构图上有了一定空间关系的意识，开始注意事物间的大小比例、位置层次关系，但呈现出来的画面没有正确表现空间遮挡关系。

　　（2）后期图式阶段

　　此阶段的儿童能细致描绘物体的特征，比例关系较准确，线条使用已经十分流畅了。色彩的运用上更加灵活，能运用颜色间的相接达到渐变效果，更能用某种颜色使整个画面统一在一个基调上，形成主色调，达到画面的和谐统一。与此同时，儿童在这个阶段开始用色达意，来表达自己的想法和情感。构图时，有部分儿童尝试从一个固定角度出发表现物体的空间关系，出现了遮挡式构图。画面中出现一条或几条类似地平线的"基底线"，使物体之间的表现方式有了互相遮挡的关系，表明儿童在画面空间感中的意识。此时的作品开始有了一定的主题，且所画形象都与主题有关，内容丰富。画面上，一些形象成为主体，另一些形象则构成背景，具有一定的情节。

　　随着儿童身心的快速成长，从象征期到图式期阶段，绘画作为表达他们意愿的手段，变化着形成多种独特的表现方式：

　　①夸张性。儿童在绘画过程中往往以自我为中心思考解决问题，因此他们细致刻画自己认为重要的或者有兴趣的事物，不知不觉夸大、突出这些部分且占据画面大部分的空间，因此这种"夸张"是无意识的，是受年龄阶段的认知水平所决定的（图 7-18 至图 7-20）。

图 7-18　我爱吃的零食　　　　图 7-19　妈妈在跳舞　　　　图 7-20　厉害的变身

　　②拟人化。孩子的世界是生动的，世间万物在他们眼里都如同人一般有着生命力，且和人一样有着五官四肢，懂得喜怒哀乐。因此太阳可以面露微笑普照大地，张开双臂拥抱万物；小动物们可以和人一样直立行走，等等（图 7-21 至图 7-23）。

[1] 郭亦勤，王麒 . 学前儿童艺术教育活动指导 [M]. 上海：复旦大学出版社，2014：18.

图 7-21 小蜜蜂

图 7-22 小树比高高

图 7-23 快乐的小青蛙

③透明式。儿童在绘画时，认为现实中的物体均客观存在，他们还未学会如何变现物体之间的关系，因此如同 X 光射线透视一样，将重叠或被遮挡的物体完整的画出。如公共汽车里的座位和座位上的乘客，盖着被子躺着的人，在纸上表露无遗（图 7-24）。

④展开式、鸟瞰式。由于儿童空间意识能力不足，绘画时画中各物体形成由中心向四周或从上往下俯视的角度展开。他们不考虑观察角度，只是根据自己的认知，将他们知道的事物通过以多个视角毫不遮挡地在纸上呈现出来（图 7-25 至图 7-26）。

图 7-24 我爱你

图 7-25 过中秋

图 7-26 我心中的小学

4 写实期（约 8 岁以后）

1）概念

写实期是想要描画写实物象的时期。虽然此时知识较丰富了，但技术却未能跟上，由于不能把所看到的事物画得很像，往往会丧失画画的自信[1]。

2）特点

随着儿童思维能力的变化发展，视野扩大，绘画内容形式丰富多样，写实初期，他们已经不能认可"透明画""展开式"等绘画形式，绘画向自然描绘阶段转变，探索透视原理来表现物体间的空间关系。写实后期，由于审美能力和客观技能培养结果不同，出现两极分化的现象：一种情况是儿童遇到绘画的瓶颈阶段，在处理画面时力不从心、畏首畏尾，最终往往丧失了绘画的兴趣；一种情况是儿童有着良好的美育基础，稍加引导能激发更大的想象创造潜能，因此绘画中他们很有自己的想法，且饱有创作的激情。

课题二   学前儿童绘画活动的目标

在幼儿园美术教育活动的总目标的指导下，结合布卢姆的教育目标分类学理论，制订了幼儿园绘画教育活动中的目标。

[1] 郭亦勤，王麒 . 学前儿童艺术教育活动指导 [M]. 上海：复旦大学出版社，2014：19.

1 学前儿童绘画活动总目标[1]

1）认知目标

认识、体验不同绘画工具、材料的特性，探索和学习各种表现方法。

认识常见的固有色、线条。

2）情感目标

喜欢绘画活动，体验绘画创作的乐趣。

3）技能目标

能以自己喜欢的方式，用线条、色彩、构图等美术语言进行绘画活动。

形成良好的绘画习惯。

4）创造目标

能大胆表达自己的情感和想法，按自己的意愿作画。

综合使用多种绘画工具和材料进行绘画创作活动。

2 学前儿童绘画活动的年龄阶段目标[2]

为了在实施绘画活动的时候能更有针对性，我们更加细化活动目标在不同的教育对象上。

	小班	中班	大班
认知目标	1. 初步认识绘画的工具和材料 2. 学会辨别红、黄、蓝、绿、橙等几种基本的色彩，并能说出名称 3. 学会辨别和感受直线、曲线、折线及各种线条的变化	1. 能较准确地把握形状的基本结构，理解形状符号的象征意义 2. 认识常见的固有色，说出它们的名称	1. 认识物体的整体结构和各种空间关系 2. 增强配色意识，提高对颜色变化的辨析能力 3. 知道运用不同的绘画工具和材料能表现不同效果的作品
情感目标	培养儿童对绘画的兴趣，能愉快大胆地作画	喜欢用自己独特的绘画语言表达自己的想法和感觉	在安排画面的过程中逐步体会均衡、对称、变化等形式美
技能目标	1. 学会使用蜡笔、水彩笔、棉签等工具进行涂染 2. 能画出直线、曲线、折线，并能表现线条的方向、粗细、疏密 3. 学会用圆形、正方形、长方形、三角形等简单图形表现物体的轮廓特征	1. 学会运用图形组合的方法，表现物体的基本部分和主要特征 2. 会选择与物体相似的颜色，初步有目的地设色、配色 3. 在教师的引导下能围绕主题安排画面，能表现出物体的上下、左右位置	1. 能较灵活地表现各种人物、动物的动态 2. 能运用对比色、相似色、同种色等多种配色方法，注意色彩的整体感与内容的联系 3. 能有目的地安排画面，表现一定的情节，并变换多种安排画面的方法
创造目标	1. 引导儿童在涂抹过程中把画面画满 2. 初步学会用图形和线条组合创造各种图式	能大胆地按自己的意愿作画	1. 能将图形融合，尝试用轮廓线创造多种图画，形成自己的图式 2. 综合运用多种绘画工具和材料进行绘画创作

[1] 边霞. 幼儿园美术教育与活动设计 [M]. 北京：高等教育出版社，2011：73.
[2] 林琳，朱家雄. 学前儿童美术教育与活动指导 [M]. 上海：华东师范大学出版社，2011：82-83.

课题三 学前儿童绘画活动的内容

绘画活动在幼儿园美术活动中占有重要的位置，根据绘画活动的目标的要求，幼儿园主要的教学形式主要有命题画、意愿画、装饰画等类型。

1 命题画

命题画是重要的幼儿园绘画活动教学形式。教师提出绘画的主题和要求，幼儿按指定课题完成作品。命题画的基本任务是发展幼儿对周围事物和现象的观察能力，帮助幼儿学习新的技巧，使幼儿学会从特定条件的相互联系中去描绘物体、表现情节。[1] 教师给出命题，结合儿童的认知水平以及生活经验，选择他们感兴趣的、熟悉的、经历过的，同时有利于他们想象创造的题材。通过命题画，引导儿童全面观察、深入体验、大胆尝试、努力探索绘画中涉及的造型、色彩、构图等艺术语言，启发和引导他们创造出独特的表现形式，激发绘画潜能。

根据活动内容的不同，命题画又分为物体画和情节画两类。

1）物体画

物体画是儿童在观察的基础上表现出物体的形状、色彩、结构、特征的绘画表现形式。[2] 物体画重点发展儿童的造型能力，这对他们提升观察力、概括力有着重要的意义。

（1）造型语言

物体画重点在于所画之物的形体内外塑造。首先，线条是造型的基本要素之一，是绘画表现的基础。线条的基本形态——直线、曲线；线条的变化——长短、粗细、交叉、并列、重叠、穿插等，让儿童将观察到的物体利用不同的线条表现出来。

其次，形状是造型的另一种表现手段。世间万物都能被概括为形状以及形状的组合。形状分为规则形，如三角形、正方形、圆形等；自由形，如弧线、曲线等自由曲线组成的不规则形；规则形与自由形相结合，千奇百怪，通过全面细心的观察，引导儿童把握物象的基本特征，学会选择能概括的形体。

最后，色彩亦能表现物体。物体有其名称、形状，培养儿童把握准确的色相（色彩的种类和名称）、色度（色彩的明度和纯度）、色性（色彩的冷暖属性），按物择色进行表现；通过色彩的重复、渐变、对比丰富画面并表达内心主观情绪。

物体画的表现内容广泛，表现方式也会随着儿童不断发展发生丰富的变化。教师应根据不同年龄阶段儿童发展要求，选择适合的绘画内容，才能有针对性地进行指导。

（2）各年龄阶段儿童物体画的内容选择、表现及指导（图7-27至图7-32）

	小班	中班	大班
内容	日常生活中经常接触的、熟悉的、感兴趣的、轮廓简单的物体	在小班的基础上，描绘较复杂的物体的主要部分和基本特征；能变动基本形状的组合位置，表现动态的物体造型，如正面直立或侧面直立的造型	会画形态上更加复杂的物体，包括细节和各种动态；会画多种交通工具；绘画结构更为复杂、场面较大的建筑物；会画各种植物等

[1] 屠美如. 学前儿童美术教育 [M]. 长春：东北师范大学出版社，2003：144.
[2] 林琳，朱家雄. 学前儿童美术教育与活动指导 [M]. 上海：华东师范大学出版社，2010：147.

续表

	小班	中班	大班
表现	初步用图形与线条的组合方法	能边画边构思，用两个以上基本形状组合较复杂的物体，但物体的指向性不稳定、不明确，形象含义易变，色彩的使用出于自我兴趣选择	绘画时能事先进行构思，能运用生动、变化的点、线、面、形状、色彩进行物体、画面的组合
指导	不强求统一和模仿，设计的内容要符合儿童认知经验、形象生动、创造余地大，注重发展儿童的创造力	由易到难，从结构简单的物体过渡到较复杂的物体	物体的基本部分、主要特征，并用细节特征丰富画面，从表现物体的个别特征到综合特征

图7-27　大饼（小班）

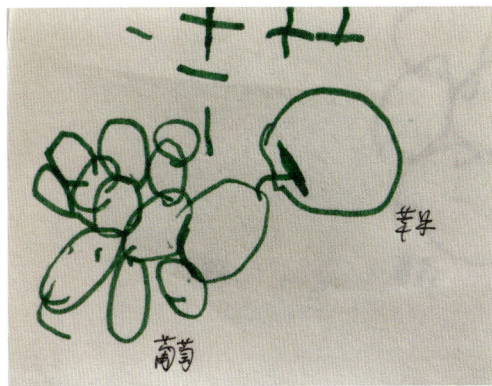

图7-28　水果（小班）

图7-29　烟花1（中班）

图7-30　烟花2（中班）

图7-31　马（大班）

图7-32　树（大班）

2. 情节画

情节画是儿童根据主题内容的需要，把与之相关的物体形象恰当地安排在画面上的绘画表现形式。[1] 情节画重点发展儿童的构图能力。在物体画的基础上，帮助儿童根据主题的要求将相关的物体素材经过和谐有序的布局安排到画纸上，使事物之间形成良好的空间关系和相互联系，呈现主题鲜明的画面效果。

（1）构图形式

由于儿童的空间概念认知水平存在差异，在组合形象之间关系分布时会呈现出不同的状态，分为形象的分布和形象的主次两种构图形式。

①形象的分布。

零乱式：儿童将画面中的各物体随机零散地分布，画面无上下前后之别。

并列式："基底线"的出现，画面各物体以一种单纯的形式以"线"为依托放置在上面，上下平行且垂直地竖立着，画面有了上下高低的方向性。

散点式：儿童将一整张纸作为地面，各物体摆脱"基底线"的束缚，向画面的四周离散开来，稍有意识营造层次感。

遮挡式：随着儿童空间概念认知的发展，各物体之间有了互相遮盖或重叠的形式，他们懂得了以一个固定的角度观察并表现物体间的关系。

②形象的主次关系。

罗列形象：各物体在空间关系上是独立的，相互之间没有什么联系。

以空间关系安排形象：当儿童的空间发展能力使他们发现了"秩序"这个东西的时候，在绘画时他们学会安排各物体之间的联系。但最初还只是单纯的空间中的"上下"关系，而且每个物体都是平等的、一样重要的。

形成主体与背景：画面中有了一定主题，一些物体通过细节的装饰，显得比较突出，成为画面的主体物；另一些物体相对描绘简单，形成烘托主体的背景。

（2）各年龄阶段儿童情节画构图表现及指导（图 7-33 至图 7-40）

	小班	中班	大班
构图表现	没有情节画的要求，主要培养绘画兴趣；认识绘画工具和材料；能用简单图形表现物体的轮廓特征	将景物画在基底线上做简单的布局，并能画出一些辅助物表现简单的情节	能根据自己对生活的认识和周围的实际事情作为情节来表现。由于画面内容较多且复杂，因此常见透明画的方式
指导		循序渐进，指导儿童先进行物体画，再增加辅助物或背景构成简单的情节；再进行复杂的情节画指导，特别注意主次大小关系	引导儿童更加关注前后重叠的空间关系；可设计连贯的描绘方式表达故事发展过程

[1] 林琳，朱家雄. 学前儿童美术教育与活动指导 [M]. 上海：华东师范大学出版社，2010：149.

图 7-33 吃月饼（中班，零乱式）

图 7-34 我们都是好朋友（中班，零乱式、并列式）

图 7-35 大班毕业汇演（大班，并列式）

图 7-36 我会帮忙做家务（大班，并列式、罗列形象）

图 7-37 心中的小学1（大班，遮挡式）

图 7-38 心中的小学2（大班，罗列形象）

图 7-39 心中的小学3（大班，以空间关系安排形象）

图 7-40 心中的小学4（大班，形成主体与背景）

2 意愿画

　　意愿画活动是幼儿根据自己的生活经验，由自己独立确定绘画主题和内容，运用所掌握的美术知识和技能，自由地表达自己情感、愿望的一种绘画形式。[1] 意愿画重点发展儿童的想象力、创造力。强调儿童在没有任何干预和束缚的条件下，利用自己的生活经验，大胆地将看到的、听到的、想到的内容进行重组，抒发情绪自由表现，呈现一个新颖独特有一定情节的作品（图 7-41 至图 7-44）。

图 7-41　花开了

图 7-42　窗外的小树

图 7-43　林中小鸟

图 7-44　迷宫

[1] 郭亦勤，王麒 . 学前儿童艺术教育活动指导 [M]. 上海：复旦大学出版社，2014：38.

3 装饰画

装饰画是利用各种花纹、色彩，在各种纸形（如圆形、长方形、正方形、三角形、菱形）和各种不同生活用品纸型上有规律地进行装饰的绘画表现方式[1]。装饰画的图案构图对称且均衡，花纹色彩艳丽形态优美，有利用锻炼儿童的耐心和专注力、发展手部动作的灵活性和准确性，提升他们对美的感知力，为将来创造美作铺垫。

各年龄阶段儿童装饰画的学习内容及指导（图 7-45 至图 7-51）

	中班	大班
学习内容	学会简单的图案花纹，能使用对比色	除了学会简单的图案花纹和对比色外，能用具有民族特色的花纹进行装饰，能使用同类色或邻近色，画面层次清晰，色彩和谐
指导	构图较简单，如以正方形为底进行装饰；纹样的变化由简到繁；色彩鲜艳明亮	构图逐渐复杂，学习在各种几何图形上进行装饰设计，考虑花纹的距离、方向、对称等变化；能在日常生活实物的纸型上进行纹样的装饰设计

图 7-45 手帕画（中班）

图 7-46 昆虫（中班）

图 7-47 手套装饰（中班）

图 7-48 衬衫画（中班）

[1] 林琳，朱家雄. 学前儿童美术教育与活动指导 [M]. 上海：华东师范大学出版社，2010：151.

图 7-49 荷花装饰画（大班）

图 7-50 花瓶装饰画（大班）

图 7-51 书包装饰画（大班）

课题四 ▶ 学前儿童绘画活动的设计与指导

1 活动目标

　　活动目标是通过教学活动所期望达成的结果。活动目标既为活动指明了方向，也可以成为评价幼儿发展的依据。绘画活动目标的制定可参考学前儿童绘画活动各年龄阶段目标。知识技能目标着眼于能认真观察、使用各种图形、色彩、线条或某些特定技法表现事物特征。情感目标着眼于感受生活、环境、艺术中的美，体验创作带来的快乐等。

【例】

柳树发芽（小班）

1. 感受柳树的形态之美。
2. 能用弧线和短线表现春天柳树的特征。
3. 体验绘画的快乐。

小鱼游啊游（中班）

1. 欣赏、感受画面中小鱼轻盈的体态和自由愉快的意境。
2. 尝试用水墨画先按后提的方法画小鱼，并进行和谐布局。
3. 体验自由创作的乐趣。

古老的石拱桥（大班）

1. 初步了解石拱桥的结构与造型，知道石拱桥的不同类型。
2. 尝试创作不同造型的桥。
3. 体验大胆创作的乐趣。

2 活动准备

1）环境创设

活动开始前，教师可根据幼儿年龄、活动需要进行环境创设。如绘画活动《彩色变奏曲》，在活动开始前，教师用收集的渲染创意作品将教室布置成"渲染美术作品展览厅"。

2）材料准备

活动前，教师可根据活动需要准备画纸、画笔等材料。

3）经验准备

例如在绘画活动《影像朋友》前，幼儿已经欣赏过米罗的作品。

3 活动过程

绘画活动是幼儿园常见且方便的美术活动内容，虽然绘画活动细分为命题画（包括物体画和情节画）、意愿画、装饰画，但教师对儿童绘画活动的设计与指导有一个相对固定的程式，通过"感知欣赏（激发兴趣、构思设计）——自由创作、巡回指导——作品展示与交流"来进行，在固定的方式中对不同绘画类型有侧重指导区分。

1）感知欣赏

绘画活动是迁移儿童的生活经验，将头脑中的物象经过整理、设计呈现到平面的媒介上。儿童在绘画活动时有两种极端的现象：一种下笔迅速，所绘形象生动，另一种喊着"我不知道画什么""我不会画"难以落笔。因此，在感知欣赏阶段，教师以激发绘画的兴趣，调动体验的主动性，带给他们充足的认知，从而促发想象的动机，胸有成竹开始绘画为目的。

（1）激发兴趣

①技能动机。儿童的行为需要一定的刺激，在绘画前期帮助他们对自己的构想感到兴奋，是他们顺利进入绘画状态的重要前提。教师可以通过美术材料的接触、绘画表现语言的认识，帮助他们观察、发现美的形式状态，用各种材料表现美的形式状态，由此产生创造美的欲望。

②知识动机。教师带领儿童对自然、生活中美好事物、艺术作品进行感性体验，运用视觉、听觉、运动觉、语言等各种感官的参与，对绘画主题相关事物的特征、动态、物物之间的空间、相互关系进行认知。不拘泥室内室外，为他们创造、提供多样化的环境，达到深入细致的观察，建立丰富的表象经验为目的，在绘画活动前期做足丰厚的储备。

（2）构思设计

有了经验储备，就必须考虑将收集到的各种讯息进行合理的选择、组合、重构。无论是物体画、情节画、意愿画还是装饰画，创设一定的情境，做好自由创作的准备：引导儿童在物体画活动前进行详细、清晰、有趣的观察和接触，了解物体的形状、颜色、结构、各部分的大小等，这样有足够的时间去让儿童思考，对绘画物体产生自我体验情绪，才能用自己独特的感受创作表达。情节画活动前应该让儿童明确事物之间的空间位置关系和相互之间的联系，通过欣赏、分析帮助他们理解构图布局的特点和方法；通过多样化的练习手段创设意愿画的情境，如故事、日记、游戏等形式，有利于他们对头脑中的物象进行有序的组织。总结分享生活体验，启发引导儿童进行意愿的表达，将他们接触到的、了解到的事物，无论是否客观存在的，只要感兴趣的都能作为构思设计意愿画的素材。为装饰画进行花纹、图案、形式的学习，可以引导儿童通过日常生活接触的事物进行形式美感的欣赏和分析，如点线面的组合、花纹的排列秩序、图案纹样的运用等，掌握简单的装饰性表现形式及色彩运用能力，才能装饰画活动中得心应手发挥创造。

2）自由创作、巡回指导

基于感知艺术作品和自然环境，在充分的构思设计后，绘画活动过程中儿童将经验、想法、情绪与工具材料、技能技巧进行强而有力的碰撞。教师在这个过程中应帮助儿童进一步明确创作的主题、构思设计、材料工具的运用；营造轻松的活动氛围，尊重儿童的创造表现；帮助仍有困难的孩子树立信心，鼓励能力较强的孩子发挥他们的想象力，创新出与众不同的作品。

3）作品展示与交流

作品展示与交流是儿童与儿童、教师与儿童欣赏、评议作品，对活动过程的总结。第一，以儿童自评、同伴互评、教师辅助的方式鼓励他们敢说、会说，表达自己的想法；第二，教师针对绘画作品应给予实用的建设性意见，帮助他们更好地学习、吸收优点；第三，关注他们学习过程中主动性、独立性、专注努力程度等行为习惯、学习品质的表现。

【例】

我长高了（大班）

陕西师范大学幼儿园　王　瑞

活动目标

1. 了解绘本内容，感受绘本故事情节的幽默诙谐。
2. 探究绘画变形与折纸和绘画之间的关系，并大胆进行创作。
3. 喜欢参与活动。在活动中感到快乐。

活动准备

白色蓝色 4A 纸、记号笔、绘本 PPT《我长高了》。

活动过程

1. 出示 PPT 课件，了解故事内容

讲述绘本《我长高了》故事内容。

提问：小男孩怎么了，发生了什么事情？你们有什么办法能让自己长高了。（幼儿通过想象表达）

2. 展示绘画方式，幼儿观察，寻找秘密

（1）教师示范：了解绘画方式

提问：我能变魔术让这个小男孩变高？你们相信吗？

教师演示：将折叠的纸拉开，发现娃娃的腿是断开的，模式失败。

讨论：发生了什么事，你可以帮助我将魔术变好吗？

幼儿尝试绘画。

在此变魔术，成功了。

（2）幼儿第一次尝试操作，发现折纸绘画的秘密

请幼儿自己拿到折叠过一次的纸，画娃娃，再让娃娃变高。

展示幼儿的作品，发现秘密。

讨论：为什么有的小朋友的娃娃没有变高？

小结：要将你想变高和变长的地方画在折痕的地方，要先折好作画，然后打开连线就可以了。

（3）幼儿第二次尝试绘画

讨论：你想让娃娃的什么地方长长？如果我把纸这样倒过来放，可以让娃娃的什么地方长高。

幼儿尝试作画，教师个别指导。

展示幼儿的作品，打击欣赏。

3. 回归绘本，结束活动

讲述绘本最后一段。

小结：我们要健康饮食，按时睡觉，多运动才能长得高高的。

4. 活动延伸

幼儿继续探索，还可以尝试画一些植物动物看看会有什么变化，或者将纸还可以怎么折并且出现什么有趣的事。

课题五 ▶ 学前儿童绘画活动的评价

1 对幼儿发展的评价

对学前儿童美术能力发展的评价应从创作过程和作品分析两个方面进行。绘画与手工制作两项活动有着相似的活动设计思路，因此创作过程的评价标准也统一为以下方面。

1）创作过程

幼儿美术创作过程是从某一艺术表现构思的产生到完成作品的过程，其中既有内部的心理活动，又有外部的行为表现，这两方面在实际活动中是融为一体的。[1]创作的过程就是将心中所想通过实践呈现出来，因此我们要通过观察、整理、分析儿童在活动过程中的行为表现，包括语言、表情、动作等，

[1] 边霞. 幼儿园美术教育与活动设计 [M]. 北京：高等教育出版社，2011：238.

由此评价、解释儿童在创作过程中对美术知识和技能的掌握情况、学习态度和学习习惯情况。

因此，对学前儿童美术创作过程的评价具体可从幼儿的构思、主动性、兴趣性、专注性、独立性、操作的熟练性、自我感觉以及常规习惯等九个方面进行，每个方面又可分为四种水平的行为表现。[1]

（1）构思

构思方面的评价是观察和评价幼儿是否能在创作之前预先想好创作的主题和内容的标准。幼儿美术的构思与幼儿的年龄和美术创作的能力高低有关，随着年龄的增长和能力的提高，构思水平也将有所提高。幼儿在这方面的行为表现可以分为以下四种水平或类型：

①预先构思出主题和主要内容，动手之后围绕构思进行创作。

②预想出局部内容，完成一项后再做新计划。

③动笔后构思，由动作痕迹出发，想到什么画什么。

④只有动作活动，没有形象创造，表现为在纸上随意涂抹或反复掰泥、撕纸。

（2）主动性

主动性是观察与评价幼儿在发起和投入美术活动的状态的标准。幼儿对活动的主动性受其对美术活动的兴趣的影响。幼儿在这方面的行为表现可分为以下四种水平或类型：

①由自身兴趣、愿望支配，自动进行美术活动。

②由特定材料引发，开始进行美术活动。

③看到别人从事美术活动，自己跟着做。

④在成人的要求下开始美术活动。

（3）兴趣性

兴趣性是判断幼儿是否情愿投入美术活动，在活动中是否热情、感到愉快和满足的标准。影响幼儿对美术活动兴趣因素很多，幼儿个人对美术这一类型的活动是否感兴趣，幼儿对某一项活动能否胜任，活动本身是否有吸引力等，都影响着幼儿的兴趣。因此在观察与评价时要注意到这些影响因素。幼儿在这方面的行为表现可分为以下四种水平或类型：

①自动从事美术活动，灌注极大热情，完全沉浸在活动之中，默默无语。

②欣然从命，愉快地从事活动，在活动中会自然流露出愉快之情。

③对美术活动迟疑不前，在活动中企图离开或张望别人做什么。

④拒绝参加美术活动。

（4）专注性

专注性是观察评价幼儿对美术活动的注意力集中与持久的程度的标准。幼儿对美术活动的专注性程度与幼儿的兴趣、注意品质以及周围环境有关。幼儿在专注性方面的行为表现可分为以下四种水平或类型：

①能较长时间持续从事已选定的活动，不受外界的影响，有时甚至第二天接着干。

②能在同年龄幼儿一般可维持的时间内持续从事活动，中途偶有离开的现象发生，但还会自动回来，直到活动完成。

③需要鼓励，才能把活动进行完毕。

④不能把活动进行完，中途改变活动。

（5）独立性

独立性是判断幼儿能否自己决定活动任务并完成任务的标准。独立性既与幼儿的个性性格有关，又与幼儿是否具有美术才能有关。幼儿在这方面的行为表现可分为以下四种水平或类型：

①自己决定活动任务，解决问题，拒绝别人干涉，独立完成任务。

[1] 边霞 : 幼儿园美术教育与活动设计 [M]. 北京 : 高等教育出版社，2011：238－241.

②主动请教他人，考虑别人的建议，然后自己完成任务。

③模仿他人完成自己的作品。

④接受并在他人的帮助下完成作品。

（6）创造性

创造性是判断幼儿在美术活动中是否具有独创和表现意识与能力的标准。幼儿在这方面的行为表现可分为以下四种水平或类型：

①别出心裁地构思与利用材料进行造型。

②重新组织以前学过的造型式样、方法与技能进行造型。

③重复以前学过的造型式样、方法与技能进行造型。

④只按教师方式传授的造型式样、方法与技能造型。

（7）操作的熟练性

操作的熟练性是判断幼儿从事美术活动时动作是否灵活、准确的标准。幼儿操作动作的熟练性与幼儿的年龄、机体的成熟、美术能力的发展和兴趣程度有关，在观察评价时应与年龄相对照进行评价。幼儿在这方面的行为表现可分为以下四种水平或类型：

①掌握工具姿势正确、轻松，操作动作连贯、迅速、准确，一次完成动作，作品质量好。

②掌握工具姿势正确、轻松，操作动作平稳，但欠准确，中途修改，作品质量较好。

③掌握工具姿势正确但笨拙，操作动作迟缓、准确性差，有失误不知修改，作品显粗糙。

④掌握工具的姿势笨拙有误，只有重复性动作，不能完成作品。

（8）自我感觉

自我感觉是判断幼儿对自己的美术成果的看法如何的标准，自我感觉是幼儿对自己作品的评价，只要幼儿自己感到满意即可，与作品客观上的优劣无关。对幼儿自我感觉的评价一方面要听幼儿自己的意见，另一方面还要观察幼儿的行为和表情间接地判断幼儿是否对自己满意。幼儿在这方面的行为表现可分为以下四种水平或类型：

①自己认为很成功，主动请别人看自己的作品，并讲解作品的含义，能慷慨地将作品赠人。

②对自己的作品感觉满意。但不主动展示，听到别人的称赞感到愉快，希望保留作品。

③认为不太成功，接受别人的看法，希望将作品交给老师。

④感到沮丧，对别人的反应无动于衷或抵触，对作品去向不关心或毁掉作品。

（9）习惯

美术活动中的习惯是多方面的，习惯可以指个人的习惯做法、美术风格等，也可指大家都要自觉遵守的惯例和秩序。这里讲的是后者，共提出两项，目的在于判断幼儿在美术活动中能否有步骤、有秩序地工作。

一是工作的顺序性方面，可分为以下四种水平或类型：

①有顺序、有步骤地完成作品。

②弄错步骤，发现后主动纠正，完成作品。

③想到什么就做什么，混乱中完成作品，作品有缺陷。

④只完成局部，作品半途而废。

二是保持工具材料的秩序方面，分为以下四种水平或类型：

①保持工具材料的固定位置，用时取出，用后放回。

②大致保持原位置，错放后能找到。

③一片混乱，用后乱放，用时找不到。

④不会取放，拿到什么用什么。

2）作品分析

评价儿童的美术作品，就是为了通过美术教育成果获得儿童身心成长的状况，及时对以往的教育教学进行反思，更新、修订更加符合他们美术能力发展水平的教育策略，指导他们今后往更好的方向发展。儿童绘画作品是学习的结果，不同的评价者有不同的视角和方法，但无论标准如何，都是以适宜儿童身心发展为出发点。

①绘画作品的表现是否符合儿童身心的发展，与年龄阶段的心理发展和绘画能力相匹配。

②绘画作品是否具有童趣。绘画作品直接反映儿童认知和想法，对内容和形式的选择、表现体现他们的天性，有独特的思维方式，强烈呈现他们自然、趣味、率真的特点。

③绘画作品是否有其独特性。每个儿童是独立的个体，都具备鲜明的个性，绘画作品是他们自我主张、自我表现的手段，因此有独到的创造、各具特色，各有意义。

④绘画艺术语言是否有表现力。儿童对点、线、面、块、体、造型、色彩、构图布局等艺术语言的运用和设计，可以看得出表现力强与弱的区别；儿童生活环境、发展水平快慢、性格特点也影响着艺术表现力。教师在活动的过程和活动的结果中可以依据以上作为判断，对儿童进行更有针对性、目的性的帮助。

⑤绘画作品材料、工具是否活选活用。每一种绘画材料、工具都有其不同的特性和使用技法，灵活地选择和使用，对绘画对象的表现有很大的帮助，也能更加迎合儿童的表达初衷。

【例】
两名 3 岁幼儿的涂色（图 7-52）

1. 案例描述

图 7-52 涂色

一次涂色练习活动中，要求幼儿给苹果涂颜色，教师努力创设能让幼儿感兴趣的学习氛围，在涂色前，先讲一些与所涂内容相关的内容，了解苹果除了常见的红色还有黄色、绿色，并告诉幼儿各色苹果的益处，如红苹果对心脏好，可以提高记忆力，老年人可以多吃一些；青苹果可以促进牙齿和骨骼生长，适合年轻人食用；黄苹果对保护视力有很好的作用，经常使用电脑的上班的人族可以多吃一点；让幼儿不仅可以学习知识还能对涂色保持兴趣。同时提醒他们使用正确的涂色方法（按照同一个方向从始至终地涂），并且要涂得均匀，不能涂到线外。上面是其中两名小朋友的作品，可以明显地看出两幅作品的区别。

2. 案例分析

小班幼儿受年龄特点和技能发展的限制，小肌肉动作还不够灵活，对单一的活动不能保持较长时间的注意力，涂色是重要的技能，要求幼儿能有规则地涂色，尽量不要涂到线外，不留白。左边的作品，可以看出幼儿基本能够达到教师的要求，色彩比较饱满，不留空白；涂色均匀，画面整洁干净，可以看出幼儿手部的控制能力较强，对色彩的感受和表现力也较好，做事细致认真的性格；右边的作品，幼儿涂色也较均匀，但留白部分多，涂到线外较多，可以看出幼儿小肌肉动作发展不够灵活、比较粗心、马虎、不细致的性格。

对于小班幼儿而言，涂色也是能力所及的绘画形式，涂色、涂鸦是小班幼儿美术活动中的主角，教师不能忽视对幼儿基础技能的练习，让幼儿在涂色过程中感受来自美术活动的成功体验。

5 岁幼儿《海底世界》（图 7-53）

1. 案例描述

一次绘画活动，内容要求幼儿画一幅海底世界，教师在活动开始提问幼儿海底世界有些什么，幼儿纷纷表述了各种各样的海底动植物，教师出示海底世界各种动植物的图片，引导幼儿感知它们的身体形状，有哪些特点等。并要求幼儿画一幅丰富的海底世界，教师一再的叮嘱幼儿：一种东西千万不能画得太大，占满整张纸会使画面失去比例，也不能太小会让画面看上去不舒适。幼儿很快按照教师的要求开始画海底世界，上面这幅就是其中一个小朋友的作品。

图 7-53　海底世界

2. 案例分析

她绘画作品中的形象已经达到了基本像的水平，此外，作品中表现的事物都与主题有关，内容也比较丰富，有鱼、螃蟹、鲨鱼、海星、海龟等各种海里的动植物，说明这名小朋友的绘画能力有达到中班年龄的发展水平，是值得认可的。从作品中能看出，她的画面总体布局舒适，线条较流畅，能刻画出细节，反映出幼儿较自信的个性，但是画的东西还是偏小，线条也较细，也能反映出幼儿感情比较细腻，细心。

图 7-54　有趣的表情

幼儿画的东西的大小跟性格有着很大的关系，如：感情比较细腻、比较胆小自卑的幼儿，平时绘画的物体大都较小，线条；那些比较自信的幼儿，平时所画的物体大都较大，线条大胆流畅。

6 岁幼儿《有趣的表情》（图 7-54）

1. 案例描述

本次绘画活动的主题内容是有趣的表情，教师先让幼儿感知人的表情是多样的，从表情可以看出心情，不同表情代表不同心情，由此激发幼儿对活动内容的兴趣，再出示各种表情让幼儿观察，直观感受表情要如何表现。要求幼儿大胆运用线条表现表情并用较为简洁的线条画出几种不同的面部表情，将不同的表情组合在一起，并注意布局的合理性，让画面看起来舒服。上面是其中一个小朋友的作品。

2. 案例分析

从作品中可以看出这名幼儿运腕用指的能力较强，布局饱满、内容丰富、色彩鲜艳协调、可以看出知识面宽，对事物的认识较深刻，看问题比较全面，思维方法也相对成熟，所画人物表情也十分形象生动。整个画面所反映的线条流畅，不潦草、不漂浮，着色比较协调可以看出孩子自信、认真、稳重的性格，画面协调舒适可以看出幼儿已经掌握了画前先构思的能力，并能刻画出人脸表情的细节！

2 对绘画活动组织的评价

对学前儿童绘画活动组织的评价主要包括活动目标、活动内容、活动过程、师幼互动、环境材料、教育效果、教师言行几个方面。

【例】

斑马的魔法衣（中班）

陕西师范大学幼儿园　刘江艳　严　瑾

活动目标

1. 感受"斑马"身体图案的变化，积累关于图案的经验；

2. 能够用不同方式及材料装饰斑马，让"斑马"大变身，并大胆展示自己的作品；

3. 体验美术创意活动的奇妙和乐趣。

活动准备

1. 经验准备：幼儿已知斑马的颜色及斑纹特点。

2. 物质准备：

（1）动画视频《斑马》，PPT。

（2）材料：黑白纯色斑马图片若干，黑白卡纸的各种形状图案及线条的图片，黑白刮蜡画纸，拓印章（橡皮章、木章、塑料章、蔬菜章），水溶性油画棒，砂纸，绿色草坪展示板。

活动过程

1. 谈话导入，引出话题

（1）教师提问，幼儿交流。

提问：小朋友们，你们在哪里见过斑马?

斑马身上的花纹有什么特点呢?（幼儿充分表达自己的见解）

（2）出示图片，幼儿观察并讲述斑马身上的图案。（出示 PPT）

（3）讨论交流，引出主题。

提问：有没有见过不同图案的斑马?（幼儿充分表达自己的见解）

2. 观看动画视频《斑马》，发现与众不同的花纹图案

（1）幼儿观看动画视频，发现斑马魔法外衣的特点。

①提问：这只斑马和平常见到的有什么不同?（幼儿充分表达自己的认知）

②小结：这只斑马拥有了一件神奇的魔法外衣，它会随着斑马的移动而不停地改变身上的斑纹样式。

（2）播放 PPT，进一步观察不同斑纹的特点。

①提问：你都看到了哪些图案?（幼儿充分表达自己的认知）

②小结：斑纹各不相同，有黑白格子、斑点、线条、图形和图案等，原来即使是黑白色，图案不同，位置不同，也会给人不同的美的享受。

3. 介绍操作材料，鼓励幼儿自主选择进行装饰活动

（1）提问：你想为斑马设计怎样的魔法衣?（刮蜡画、粘贴、绘画、拓印 4 种方式）

（2）幼儿自由创作，教师观察、个别指导。

4. 展示作品，幼儿介绍创作过程

（1）幼儿自主将作品粘贴在展示板，幼儿介绍自己的作品。

（2）幼儿相互欣赏并交流感受。

活动延伸

1.美术区活动：在美术区投放各种黑白色材料，呈现多种动物造型板，激发幼儿继续创作的兴趣；

2.阅读区活动：将幼儿完成的装饰作品，制作成册子，在阅读区进行故事创编。（也可以在表演区进行故事表演）

活动评价

动物世界丰富多彩，各具特色，妙趣横生。幼儿对动物有着天生的好奇心和亲近感。斑马其黑白相间的外貌特征，能够引起幼儿的感官兴趣，这顺应了《指南》中关于艺术领域的学习方法，充分创造条件和机会，使幼儿在大自然和社会文化生活中萌发对美的感受和体验，丰富其想象力和创造力，引导幼儿学会用心灵去感受和发现美，用自己的方式去表现和创造美。同时，中班幼儿可以欣赏自然界和生活环境中美的事物，关注其色彩、形态等特征，而且，对线条及图案的感受和表现能力也进一步增强，具备了完整装饰画的能力。

本活动通过趣味横生的"斑马的魔法衣"短片，激发幼儿的兴趣和想象力，引导幼儿尝试创作丰富的线条图案，能用多种工具、材料或不同的表现手法表达自己的感受和想象，并能够运用新颖的展示板大胆表现作品，以此丰富幼儿对线条、图案等的感受与表现。

活动目标设定为三维目标

1.知识经验目标："斑马"身体图案的变化，积累关于图案的经验。

2.能力目标：能够用不同方式及材料装饰斑马，让"斑马"大变身，并大胆展示自己的作品。

3.情感目标：体验美术创意活动的奇妙和乐趣。

目标突出对幼儿观察能力、自主选择材料及工具的能力培养，同时激发想象力，大胆表达自己的感受和想象，将大自然中的美用不同的手法表现出来。

活动过程，老师利用谈话法，帮助幼儿回忆对斑马的已有经验。同时秉承趣味性的原则，通过观看充满童趣的动画"斑马"，发现其中蕴含的黑白两色，以及各种图案的搭配变化，并由幼儿自主发表不同的想法，幼儿在倾听中了解同伴的想法，互相学习。

在活动过程中，教师根据幼儿的学习情况和基础，采用了观察法、提问法、亲身体验等教育方法。

首先，采用观察法（直观法）是因为中班幼儿的年龄和认知特征，处于幼儿时期的思维性质，他们具有明显的具体形象思维特点，利用观看课件的形式直接刺激幼儿的视觉器官，使幼儿近距离感受斑马生动的形象，激发幼儿的学习兴趣，同时，在观察的过程中，了解不同线条的画法和黑白图案的种类；采用多媒体课件展示法，在动画与适宜的音乐搭配中，充分调动幼儿主动参与的兴趣；提问法的使用，能更有目的性地启发幼儿思维，引导仔细观察，同时也能让幼儿更深入地理解活动的重点内容；操作体验法的使用，可以使幼儿在操作中积累实践经验，在分组活动中，可以增加同伴共同操作的乐趣、满足交流的需要，还可以观察到相同操作材料和工具所产生的不同作品；最后环节，作品展示，可以使幼儿更直观地欣赏到同伴的作品，并交流感受，对于提高中班幼儿的自评、他评能力有积极的作用。

在材料提供上，教师充分考虑中班幼儿的动手能力及个体差异，教学环节由易到难，材料结构也由高到低，对提高幼儿参与活动的积极性与主动性起到了关键的作用。

活动中，教师非常注重对幼儿的观察，在观察"斑马的魔法衣"时，关注幼儿对于美的感知，鼓励他们大胆表达，并在小结时，运用简明的语言进行概括，引导幼儿发现斑马的斑纹出现的形状、方向、图案等变化，为后期的创作提供了丰富的素材。同时，对幼儿独特的艺术表现给予充分的理解尊重和及时的鼓励肯定。

通过活动，孩子们的观察力得到了提高，感受黑白色独特的美，用稚嫩的笔触表达了丰富的想象和情感，教育目标已经达到，效果很好！

习题

1. 幼儿画坦克时，会把坐在里面的驾驶员也画出来，说明幼儿绘画具有（　　）特点。

    A. 夸张性　　　　　B. 透明式　　　　　　C. 展开式　　　　　　D. 拟人化

2. 丁丁在画画时，画一棵树，突然想起什么，又开始画一把剑，等会儿画小鸭子、蛋糕等，这说明丁丁正处于绘画能力发展的（　　）阶段。

    A. 涂鸦期　　　　　B. 象征期　　　　　　C. 图式期　　　　　　D. 写实期

3. 观察时，要求幼儿能全面细致地观察事物大小、形状、结构、颜色和物体的动态，这种要求主要针对的年龄班是（　　）。

    A. 小小班　　　　　B. 小班　　　　　　　C. 中班　　　　　　　D. 大班

4. 自选内容，设计一份中班绘画活动方案。

手工制作活动

学前儿童的手工教育是教师引导儿童发挥自己的想象力与创造力，直接用双手或操作简单工具，对各种形态（点状、线状、面状、块状）的、具有可塑性的物质材料进行加工、改造、制作占有一定空间的、可视且可触摸的、多种艺术形象的一种教育活动。[1]

基于绘画活动研究成果的比较，手工制作活动的研究显得比较少。但与绘画活动一样，手工制作活动在学前美术教育中占据一定比重，成为不可或缺的部分。手工制作活动是一项手工创造的过程，对于儿童手部精细动作、灵活性的锻炼，对于手眼脑协调能力的配合，对于造型、空间、装饰能力的了解掌握，对于想象力和创造力的培养，对于细心耐心、乐于实践勇于探索的精神品质的养成都具有十分重要的意义。

课题一 ▶ 学前儿童手工制作能力的发展阶段与特点

和绘画活动的发展历程一样，虽然学前儿童手工能力存在差异性，学者们的研究角度也不尽相同，但总体发展方向是有其规律性的。我们把学前儿童手工制作活动分为玩耍阶段（约2~4岁）、直觉表现（约4~5岁）、灵活表现（约5~7岁）三种阶段。

1 玩耍阶段（约2~4岁）

1）概念

这一阶段表现为自由玩耍活动。儿童没有明确的活动目的，在与材料、工具接触的时候以单纯的玩耍为乐趣。

2）特征

玩耍阶段分为玩耍初期和玩耍后期。玩耍初期，由于儿童手部骨骼、肌肉发展比较弱，对材料、工具的认知水平有限，不理解它们正确的使用方法。但儿童对事物的好奇心驱使他们只能将新鲜的材料和工具当作平日的玩具，单纯地感受材料工具的质感和形体特点，出于本能毫无目的地把玩。如在泥造型活动中将黏土进行拍打、揉搓、挤压；在纸造型活动中将纸张进行撕、揉；接触剪刀、胶水等辅助工具时拿着它们胡乱摆弄。

玩耍后期，随着认知水平趋于上升，他们可以逐步配合手部力量在成人的指导下完成一些活动。如用手搓出小圆球；用手指撕出不规则的线条或者块状（图8-1和图8-2）。

---

[1] 屠美如.学前儿童美术教育 [M].长春：东北师范大学出版社，2003：151.

图 8-1 泥造型

图 8-2 纸造型

② 直觉表现（约 4~5 岁）

1) 概念

这一阶段表现为有一定的制作意图活动。由单纯的玩耍向有意图的尝试转变。

2) 特征

儿童手部肌肉力量逐步增强，使他们的精细动作和手眼脑协调能力逐步提升；同时，随着他们认知能力的发展，愿意尝试实践表达自己的想法。如在泥造型活动中儿童能利用搓、团的手段制作出条状、球状等代表物体的基本形状；之后还能变化条状、球状的大小、粗细的形态并进行结合，较多呈现浮雕的画面。在纸造型活动中，对剪刀的操作使儿童能剪出直线和弧线，但线条和轮廓并不流畅；能进行简单的折纸和瓶贴活动。在废旧物造型上，利用纸盒、塑料瓶等材料等进行简单的加工和装饰，但比较粗糙（图 8-3 至图 8-5）。

图 8-3 泥造型

图 8-4 纸造型

图 8-5 废旧物品造型

③ 灵活表现（约 5~7 岁）

1) 概念

这一阶段表现欲望强烈，喜欢运用多种材料进行创作，制作有一定情节画面的作品。

2) 特征

随着儿童手部肌肉力量和手眼脑协调能力不断增强，他们已经不能满足简单的塑造，有了使用工具和认识更多材料的经验，有了自己的想法后尝试创作的表现力就变得异常强烈。如在泥造型活动中儿童能灵活利用捏、压、搓、团、粘、连接等塑造技巧制作出立体或较为复杂的组合形体，同时结合一些辅助材料：牙签、一次性筷子、纽扣、大米、豆类等进行连接、加工和装饰，组合成他们想要创作出的造型，大多呈现圆雕的效果，并能组合成一个有情节的场景。在纸造型活动中，对剪刀的灵活操作使儿童能剪出较为整齐流畅的直线、曲线和用来拼贴的各种形状，以及各种造型的折剪图案。在废旧物造型上，利用纸箱、塑料瓶等更多立体材料进行精细的加工、构建和细节装饰（图 8-6 至图 8-8）。

图 8-6　泥造型

图 8-7　纸造型

图 8-8　废旧物品造型

课题二　学前儿童手工制作活动的目标

1　学前儿童手工制作活动的总目标[1]

1）认知目标

　　认识泥工、纸工等各种手工工具和材料的性质。

2）情感目标

　　①体验手工活动的乐趣，能积极参与手工活动。
　　②喜欢手工活动，乐于用手工表达自己的想法和情感。

3）技能目标

　　①掌握剪、折、撕、粘、搓、压、印等手工技能。
　　②会使用不同的手工工具和材料制作平面和立体作品。
　　③能使用一些自然材料拼贴造型。
　　④形成良好的手工活动习惯。

[1] 边霞 . 幼儿园美术教育与活动设计 [M]. 北京：高等教育出版社，2011：73-74.

4）创造目标

能大胆运用各种手工材料，如泥和纸张等按照自己的意愿塑造。

2 学前儿童手工制作活动的年龄阶段目标[1]

为了在实施手工制作活动的时候能更有针对性，我们更加细化活动目标在不同的教育对象上。

	小班	中班	大班
认知目标	1. 初步熟悉泥工、纸工等工具、材料 2. 了解泥的可塑性质 3. 了解纸的性质	进一步熟悉泥工、纸工及自制玩具的工具和材料	1. 了解各种纸张的不同性质，知道不同性质的纸张具有不同的表现效果 2. 对自制玩具的材料加以分类，以获得选择、收集这些材料的经验
情感目标	通过玩泥、撕纸等活动，体验手工活动的快乐	通过泥工、纸工及自制玩具的活动来积极投入手工作品的创作，并培养儿童对手工活动的兴趣	1. 体验综合运用不同手工材料制作作品的快乐 2. 喜欢用手工来表达自己的想法和情感
技能目标	1. 掌握泥工中团圆、搓长、压扁等基本技能 2. 学习撕纸、粘贴，初步撕出简单形状并粘贴成画 3. 初步学会用自然材料（石子、豆子、树叶等）拼贴造型 4. 学会用印章、纸团、木块等材料，蘸上颜料在纸上敲印	1. 能正确使用剪刀剪出方形、圆形、三角形及组合形体，并拼贴成画 2. 掌握折纸的基本技能，折出简单的玩具 3. 学习用泥塑造出物体的基本部分和主要特征 4. 掌握撕纸的基本技能，撕出简单的物体轮廓	1. 用泥塑造人物、动物等较复杂结构的形体，能表现出物体的主要特征和细节 2. 能集体分工合作塑造群像，表现某一主题或场面 3. 能用各种纸张制作立体玩具 4. 能使用无毒、安全的废旧材料制作玩具并加以装饰
创造目标	能大胆地运用印章、纸团、木块等材料在纸上按自己的意愿压印	1. 能大胆地运用泥按自己的意愿塑造 2. 能大胆地用纸按照自己的意愿撕、剪各种物体轮廓	能综合运用剪、折、撕、粘、连接等技能，独立设计制作玩具

课题三 ▶ ◀ 学前儿童手工制作活动的内容

　　幼儿园手工制作活动是在教师的引导下，儿童在各种可塑性的媒介材料上，借助双手或工具，运用剪、撕、贴、折、接、塑等基本技巧进行加工、改造，制作出或平面或立体的造型。手工制作活动具有丰富的实践性、操作性、游戏性，在儿童想象创造的过程中材料变得栩栩如生，不仅可以作为他们的玩具又可以装饰环境，因而深受他们的喜爱。幼儿园手工制作活动大致可分为泥工、纸工、废旧物制作三大类，在具体的活动中要注意儿童年龄阶段的兴趣和能力，选择适合他们的材料、工具、手工技巧，让他们在享受手工制作乐趣的过程中提升德、智、体、美的综合协调能力。

[1] 林琳，朱家雄. 学前儿童美术教育与活动指导 [M]. 上海：华东师范大学出版社，2011：83-84.

1 泥工

泥工活动是幼儿园手工制作的重要内容之一。对泥材料性质的熟悉，掌握对泥塑造的基本技能，选择儿童生活经验中熟悉的物体和场景作为泥工活动的素材，教师通过讲解、引导、示范等方式，陪同儿童体验泥工活动塑造过程的乐趣，通过技能和想象力进行再现和再造。

1）泥工活动的工具材料

自然黏土、橡皮泥、纸黏土、面泥、油泥、陶土等都是可供孩子们塑造的材料，但是个别泥材料需要经过高温烧制方可定型。

泥工活动需要在清洁的桌面上操作，可为儿童提供泥工刀、细绳、牙签、一次性筷子、小木棍等辅助工具。

2）泥工活动的基本技能

①团圆：将泥放置手心，两手配合用力均衡来回转动，使之团成球状体。
②搓长：将泥放置手心，两手相对合拢前后来回搓动，使之形成长条状或圆柱体。
③压扁：将团圆或搓长的泥造型，放置手心或桌上，用手或工具进行挤压拍成扁平状。
④分泥：目测从一整块泥中按照所要塑造物体的结构比例需要，分成若干块用于塑造。
⑤切：用泥工刀将搓长的泥条切割成不同大小的部分。
⑥捏泥：手指相互配合，根据造型需要捏出物体的细节部分的形状。
⑦接：用泥本身的黏性或牙签、小木棍之类的辅助工具将两块泥连接起来。
⑧贴：将小块泥粘贴到大块泥上进行点缀或装饰。
⑨剪：用儿童剪刀将泥剪出需要的形状。
⑩戳：用泥工工具将泥向内刺或压，形成一个凹形的洞。

3）根据年龄阶段的不同，泥工的活动内容及指导（图 8-9 至图 8-11）

	小班	中班	大班
内容	认识简单的工具和材料，知道名称和使用方法；了解泥的性质；可简单塑造形体	塑造单个物象为主，按自己的意愿大胆表现物体的基本部分和主要特征；能借助辅助物塑造物体，并表现简单的情节	能借助辅助材料塑造出物体的主要特征以及动态特点，包括人物、动物等；能借助辅助物塑造富有简单情节的作品
指导	任意玩泥，任意塑造简单的形体，配合泥工技法将多个基本形体进行设计、组合、塑造；培养喜欢泥工活动的兴趣并养成良好的习惯	不需要强调比例和细节，提供多样丰富的辅助材料，帮助儿童体验活动的成功感	细致生动地塑造物体的主要特征和细节，特别是动态特点；设计简单的能表现故事情节的课题

图8-9　泥工（小班）

图8-10　泥工（中班）

图8-11　泥工（大班）

2 纸工

纸工是以不同的纸张材料为媒介进行的加工造型活动。纸张便捷、实用、可塑性强，通过剪、折、撕、粘、卷、拼、贴、染等多种方式，就会呈现平面或立体的造型，变化无穷。根据儿童年龄特点，选择适合他们操作的纸材料类型和塑造方式，在游戏造型中培养孩子勤于思考、勇于探索，促进发散思维、创造思维的形成。

1）纸工活动的工具材料

彩色卡纸、皱纹纸、包装纸、复印纸、蜡光纸、宣纸、报纸、瓦楞纸……众多不同的纸张都能成为儿童纸工活动的材料，但需要根据不同的纸工活动选择适合的纸张。

纸工活动常见的工具有剪刀、固体胶、白乳胶、酒精胶、胶棒、双面胶、透明胶、泡沫胶、水粉颜料、丙烯颜料等。

2）纸工活动的表现技法

（1）折

折是一种传统的手工游戏，可以从折的活动中增强儿童的记忆力、思维能力、想象力和创造力。折可以选择正方形、长方形、三角形、单张纸、多张纸进行，教师要学会基础型的折法，学会分析图例，看懂图例中的各种符号，并能用简练、准确且童趣的语言指导儿童进行折的基础学习，进而进行想象创新。

①对边折：将纸相对的两条边对齐折叠（图8-12）。

②对角折：将纸相对的两个角对齐折叠（图8-13）。

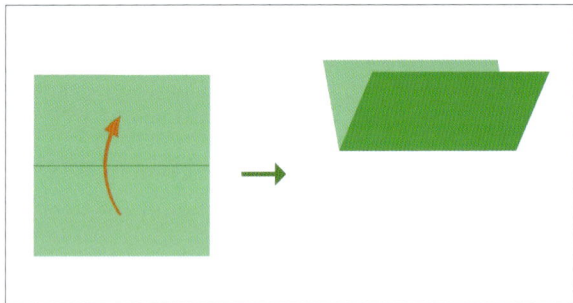

图8-12 对边折

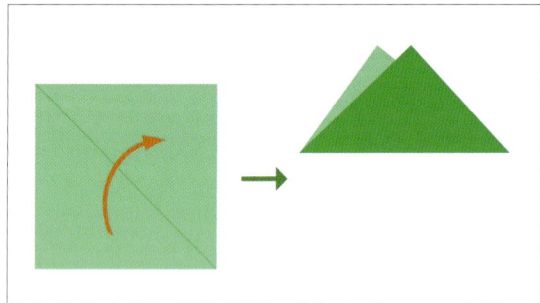

图8-13 对角折

③集中一角折：先将纸对边折或对角折，根据中心线或对角线的折痕，将相邻的两边以折痕为中心折叠（图8-14、图8-15）。

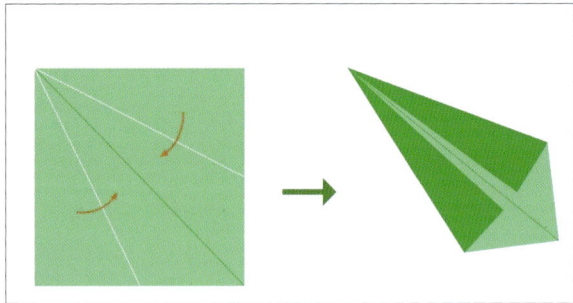

图8-14 集中折1

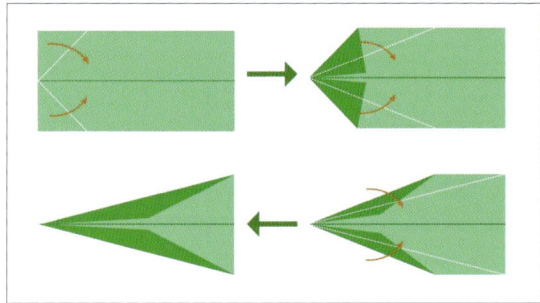

图8-15 集中折2

④两边向中心线折：找出纸张的中心线，再将相对的两条边向中心线对齐折叠（图8-16）。

⑤四角向中心折：找出正方形纸张的中心点，再将四个角分别往中心点折（图8-17）。

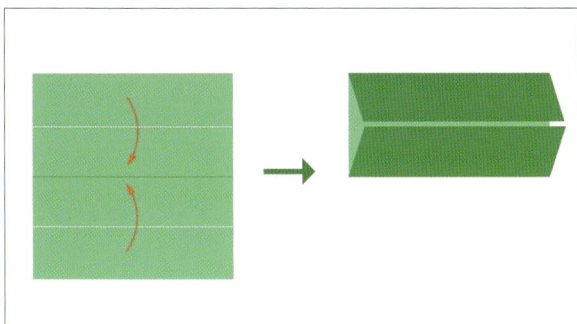

图 8-16 两边向中心线折

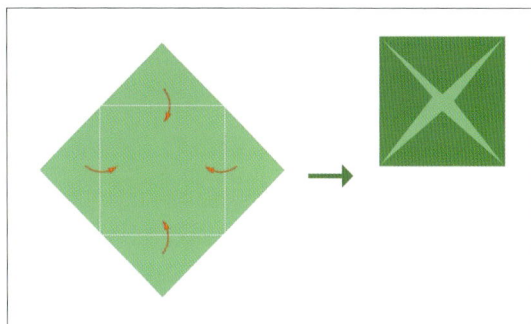

图 8-17 四角向中心折

⑥双正方形：将纸张对边折形成长方形，压出长方形的中线，左右两个角一角向前，一角向后，折成三角形，再从中间撑开、压平（图 8-18）。

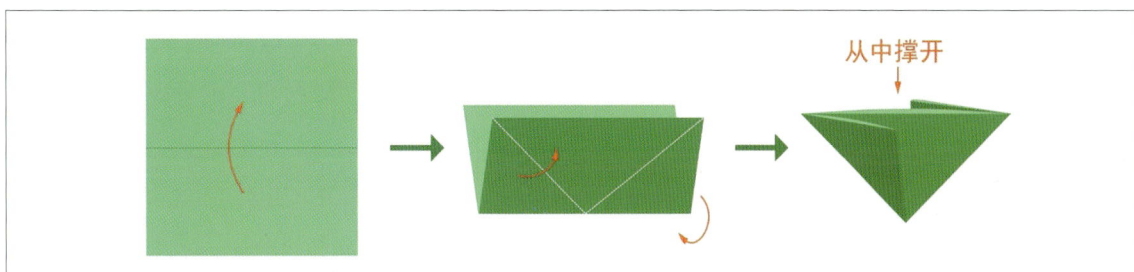

图 8-18 双正方形

⑦双三角形：将纸对角折成三角形，压出三角形的中线，左右两个角一角向前，一角向后，折成正方形，再从中间撑开、压平（图 8-19）。

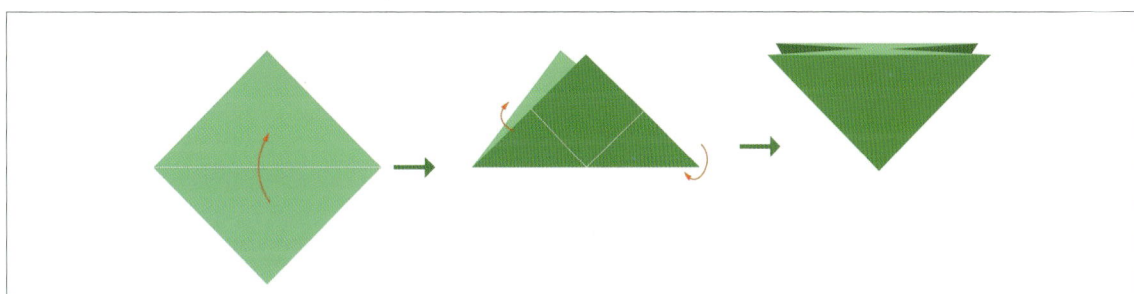

图 8-19 双三角形

⑧双菱形：先将纸张折出双正方形，找出前后两片正方形中的对角线，将开口处的一角向相反方向拉开，两边的角向中线压平（图 8-20）。

⑨组合折：将数张纸经过相同或不同的折法折叠出所需要的物体各部分，再将它们组合起来，构成一个整体。

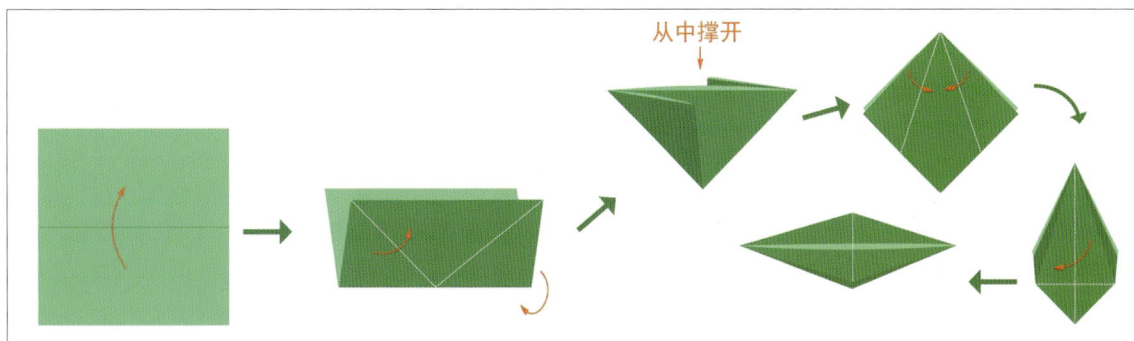

图 8-20 双菱形

（2）剪（撕）

剪和撕是儿童通过手、剪刀、纸反复地练习，协调配合完成的活动。根据年龄段的不同，教师可以安排由易到难、有趣、创意的剪（撕）内容，让儿童通过对手部小肌肉的训练、对剪刀张合的控制、对手眼脑协调配合的提升，来体验剪（撕）活动的乐趣。

①目测剪（撕）：儿童在没有事先画好的面状材料上，根据物体简洁的轮廓线，目测剪出或撕出形象。

②依轮廓线剪（撕）：儿童在预先画好物象轮廓线的面状材料上，剪出或撕出形象。

③折叠剪（撕）：通过将纸张进行有规律的折叠，剪出或撕出预设好的图案造型。

（3）拼贴

拼贴是儿童根据不同画面、不同物象特点，选择各种纸质材料、各种形状用胶粘于面状材料上。

①图形拼贴：将带有图案的图片剪下，重新组织构图，拼贴成画。

②几何图形粘贴：用彩色纸张剪出大小、形状不同的几何图形，组织构图，拼贴成画。

③自然物拼贴：将叶子、贝壳、瓜子、蛋壳等生活常见的物体，组织构图，拼贴成画。

3）根据年龄阶段的不同，纸工的活动内容及指导（图8-21至图8-23）

	小班	中班	大班
内容	以玩纸、撕纸、粘贴为主，观察纸张在撕的过程中发生的形状变化，并能粘贴出各种不同的造型；认识学习使用剪刀	撕纸、剪贴、折纸。多用目测剪（撕），根据实物目测剪（撕）出物体的弧线或直线；单张纸进行折叠，理解并掌握一些简单物体的折法；几何图形粘贴和自然物粘贴	折纸、剪贴。立体组合造型折纸，能进行比较复杂的折叠，配合线条、细节轮廓剪（撕）或目测剪（撕）自己想要的图形和窗花；学会用多张纸折，组合完整的物体，并进行涂色和添画
指导	培养兴趣为主，准备颜色丰富、性质不同的纸张；设计简单的粘贴物象的活动	能正确使用剪刀、正确的粘贴方法；设计简单实物进行折叠的活动；设计结合实物进行目测剪的活动	能在折好的造型上进行装饰；自剪自贴，掌握不同的剪法。活动设计由简到繁、由易到难

图8-21　纸工（小班）　　　　图8-22　纸工（中班）　　　　图8-23　纸工（大班）

3 废旧物品制作

利用生活中平面或立体的废旧物品材料建构的方法进行立体塑造的活动。废旧物品制作的活动让儿童认识更多的材料，懂得区别材料的性质将它们进行合理的分类，同时动手动脑、有计划地构思、取材、设计、制作，综合运用他们所掌握的美术知识和技能技巧，更加提升儿童之间的团结合作意识。

不同年龄阶段废旧物品制作的活动内容及指导（图 8-24 至图 8-25）

	中班	大班
内容	教师做好的各种半成品，儿童再进一步进行黏合、造型、装饰	利用原始材料（自然材料和无毒的废旧材料）进行重组、建构
指导	培养制作简单玩具的能力	侧重让儿童独立完成，并引导他们综合各种技能和工具材料进行操作

图 8-24 废旧物品制作（中班）

图 8-25 废旧物品制作（大班）

课题四 学前儿童手工制作活动的设计与指导

1 活动目标

活动目标是通过教学活动所期望达成的结果。活动目标既为活动指明了方向，也可以成为评价幼儿发展的依据。手工制作活动目标的制定可参考学前儿童手工制作活动各年龄阶段目标。知识技能目标着眼于泥工、纸工、废旧物品等的制作方法与技巧。情感目标着眼于对活动的兴趣、对深刻情感的表达等。

【例】

小狗头（小班）

活动目标

1. 感知小狗头的外形特征。
2. 能用对折的方法折出小狗头，并添画小狗眼睛。
3. 体验折纸活动的乐趣。

我的老师（中班）

活动目标

1. 知道纸版画的制作方法。

2. 能运用剪、贴、印的方法表现人的五官特征。

3. 体验自由创作的乐趣。

民间剪纸艺术（大班）

活动目标

1. 感受中国剪纸艺术的独特魅力，了解剪纸图案的吉祥寓意。

2. 能运用对称剪纸的方法剪出各种造型图案。

3. 萌发对中国传统文化的爱。

2 活动准备

1）环境创设

活动开始前，教师可将相关手工作品布置于活动室，以激发幼儿对制作活动的兴趣。例如剪纸活动《美丽的拉花》中，教师可将事先制作好的拉花布置于娃娃家。

2）物质准备

教师可根据活动需要准备适宜的手工工具，如剪刀、泥工板等，材料如点状材料（石头、沙子、牙膏盖、小球等）、线状材料（绳、细木棒、高粱秆、草）、面状材料（纸、布）、块状材料（橡皮、肥皂）等。

3）经验准备

例如撕贴画活动《雪景》前，幼儿知道有些地方，冬天十分寒冷，会下雪。

3 活动过程

教师对学前儿童手工制作活动的设计与指导，侧重儿童对材料性质的体验，尊重儿童的创造与表现。基于经验、技能技巧与材料进行互动对话，通过感知欣赏、创作意图、构思设计、自由创作、巡回指导、作品展示与交流来进行。

1）感知欣赏

儿童对艺术作品工具、材料、形式、关系、表现、内涵的整体感受和体验，通过教师引导，利用感官、肢体进行视觉、听觉、触觉、运动觉、语言等多种方式与艺术作品之间产生共鸣，深入理解、领会内涵，获得内在体验，吸收相关经验，迁移到自己的操作活动之中。在感知欣赏中，包括创作意图和构思设计两个环节。

（1）创作意图

意图决定着行动的方向和方法。学前儿童在手工制作活动初期大多是自发性的行为，单纯的玩耍，因此教师应在活动开始前帮助他们逐渐明确意图。第一，充分接触与主题活动相关的多种工具材料。艺术创作的灵感往往在与工具材料的直接接触中发生。儿童本身特别容易受外界因素的刺激，他们有强烈且丰富的好奇心，教师在创作前提供给儿童有助于主题表达的多种工具材料，既能让他们先感受、了解工具材料的性质特点，不会在众多工具材料中眼花缭乱无从选择，又能引导他们把精力集中在相关主题的材料中进行探究，增加活动的兴趣和成功率。第二，在游戏与欣赏中逐渐明确活动意图。游戏化是学前儿童活动的一个宗旨，通过游戏的设计、多种感官的调动，有利于儿童了解主题中相关事物的基本结构和多样性，逐渐增强意图的创设。

（2）构思设计

明确创作意图后，儿童的手工制作活动就进入了构思设计的阶段。第一，教师要帮助儿童积累丰富的表象信息，也就是收集素材。教师可以用图片、实物、肢体语言的方式帮助儿童进行观察、对比、总结，获得物象多角度详细的特征信息，才能在制作中灵活表现物象，呈现生动的造型。第二，提供多种有表现力的材料，引导联想。在意图中选择材料、在材料中施展技艺是构思设计环节两种不同的方式，儿童的手工制作活动多以后者为主。多种有表现力的材料能够激发儿童的想象力，经验与意图能促使他们尝试多种选择和搭配，设想出独特的富有个性化的方案。第三，欣赏一物多材、一材多物、多物多材的优秀作品。在对材料的充分探究后，教师可以再增加儿童对造型、构成等艺术表现手法认识的经验介绍、欣赏，通过材料与物体之间灵活多变的形式，提供更加丰富的视觉经验线索。

2）自由创作、巡回指导

在儿童对相关手工制作活动主题的工具材料、大量艺术作品的体验和感知下，通过自由创作的方式将想法、情感表达出来。创作过程中，教师不轻易评价干扰创作中的儿童，尊重他们的创意发挥；对于有困难的孩子应及时辅助，强调工具材料的使用方法和注意事项；鼓励儿童在基础的制作技法中努力创新，将临摹、仿制、独创相结合。

3）作品展示与交流

作品展示与交流是儿童与儿童、教师与儿童欣赏、评议作品，对活动过程的总结。第一，以儿童自评、同伴互评、教师辅助的方式鼓励他们敢说、会说，表达自己的想法；第二，教师针对绘画作品应给予实用的建设性意见，帮助他们更好地学习、吸收优点；第三，关注他们学习过程中主动性、独立性、专注努力程度等行为习惯、学习品质的表现。

【例】

我为班牌设计衣服（小班）

漳州市实验幼儿园　蔡　萍

活动目标

1. 学习将周围环境中美好的事物以手工方式展示。

2. 能用搓、压、切、掰、挤、粘等方式给班牌设计"衣服"。

3. 感受用手工作品装饰班牌的乐趣。

活动准备

1. 经验准备：幼儿已见过班牌；幼儿会把橡皮泥搓圆、压扁。

2. 物质准备：课件 1 份、各种颜色橡皮泥若干、各种不同造型的模具若干、垫板各 1 个、白乳胶各 1 支、班牌底图各 1 份、磁铁若干、黑板 2 块、桌子 4 张、椅子若干。

活动过程

1. 以各个班级的班牌照片导入活动，激发幼儿对班牌外形特征的关注。

师：你们能从这些班牌里找到自己班的班牌吗？

2. 鼓励幼儿发散思维，想想可以用什么方法能认出自己班的班牌。

师：请小朋友想想办法，怎么做才能让班牌变得不一样？

3. 出示各种不同形状的模具，引导幼儿观察和发现模具与幼儿园的联系。

师：瞧，这些模具长得像什么？它让你想到在幼儿园里的什么呢？

师：原来不同造型的模具都能让我们想到班级内外这么多的人和物。

4. 师幼共同讨论操作步骤，引导幼儿关注操作注意事项。

师：我们今天就用这些神奇的模具和彩泥一起给班牌设计一件特别的"衣服"。

师：我们先将橡皮泥搓成一个大大的圆形后在垫板上压扁，选择自己喜欢的一个模具，摸一摸上下两条边，比较细的那边朝下，将其按压到扁扁的橡皮泥上，再沿着轮廓边沿剥掉多余的彩泥，用手轻轻取出成品并用白乳胶将作品粘贴到班牌底图上。

注意事项：

（1）物品从哪拿，用好后要物归原位；

（2）不争抢工具，轮流使用。

5. 幼儿分组操作，教师巡回指导，重点指导能力较弱的幼儿，鼓励能力较强的幼儿在完成自己的作品后帮助能力较弱的幼儿。

6. 展示并欣赏作品，鼓励幼儿在集体面前大胆介绍自己给轮廓设计的衣服，分享自己自制园徽的乐趣。

师：你帮班牌设计了哪件"衣服"？用了哪些颜色？选择了哪些造型？

师：你最喜欢哪个班牌？为什么？

活动延伸

美工区：引导幼儿用不同的方法给班牌设计"衣服"，如尝试用橡皮泥搓成不同形状装饰班牌的轮廓。

课题五 ▶ 学前儿童手工制作活动的评价

1 对幼儿手工作品的分析

手工作品是儿童进行美术教育活动的结果。作品虽然是静态的，但是透过它们，能读懂儿童对周围事物认识与感受的情感表达；对它们的分析，能直观地反映出儿童美术能力发展水平的状况，了解和帮助儿童更好地完善自我。不同的评价者视角不同，因此制定相对统一的评价方法和标准就显得尤为重要。

手工作品是否符合儿童身心的发展，与年龄阶段的心理发展和手工能力相匹配。

手工作品是否具有童趣。儿童对材料的选择、利用、表现有自己独特的思维方式，作品的内容和形式应具有儿童自然、趣味、率真的特点。

手工作品是否有其独特性。每个儿童是独立的个体，都具备鲜明的个性，手工作品是他们自我主张、自我表现的手段，因此有独到的创造，各具特色，各有意义。

手工作品是否具备艺术表现力。儿童对点、线、面、块、体、造型、色彩、布局等艺术表现方式的运用与设计，可以看出表现力强与弱的区别；儿童生活环境、发展水平快慢、性格特点也影响着艺术表现力。教师在活动的过程和活动的结果中可以依据以上作为判断，对儿童进行更有针对性、目的性的帮助。

手工作品材料的运用。对材料独到的选择，是塑造手工作品的关键，能使作品体现出鲜明的特点和质感。

【例】

泥工：3 岁幼儿的泥工（图 8-26）

1. 案例描述

本次活动，要求幼儿学习用搓泥的技能做成条形的物体，为了让幼儿积极性更高，教师以制作海浪和海草送给海里的鱼儿螃蟹们自由自在地玩要作为活动主题，让幼儿能积极主动去帮助海里的生物，体验完成作品的成就感，教师提出要求，要先分泥、搓圆再搓长条，适当地压扁装饰在幼儿上次活动已经画好的海底世界当作海浪和水草，并告诉幼儿海草、海浪都可以用深浅颜色搭配作品会更加美观。右边是其中一个小朋友的作品。

图 8-26

2. 案例分析

从该作品中可以看出小班幼儿手腕肌肉尚未发育完善，动作还不够细致，手眼还比较不能协调一致，所以没有足够的力量和能力将泥搓成很均匀的长条，符合该年龄幼儿的特点，但该幼儿能根据教师要求用条状造型表现海草、海浪的物体特征、造型；关注物体的组合布局关系；色彩搭配运用较好，能运用深蓝色、浅蓝色搭配表现海浪。画面的整体效果较好，说明幼儿已经较好地学习到搓长这项技能，他可以将各个单一的长条形状（深浅海浪和海草）有机地组合在一起，可以看出孩子的观察能力、思维能力、操作能力还是比较强的。

泥工：5 岁幼儿的泥工（图 8-27）

1. 案例描述

本次活动，幼儿在上次画好的海星底图上用彩泥做出海星粘贴上去，形成重叠有层次的作品。在幼儿对海星的形态特征及生活习性有了一定的了解的基础上，本次活动要求幼儿在团圆、搓长、压扁的基础上学习抻拉的技能塑造出五角的海星的外形，再团出小圆球粘在海星上，要注意布局的合理性以及大小的协调性，右边是其中一名幼儿的作品。

2. 案例分析

本次活动需要幼儿使用团圆、搓条、压扁、抻拉的基本手法来制作五角海星，从作品中可以看出，幼儿基本可以运用技能表现海星的大致形态。塑造出五角的海星的外形，说明该幼儿的理解、接收能力较好，能用技能表现想法，从作品的完整度也能看出幼儿的专注力与耐心都是比较好的。但幼儿制作出的长条不够均匀，没有较好地表现出海星的"身胖五角尖头"说明幼儿还不够细心，从小圆球的制作上也可以看出该幼儿的精细动作发展还不够好，对团圆这项技能掌握还不够。

图 8-27

泥工：6 岁幼儿的泥工（图 8-28）

1. 案例描述

本次活动内容：可爱的绵羊们，为了逐步提高孩子的审美能力和创造力，本次内容由泥工与绘画相结合，促进孩子的全面发展。从幼儿喜爱的动物着手，让幼儿充满兴趣，从而掌握多种形体的基本捏法，活动要求幼儿要分泥适当，接合光滑、牢固，可以生动形象地表现出绵羊的主要特征和细节，先画出绵羊的具体轮廓，再用彩泥操作让作品立体，最后再添画上草地等物品进行装饰让画面丰富生动，右边这幅就是其中一个小朋友的作品。

图 8-28

2. 案例分析

作品画面布局舒适合理，幼儿可以充分自主地塑造出令自己满意的造型，能运用搓长卷圆的技能刻画出绵羊身体的细节，并且能表现不同形态、不同表情的绵羊，可以反映出精细动作发展较好，动作比较细致，对物体的感受和表现力也较好，幼儿的想象力、观察力、创造力都比较不错，但还是有一些细节不够到位，可以明显地看到底图画的线较多，没有较饱满的用彩泥填充好，可以看出幼儿比较粗心、马虎、不细致的性格。

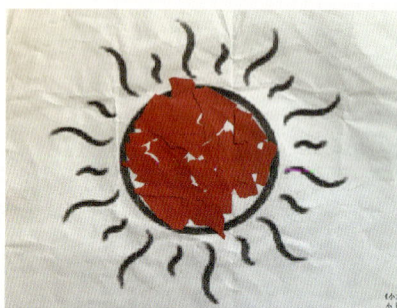

图 8-29

纸工：3 岁幼儿的作品（图 8-29）

1. 案例描述

刚入园不久的幼儿大多满于随意撕贴，但经过有目的地训练，幼儿的主体意识开始萌芽，对此，教师开展了主题简单的活动内容，以太阳可以给我们带来温暖为由，请幼儿为小太阳增添光芒让太阳变得生动。本次活动要求幼儿将一张方形彩纸撕成长条，再撕成一块一块地粘贴在太阳的圆形里面，尽量贴得丰富，画面饱满一些，本次撕贴行为有了特定的情景，幼儿产生了身临其境之感，所以幼儿对活动都充满兴趣，教师在幼儿操作过程中提醒幼儿撕扯时两手的食指和拇指要靠拢，然后一只手往外一只手往里用力地、慢慢地撕，右边是其中一个小朋友的作品。

图 8-30

2. 案例分析

从作品可以看出该幼儿能按教师要求完成操作，撕出的块状也较为均匀，粘贴也能按要求完成，可以看出这名幼儿手部肌肉的协调性和灵活性及小肌肉精细动作等方面发展较好；从作品的完整度来看幼儿能让画面饱满，撕贴出的内容符合所需要的形象，也能看出幼儿耐心、细致的学习态度及创造能力。

撕纸目的是最大限度锻炼学前儿童的手指肌肉动作及控制能力，它与剪贴的最大区别在于撕贴以手指作为工具，利用双手手指的配合撕出所需形象，再贴成平面的画面。

纸工：4 岁幼儿的作品（图 8-30）

1. 案例描述

本次活动内容是制作白云彩虹，需要幼儿运用剪的技能制作出白云彩虹，剪出八色长条直线制作彩虹以及手提条，沿着画好的轮廓线剪出弧线白云，要求幼儿彩虹要有七种不同的颜色，多剪一条长条做手提条，沿着白云的轮廓剪，要求幼儿直线长条一定要直，弧线一定要沿黑色线剪，右手剪时左手要配合着右手的动作旋转图形，一定要注意力集中，认真、细致地看着剪，同时要求幼儿剪时不能又剪又撕，图形的边线要整齐、光滑，上面是其中一个小朋友的作品。

2. 案例分析

从作品中可以看出这名幼儿色彩搭配鲜艳协调，可以看出幼儿对事物的认知较全面，也可以明显地看出这名幼儿剪直线的能力较强，说明幼儿手部动作控制较好，但剪曲线的能力较弱，弧线的边线很粗糙、不整齐、光滑，说明这名幼儿的精细动作发展还不够好，动作还不够细致、灵活，作品整体协调，美观，可以看出幼儿有自信、大胆的个性。

2 对手工制作活动组织的评价

对学前儿童手工制作活动组织的评价主要包括活动目标、活动内容、活动过程、师幼互动、环境材料、教育效果、教师言行几个方面。

【例】

好朋友，手拉手（大班）

陕西师范大学幼儿园　刘 欢

活动目标

1. 学习看图示进行剪纸，感受图案有规律的美。

2. 乐意参加剪纸活动，能够抓住人物的主要特征大胆表现。

3. 体会剪纸的快乐和成功后的自豪感。

活动准备

1. 幼儿已进行过剪纸活动，有初步的看图示能力。

2. 活动 PPT。

3. 材料：剪刀、胶水或双面胶等剪贴工具、水彩笔。

4. 剪纸步骤图及范例一份。

活动过程

1. 谈话导入，引出话题

（1）谈话回忆

①小朋友们，你们还记得剪纸表现方法都有哪些吗？（阳刻剪纸，阴刻剪纸，阴阳结合剪纸和剪影）

②引出话题：今天我们就再来玩一玩剪纸的一种——剪影。

（2）回忆剪影的概念和方法

①提问：还记得什么是剪影吗？（出示 PPT）——它是通过剪出物象外轮廓来表现物象本身的一种剪纸方法。所以它最注意外轮廓的美和造型。

②讨论：小朋友，你有好朋友吗？你的好朋友是谁？今天我们就来给你的好朋友剪一幅剪影作品。

2. 教师示范讲解制作方法，幼儿仔细观看

（1）出示范例《好朋友，手拉手》，引导幼儿观察，猜测制作方法，引起参与的兴趣

①提问：这是我剪的好朋友剪影，你们看看一共有几个好朋友？（4个）这4个好朋友一样吗？

（一样）他们是正面还是侧面？（正面）他们4个是连在一起还是分开的呢？（连在一起的）

小结：刚才我们看到的剪影图片是一个侧面人，而我剪的这个是4个正面的人还连在一起，谁能想一想，猜一猜，这个连在一起的4个小人是怎么剪的呢？

②出示步骤图，师幼共同理解图示的含义，讨论制作方法。

到底是怎么剪的呢，我们来看图示：折纸——绘画出人物的典型外形特征——沿提示线剪纸——展开图案——添花装饰。

教师示范剪影，幼儿跟学。

折：将纸竖着放在桌子上，短边对折，再对折，再对折第三次就折好了。

画小朋友的轮廓。注意是画半个轮廓还是整个轮廓？（半个）在开口边还是完整边画？（完整边画）

教师示范剪影：我们从小朋友的腿开始剪。一边剪一边轻轻地转纸。剪完后打开就好了。（注意，手要离剪刀远一点，不要剪到手）

3. 幼儿制作，教师巡回指导幼儿

①提示制作的常规要求，对有困难的幼儿给予帮助和个别辅导。

重点：观察和辨别折纸后的开口边和完整边，剪纸要沿着完整边一侧起进行剪纸，以免剪破图案。

正确使用剪刀和粘贴材料，养成良好的卫生习惯。

②布置作品墙。

将小朋友自己剪好的作品，粘贴在作品墙上。

展示幼儿作品并组织幼儿相互欣赏。布置"好朋友"的主题墙。

4. 活动延伸

将剪纸材料放到美工区，请幼儿区域活动时玩耍。

★活动评价

《好朋友，手拉手》是大班剪纸系列活动中的第四节活动。剪纸活动是大班孩子练习对工具的熟练掌握和运用能力的重要活动。本系列活动是由欣赏《美丽的剪纸》开始，让孩子通过欣赏我国传统的剪纸艺术，从而萌发对剪纸活动的兴趣，而后从简到难逐步开展活动。首先是剪几何形状，随后是剪简单的物体，再后来是剪雪花，最后才是人物剪影，本节活动的内容就是人物剪影。

本节活动的目标设定为三个：

（1）学习看图示进行剪纸，感受图案有规律的美。

（2）乐意参加剪纸活动，能够抓住人物的主要特征大胆表现。

（3）体会剪纸的快乐和成功后的自豪感。

目标突出对孩子曲线剪纸能力的培养，同时也兼顾图示能力的提高，为幼儿创造机会锻炼能力，表现表达生活中的美。

活动过程，老师利用谈话法帮助幼儿回忆已有经验，秉承兴趣性原则和主体性原则，通过讨论："你可以给你的好朋友剪一幅剪影作品吗？"引起幼儿的兴趣；再请小朋友说一说应该怎样来剪，充分发挥幼儿之间的互相学习。

在活动过程中，老师充分利用讨论法、对话法、讲解法、示范法、启发法来引导孩子进行剪影活动。小朋友们也充分利用观察法：观察图示，了解其意义；对比法：对比图示和实物之间的不同；尝试法和操作体验法：尝试自己动手进行折叠、绘制和剪裁，体验操作活动的乐趣。

在材料提供上，老师充分考虑到孩子拿放剪刀的方便，将剪刀插放在剪刀盒上；并为小朋友提供了足够数量的多种颜色的彩纸供幼儿选择；PPT图片制作精良，使用得当，为活动的不断推进提供了有力的支持。

　　活动中，执教老师非常注意语言的准确和简练，例如：剪影，它是通过剪出物象外轮廓来表现物象本身的一种剪纸方法。所以它最注意外轮廓的美和造型。这样的话语，既简练还兼顾了美术的专业用语。在示范部分，伴随示范老师还有语言不断地提示，引导幼儿发现方法，并及时对幼儿的想法进行梳理和总结。老师非常注重和孩子的互动交流和引导，孩子操作的过程中不断地观察孩子并给予适时的帮助。

　　通过活动，孩子们都掌握了剪影的技法，虽然孩子的作品各不相同，但老师能因材施教，注重每个孩子的个体发展，教育目标已经达到，效果很好！

习题

1. 手工活动没有明确的目的，只是一种纯粹的玩耍活动，这个特点所处的年龄阶段是（　　）。

　　A.2~3 岁　　　　　　　　B.3~4 岁　　　　　　　　C.4~5 岁　　　　　　　　D.5~6 岁

2. 下列美术教学内容中，属于手工教学内容的是（　　）。

　　A. 泥工　　　　　　　　B. 印章画　　　　　　　　C. 棉签画　　　　　　　　D. 装饰画

3. 下列手工材料中属于点状材料的是（　　）。

　　A. 豆子　　　　　　　　B. 积木　　　　　　　　C. 吸管　　　　　　　　D. 树叶

4. 自选内容，设计一份中班手工制作活动方案。

美术欣赏活动

学前儿童美术欣赏教育是教师引导学前儿童欣赏和感受美术作品、自然景物和社会环境中的美好事物，丰富儿童的美感经验，培养其审美情感、审美评价能力和审美创造能力的一种教育活动。[1]

并非所有儿童都能或都想成为艺术家，但生活会让每一个人都接触到艺术。当代艺术与生活的交集，让我们深知艺术素养的水平对人的成长有多重要，从小开阔视野，与大师直接对话，培养敏感的审美知觉，拥有理解和欣赏艺术的能力，对儿童将来的发展具有重要的作用。

课题一 学前儿童美术欣赏能力的发展阶段与特点

美术作为一种视觉艺术，学前儿童美术欣赏行为的发展与其自身视觉发展相对应。根据国内外多位学者对儿童美术欣赏目的发展阶段的理论研究成果，综合划分为直觉表现阶段（0~2岁）、主观审美感知阶段（2~6岁）两个阶段。

1 直觉表现阶段（0~2岁）

1）概念

儿童这一阶段的欣赏，表现为对形状、颜色的直觉反应，是本能的一种表现，还没有形成真正独立的美感反应。

2）特征

这个阶段的儿童通过视觉、听觉、动作相配合与外界刺激相互发生反应。首先，在对形状的直觉感知中，美国心理学家范茨通过视觉偏爱的方法对1~15周的婴儿做了试验：通过线条图和靶心图、棋盘图和正方形图、交叉十字图和圆形这三对形状和复杂程度不同的模式图，观察他们的注视反应。结果发现婴儿对线条图和靶心图注视的时间最长，而对其他两对图形注视的时间相对较短；对棋盘图注视的时间超过正方形图，对交叉十字图超过圆形。因此可以设想，婴儿对较为复杂模式的图形比较感兴趣，喜欢曲线多且清晰、相对运动的图形。在深度知觉感知中，在美国心理学家吉布森和沃尔克的视觉悬崖实验中，发现5个月以后的婴儿已有深度知觉，且对立体的物体注视程度高于平面物体。

其次，在对颜色的直觉感知中，斯塔普利斯用"视觉偏爱法"给婴儿展示两个亮度相等，但一个彩色、一个灰色的圆盘，测量婴儿对它们的注视时间。结果是对有颜色的圆盘注视行为较长，3个月大的婴儿注视彩色圆盘的时间是灰色圆盘的两倍。我国学者冯晓梅用"去习惯化"对婴儿的实验也表明，80%

---

[1] 林琳，朱家雄.学前儿童美术教育与活动指导 [M].上海：华东师范大学出版社，2014：94.

出生 8 分钟到 13 天的婴儿已经对颜色有一定的分辨能力，能分辨红圆和灰圆。相对"冷调"（如绿、蓝、紫），他们更容易被"暖调"（如红、橙、黄）的颜色所吸引，纯度高的颜色相对纯度低的颜色更受他们的喜爱。

　　综上所述，在婴儿期对美术基本要素中的形和色所表现出来审美感知，虽然不是真正的美感反应，但对于今后进行美术欣赏活动做好了知觉敏感性的准备。

② 主观审美感知阶段（2~6 岁）

1）概念

　　随着儿童认知能力的发展，美术欣赏能力的发展就不仅仅是一种本能的、直觉的反应，欣赏感知和理解能力开始受到社会认知发展的制约。

2）特征

　　首先，感知作品内容先于作品形式。当美术作品呈现在儿童面前时，他们关注到的是画面中的形象，引起他们兴趣的是画面中画了些什么，而对画作表现形式的审美特征却不关注。例如，儿童在第一次看到毕加索的抽象画《梦》（图 9-1）的时候，所关注的是这个人为什么脖子是歪的？脸为什么被切成了两半？对于图片里的对比色，夸张的画法，他们是无法主动关注到的。

　　其次，他们只是粗浅地感知美术作品的表面，无论悲伤还是快乐，单纯从自己的生活经验去自由联想，不能深入感受理解美术作品反映出的内涵意义。例如，在欣赏吴冠中的国画作品《春如线》（图 9-2）时，由于儿童有了一些对有春天特色的事物的认识：柳树、春雨、小蝌蚪等，因此在展示作品图片时，他们的第一反应是："好多五颜六色的线条真好看。"当老师告诉他们这是春天的画作时，他们能想到"这些线条很像我们在公园里看到的柳树枝条""我好像看到很多小动物跑到草地上来玩"；儿童会提问："黄色的一点一点是不是迎春花啊"；当配上班得瑞的轻音乐《春》的时候，他们又会联想到"线条像彩色的音符在跳舞""黑色的点像小蝌蚪在游，也像雨点落到水里的圆圈"。例如，欣赏米罗的《哈里昆的狂欢》（图 9-3）时，儿童可能更多地关注画面里在做什么，会猜测：有的在煮好吃的，有的在

图 9-1　巴勃罗·鲁伊兹·毕加索《梦》　1932

图 9-2　吴冠中《春如线》　1995

放风筝,有的在做小实验,还有的在拉大提琴……因此,关于点线面的不同排列方式的美、色彩搭配的美、画面的构图美就需要老师加以引导、总结和提升,儿童的欣赏角度大都是浮于表面的。再例如,欣赏凡·高的《向日葵》(图9-4),画面中用了大面积鲜亮的黄颜色,一大束开得灿烂的向日葵迎面开放。儿童尤其偏爱暖色调,且纯度、亮度特别高的黄色会让他们认为画面描绘的是欣欣向荣的景象,而且画家这时的心情应该也会是非常开心,就像他们平时开心绘画时喜欢用明黄色表现心情一样。由此可见,儿童对作品的情感表现虽然有了一定的深刻性,但却不能摆脱认知经验的束缚,不能准确理解作品背后的内涵。

图9-3　胡安·米罗《哈里昆的狂欢》　1924—1925　　　　　图9-4　文森特·威廉·凡·高《向日葵》　1889

　　再次,引导下能感知美术作品的形式审美特征。在成人引导的干预下,儿童欣赏美术作品时对线条与形状、色彩审美、空间构图、作品情感表现等形式审美特征开始有了初步的理解。第一,在线条与形状中,儿童能通过线条或物体的不同形态判断感受其中表达的情感,能与具体的形象联系起来表述。第二,色彩审美中,丁秀玲从色彩的视觉效果、情感效果、象征效果进行研究,表明儿童对色彩的视觉效果感受最强烈,喜欢暖色,能识别色彩的轻与重,有一定的色彩搭配能力,因此有较强的审美感觉,但不能做出明确的解释。随着年龄的增大,转为偏爱对比柔和协调的色彩,且逐渐能对色彩产生情感联想,用不同的颜色来表达不同的情绪,因此在成人有意识的引导下,能较好地感知和解释作品的情感表现性。在色彩象征感受方面的发展较为微弱,但随着儿童年龄的发展,这一能力将逐步提升完善。第三,在空间构图上,儿童有了"近大远小"的空间深度感知。第四,在作品情感表现中,能根据美术作品的内容和表现形式,结合自己的想象、喜好,解释画作表现出来的情感。例如在欣赏草间弥生的部分艺术作品(图9-5至图9-6)时,教师可以从形状的感知、色彩的视觉效果、空间构图关系进行引导:关于南瓜题材的作品,无论是平面作品还是立体雕塑,都将大小不同的圆点通过一定规律进行平铺、渐变、并列的排列组合,使整体有了丰富的层次感,"南瓜"在视觉上有了饱满的体积效果。不同明度和纯度的黄与黑结合,轻与重对比,引起强烈的视觉冲击;不同面积色块的主体与背景相互分离或融合,从而有了空间视觉效果。并且,草间弥生还将"圆点"元素广泛运用到日常生活中的静物、动物、植物、人物等造型和装饰上(图9-7至图9-9),形成鲜明独特的个人风格,由此可见她乐于体验生活,善于汲取生活中有趣的事物,是一个热爱生活的人。在欣赏活动过程中有引导儿童深入了解创作者与作品,建立情感共鸣,在进行美术创作时就能更加自信和自如(图9-10)。

　　最后,偏爱再现性作品,有自己个性的评价标准。第一,对作品的审美偏爱是根据儿童具备的审美心理倾向,以及这个阶段的认知发展水平决定的,真实反映个人喜好,带有主观倾向性。因此,熟悉的客观真实再现、色彩明亮丰富是他们判定作品好坏、美丑的两个最主要标准。画中事物熟悉、画面美好就是美的作品；画中事物陌生或比较不常见、画面怪异就是丑的作品。第二，对美术作品的评价有自己的标准：像不像、有一定的绘画技巧、色彩斑斓、造型简洁、题材熟悉，这些都是儿童认可美术作品好坏的自我标准。

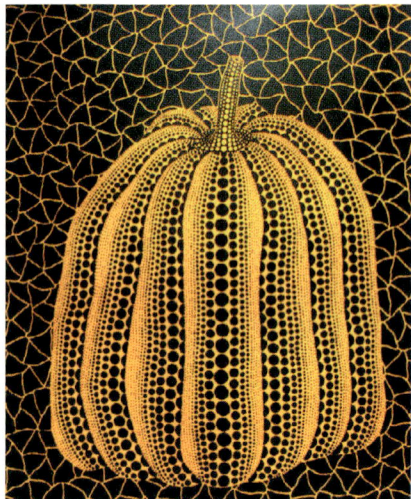
图9-5　草间弥生《午夜南瓜》　1989
压克力　画布　45.5 cm×38 cm

图9-6　草间弥生《南瓜》　1982　压克力、木、综合媒材料
雕塑　54.5 cm×27.7 cm×25.4 cm

图9-7　草间弥生《花》　1985

图9-8　草间弥生《鱼》　1986

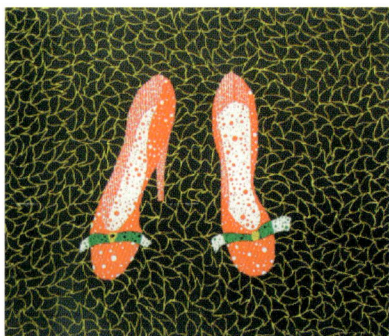
图9-9　草间弥生《鞋子》　1984

综上，儿童审美感知是直观的，儿童的美术欣赏阶段的发展是从无标准到有标准、从无意识的本能到由认知能力发展所支配，逐渐能够根据自己知识和经验的积累，进行简单的美术作品欣赏活动，可见美术欣赏能力已有质的飞跃。

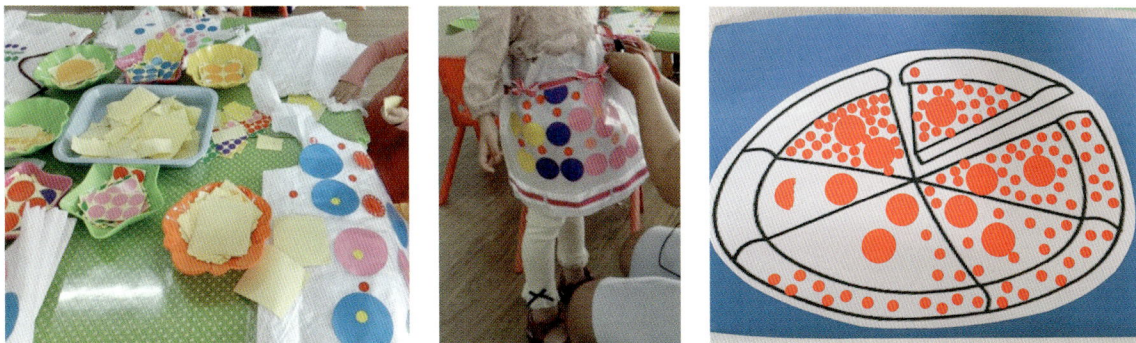

图 9-10 幼儿欣赏草间弥生作品后的相关美术创作活动及作品

课题二   学前儿童美术欣赏活动的目标

1 学前儿童美术欣赏活动的总目标 [1]

1）认知目标

①知道周围的自然环境和具体的艺术作品中都蕴涵着美，可以从中享受美。

②了解周围自然环境和美术作品的造型、色彩、构图。

③知道美术作品和内容、主体以及表现风格，了解美术作品是画家思想情感的表现。

2）情感目标

①体验美术欣赏活动的乐趣，能积极参与美术欣赏活动。

②喜欢欣赏不同风格的美术作品。

3）技能目标

①掌握简单的美术语言，能叙述和谈论美术作品。

②能体验作品的内容美和形式美，感受作品的情感。

③尝试运用画家的绘画技巧创作美术作品。

4）创造目标

①用多种形式（如动作、表情等）表现自己欣赏作品后的感受。

②对作品做出简单的评价。

2 学前儿童美术欣赏活动的年龄阶段目标 [2]

为了在实施美术欣赏活动时能更有针对性，我们应对不同的教育对象细化活动目标。

［1］边霞.幼儿园美术教育与活动设计 [M].北京：高等教育出版社，2011：74.

［2］林琳，朱家雄.学前儿童美术教育与活动指导 [M].上海：华东师范大学出版社，2011：85-86.

	小班	中班	大班
认知目标	知道从自然景物、艺术作品中能享受到视觉艺术的美	通过欣赏作品，了解作品的主题和基本内容	1.通过欣赏，了解作品的形状、色彩、结构等美术要素 2.了解作品的表现手法、艺术风格和创作意图
情感目标	1.喜欢观看、欣赏艺术作品 2.对美术作品、图书中的各种形象感兴趣 3.初步体验作品中具有不同"性格"的线条 4.通过欣赏老师及同伴的作品培养对欣赏的兴趣	1.能体验作品中的线条、形状、色彩、质地等 2.通过欣赏产生与作品相一致的感受	喜欢各种不同风格的美术作品
技能目标	初步学会运用线条表现力度感、节奏感	1.感受作品的色彩变化及相互关系 2.感受作品中形象的鲜明性和象征性，并体验其情感 3.感受作品的构成，体验作品的对称、均衡、节奏	1.能感受作品的色调、色彩之间关系的变化 2.能感受作品中形象的象征性、寓意性 3.能感受作品中的形式美
创造目标	初步运用动作、表情等表达自己欣赏后的感受	通过欣赏，说出自己喜爱或不喜爱作品的理由，并对作品做简单评价	在欣赏和评价他人的作品时，能讲述自己独特的观点

课题三　学前儿童美术欣赏活动的内容

　　学前儿童美术欣赏活动应根据儿童的兴趣、认知水平、生活经验，选择他们生活所接近的题材，以美感教育为主，欣赏和认识周围环境、生活和美术作品，开放性地利用作品本身让儿童直接感知；在指导下进行有意识的观察，描述性地了解艺术作品在对称、均衡、变化等形式和内容；在交流引导下深入了解美术作品的情感表现内涵，能表达对美术作品的感受；通过共同欣赏挖掘美术作品的价值，能够体验欣赏的乐趣，潜移默化地将丰富的感性经验运用到自己的创作中。因此，培养儿童美的知觉和敏感力，选择儿童美术欣赏活动的内容可以集中在环境、生活、作品这三个方面。

1 环境欣赏、生活欣赏、作品欣赏的概念及欣赏技巧

1）环境

　　环境的欣赏主要是指经过人为创设的有装饰性的欣赏。如幼儿园环境、家庭环境、社区环境、公共环境等。

　　在环境的欣赏中，教师应引导儿童感受各种不同环境的特定装饰风格，在布局、色调、氛围的处理上符合相应环境的韵味，如幼儿园环境童趣化、家庭环境个性化、社区环境风土人情化、公共环境主题特色化，针对不同设计效果感受人们创设环境的用意。

2）生活

生活的欣赏主要是指与人们物质生活、精神生活息息相关的、具有审美、实用一体的欣赏。如工艺美术欣赏、建筑艺术欣赏、自然景物欣赏等。

工艺美术是常常出现在人们的日常生活，具有一定美感设计的用具的统称，有机融合了工艺与美术，分为实用和观赏两种形式。如经过艺术处理的生活用品（实用为主、装饰为辅）、民间工艺制品（既实用又可观赏）、特制工艺制品（观赏和珍藏）。教师引导儿童欣赏工艺美术应从他们熟悉的、有趣的、有生活气息的美术品着手，欣赏它们在造型上、色彩上的趣味，如精致的瓶子、绚丽的布艺、生动的雕塑摆件等。

建筑艺术是以建筑物的形体构成内、外空间而造就整体布局、装饰色彩为一体的、审美与实用相结合的生活环境美学艺术。建筑艺术的欣赏范围由远及近可涉及宫殿陵墓建筑、宗教建筑、纪念性建筑、园林建筑、住宅建筑等。因此，选择欣赏的作品首先应是他们较熟悉的建筑，大到天安门、鸟巢，小到当地标志性的建筑；其次由近及远地欣赏一些能接受、能理解的建筑，如西藏布达拉宫、埃及金字塔等，在欣赏的内容上既包含了中外优秀的文化遗产，又顾及了儿童心理感受能力的局限。教师引导儿童欣赏建筑艺术应从整体出发，明确自己欣赏的内容；通过讲解了解建筑体的历史或故事，通过观察、提问感受建筑体的造型、结构、色彩，由内而外全面进行欣赏。

自然景物以天文地理为主的自然雕琢、天生而成的景观。自然界的景物鬼斧神工、姿态万千，提供给儿童欣赏的自然景物包括高山、流水、动物、植物、星空、四季变化等。教师引导儿童欣赏自然景物要以生动形象化的语言，一边讲解一边观看，或止步观赏提问的方式，带动他们的专注力，吸引到主题上来；同时应将自然景物的形式美和内在美全面传达给儿童，如欣赏荷花，不仅要欣赏荷花出水芙蓉般亭亭玉立的姿态，还要明白荷花出淤泥而不染的美好品质。

3）作品

作品的欣赏指的是美术史上具有一定形象力的经典艺术品的欣赏，包括绘画作品、雕塑作品。

绘画作品以纸或布、笔墨、颜料为工具，通过运用线条、造型、色彩、构图等技法在平面材料上描绘视觉的、静态的，反映自然生活和社会生活，表达人们思想、审美、理想的作品。幼儿园对绘画作品的欣赏一般包括水墨画、油画、水粉画、漆画、版画、综合材料绘画、儿童画等。教师引导儿童欣赏绘画作品要从内容和形式出发，对画面的物象、情节、主题、构图、线条、造型、色彩进行欣赏，过程中启发儿童的感知觉，通过语言、表情、动作表现自己的感受，表达对美的体验。

雕塑作品是利用可塑性材料，如黏土、木块、石头、金属等进行雕与塑的造型艺术作品。雕塑分为浮雕和圆雕两种，浮雕是依附在平面媒介上，表面凹凸起伏的雕塑，只可单面观赏，如九龙壁；圆雕则不依附在任何平面媒介上，完全立体的三维空间的雕塑，可多面进行观赏，如秦始皇兵马俑。教师引导儿童欣赏雕塑作品首先应区分雕塑的类型，从正面或多面进行观察；其次雕塑的题材，内容不同，选择的材料就不同，从物象的造型感知体验物象的张力自然也各有不同。

2　不同年龄阶段儿童在欣赏活动中的内容及指导

	小班	中班	大班
内容	接近儿童的生活经验：自然景色、生活中的玩具、节日装饰等		接近儿童的生活经验：可理解的绘画、工艺美术、同伴作品等不同类型、较复杂的欣赏内容，如神话故事、科幻故事等题材
指导	渗透式：在活动中、创作中作为引入的部分		专题美术欣赏活动

课题四　学前儿童美术欣赏活动的设计与指导

1 活动目标

活动目标是通过教学活动所期望达成的结果。活动目标既为活动指明了方向，也可以成为评价幼儿发展的依据。美术欣赏活动目标的制定可参考美术欣赏活动各年龄阶段目标。知识技能目标着眼于感受环境、生活、艺术品的线条、造型、构图、色彩等。情感目标着眼于体验生活、环境、艺术品中所蕴含的意境、气氛之美等。

【例】

美丽的彩灯（小班）

活动目标

1. 欣赏元宵花灯的造型、色彩、图案的美。
2. 尝试用各种线条勾画出元宵花灯的大致轮廓。
3. 感受节日快乐的气氛。

米罗的点线世界（中班）

活动目标

1. 感受米罗画中点和线的不同组合。
2. 尝试用不同的点和线进行想象作画。
3. 体验自由创作的乐趣。

中外名建筑（大班）

活动目标

1. 感受中外建筑的造型美。
2. 能用比较的方式发现中外建筑的不同风格与造型。
3. 萌发对周围事物的热情之情。

---

2 活动准备

环境创设：例如欣赏活动《我是山大王》前，教师在活动室用收集的老虎模型、图片等创设"小虎园"情境。

物质准备：教师可根据活动需要准备实物、图片、视频、音乐等。

经验准备：例如欣赏活动《中外名建筑》前，幼儿观察过生活中的建筑。

3 活动过程

教师对学前儿童美术欣赏活动的设计与指导，是针对丰富他们已有的经验，然后重构的过程。基于经验与美术欣赏对象进行互动对话，通过作品描述阶段——作品形式分析阶段——解释阶段——评价阶段——引导创作阶段五个阶段来进行。

1）作品描述阶段

作品描述指的是将视觉看到的进行详细的叙述，即"你看到了什么？"，儿童谈论自己对欣赏对象的第一印象。教师可以根据儿童不同的年龄特点，创设不同的情境吸引他们参与到欣赏活动中来。例如：在案例大班美术欣赏活动《梦》中，教师创设"梦的世界"活动情境，幼儿对梦的想法是五花八门的，会很有话说，再结合音乐的刺激，可以更多地激发幼儿进一步感受，进一步进入活动状态。之后教师出示抽象画《红色的斯芬蒂克》，提问"你在画上看到了什么？"引导幼儿说出画面中的线条、色彩等。

作品描述阶段教师应给予儿童充分的时间进行独立的观察，建立对美术作品的初步印象，针对他们兴趣的关注点进行适当提问，引导他们大胆感知并详细表达欣赏对象呈现出的主题、形象、时间、地点等层次递进的内容。

2）作品形式分析阶段

作品形式分析指的是作品呈现出的点、线、面、构图、造型、色彩等形式语言在画面的构成，即"你喜欢什么？为什么喜欢？给你什么感觉"。基于对形式语言的分析或教师亲自示范，加深儿童对作品形式美的感受，提升审美理解能力。例如，在案例大班美术欣赏活动《梦》中，教师结合幼儿的想象可以提问如下：

"有一位法国的画家也做了一个梦，并把它画了出来。你们猜猜他梦见了什么？"

"在这幅画里，请猜猜画家是做了一个可怕的梦，还是快乐的梦，为什么？"

"这幅画里的颜色组合方式给你什么样的感觉？"

"快乐的梦可以用哪些颜色来表达？可怕的梦呢？"

"请小朋友们猜一猜，这幅画是怎么画出来的？"

作品形式分析阶段教师既要有自己对形式美的理论、实践基础，理解和欣赏能力，又能够通过多次的引导性语言让儿童深入感知作品，让他们用实践操作的方式体验基本的艺术语言营造出的形式美，才能真正理解作品中艺术语言和形式的美感。

3）解释阶段

解释阶段是探究美术作品蕴含的内在意义的阶段。基于儿童对作品整体感受、艺术语言各要素理解的基础上，建立更加深刻到位的认知，即"为什么要这样表现？"。教师在解释阶段会拓宽儿童对欣赏对象深层次蕴含意义的了解：作者介绍、创作背景、作品内涵意义、作者创作风格及表现等，帮助儿童进行直觉与理性相结合的感受和思考。

解释阶段是探讨理解欣赏对象所蕴含的意义，因此必须在整体与部分循环反复进行辩证，从欣赏对象的整体中理解部分，又从部分感受欣赏对象的整体。例如：在案例大班美术欣赏活动《梦》中，教师结合画面，引导幼儿理解抽象画的概念，教师可以这样说：

"我发现一件奇怪的事，画家的梦里没有将具体的事物画出来，而是让我们来猜一猜，这种画我们把它叫作抽象画，当你不知道用哪些具体的事物来表达自己想法的时候，也可以大胆地用不同的颜色搭配来表达。"

教师在引导儿童欣赏对象的意义不必苛求他们完全按照作者原意来理解，过程中可以通过自己的体验和感受，站在自己的角度提出更有想象力、创造力的想法，教师应给予肯定。

4）评价阶段

评价阶段是对欣赏对象在审美感受的基础上，根据一定的标准进行评价和判断价值的过程，即"你觉得怎么样？喜欢吗？"。它是一种较为理性的审美回顾和总结，是欣赏活动的结束，起到提升儿童审美能力的用意，为创作阶段做好心理准备。例如，在欣赏美术作品后，可以引导幼儿自己也来试试看，并说说自己的想法和自己画面所表达的意义。以案例大班美术欣赏活动《梦》为例，教师可以提问如下：

"你最喜欢看哪一幅作品？为什么？"

"请你猜猜你最喜欢的这幅画，画的是什么？"

评价阶段教师应引导儿童总结审美经验，通过交流能说出怎么样和为什么，吸收欣赏对象身上的价值，在一定意义上真正提升了儿童对美的认知和感受。

5）引导创作阶段

根据欣赏活动的内容，引导创作是在评价阶段结束后进行的延伸活动阶段。既可以鼓励儿童借鉴欣赏活动中感性、理性经验的积累为依托，从观察到表现；也可给予他们足够的自由度，运用艺术媒介和材料将自己的绘画语言表现审美创造。

引导创作阶段教师应创设良好的环境、提供丰富的工具和材料，充当引导者、观察者、帮助者、倾听者、鼓励者的角色，给予儿童广阔的自由空间。

6）交流评价阶段

交流评价阶段，教师可引导幼儿相互欣赏、相互交流彼此的作品，进而实现共同提高的目的。例如：在案例大班美术欣赏活动《梦》中，幼儿自由创作结束后，教师可提问"请小朋友们说说你的画是用什么方式画出来的？画的是什么样的梦？""你最喜欢谁的梦？为什么？"

【例】

梦（大班）

漳州市实验幼儿园　蔡 萍

活动目标

1. 初步理解梦境可以不用将具体事物画出来，知道不同的色彩可以表现不同的梦境。
2. 能大胆、自由地用自己的方式表达自己对名画的理解。
3. 体验欣赏活动的乐趣。

活动准备

1. 物质准备：法国作家奥迪隆·雷东的作品抽象画《红色的斯芬蒂克》、幼儿人手一份材料（一张白纸、小刷子若干支、各种颜料、水、滴管若干、棉花棒若干、海绵球若干）、适合入睡的音乐、可怕的音乐、轻快的音乐。

2. 经验准备：幼儿已有水印画的制作经验（即用小刷子在画纸上先刷一层水，在做上面用不同的工具沾点颜料蘸一蘸或者刷一刷，不同颜色就会很自然地融合在一起）。

活动过程

1. 以"欢迎来到梦的魔法世界"导入活动，激发幼儿对梦的兴趣

师：小朋友们好！我是小魔女，今天将带你们去梦的世界玩。听，这声音让你有什么样的感觉？（播放入睡的音乐）

2. 鼓励幼儿说说自己曾经做过的梦，尝试将梦境用颜色来表示

师：小朋友们在梦的世界里曾经梦到过什么？觉得怎么样？（幼儿自由讲述，也可以播放可怕的音乐或者轻快的音乐加以铺垫和引导）

3. 出示抽象画《红色的斯芬蒂克》，引导幼儿猜猜作者的创作内容

（1）师：有一位法国的画家也做了一个梦，并把它画了出来。你们猜猜他梦见了什么？

小结：我发现一件奇怪的事，画家的梦里没有将具体的事物画出来，而是让我们来猜一猜，这

种画我们把它叫作抽象画，当你不知道用哪些具体的事物来表达自己的想法的时候，也可以大胆地用不同的颜色搭配来表达。

（2）师：在这幅画里，画家是做了一个可怕的梦，还是快乐的梦，为什么？（引导幼儿从色彩上去观察，色彩较鲜艳，还是偏灰暗）

4. 引导幼儿将不同内容的梦境与不同的颜色相结合，知道颜色可以用来表现不同的情境

师：如果我们做的是可怕的梦，那应该用什么颜色呢？（引导幼儿讲出许多灰暗的色彩，当然也可用少量鲜艳的色彩来表现）

5. 幼儿尝试用水印画来表现自己的梦境

师：请小朋友们选择能表达自己梦境特点的颜料，用水印画的方式把它表达出来。

6. 幼儿自由操作，教师巡回指导，引导幼儿大胆用色和创作

7. 欣赏作品，交流分享，鼓励幼儿介绍自己的作品所要表达的意思，或是猜猜他人作品的内容

鱼（小班）

漳州市实验幼儿园　蔡 萍

活动目标

1. 感受各种鱼的形态美和色彩美。

2. 能用语言、绘画、动作等方式大胆表现鱼的形态或动态美。

3. 愿意参加欣赏活动。

活动准备

1. 经验准备：亲自收集了很多关于鱼的资料。

2. 物质准备：橡皮泥、颜料、排笔、纸盘、彩色纸、剪刀、记号笔、蜡笔、报纸等绘画材料；音乐。

3. 环境准备：创设海底世界的环境，“海底世界”作品展板。

活动过程

1. 欣赏动画片片段《海底世界》，感受各种鱼的形态美和色彩美

师：在美丽的大海里，有很多很多的鱼儿游来游去，它们一会儿在珊瑚里捉迷藏，一会儿在比赛游泳，可开心啦。你最喜欢哪条鱼？它是什么形状？什么颜色？身上的花纹是什么样的？

2. 放大有特色的鱼，引导幼儿进一步感知鱼的外形特征

3. 游戏“小鱼游”，启发幼儿跟着音乐用身体的各部位表现鱼的特征，感受音乐意境美和动作表演美

4. 幼儿分组选择自己喜欢的材料表现各种形式的鱼

橡皮泥组：将橡皮泥团圆或搓长后变形鱼的形态。

纸盘装饰组：用剪刀将圆形的纸盘剪出四分之一，贴成鱼的尾巴，再用水彩笔画出鱼的花纹。

报纸组：把报纸用搓、揉、折、拧等方式构造鱼的框架，再用彩色纸撕贴装饰。

5. 自主交流，体验成功

鼓励幼儿将自己的作品粘贴到“海底世界”展板上展示，介绍自己的作品，或者将画作编成故事讲给同伴听，体验完成作品的成就感。

6. 欣赏作品，交流分享，引导幼儿感受不同美术作品表现的形式美

师：“喜欢谁画的鱼，为什么？”

漂亮的夏装（中班）

漳州市实验幼儿园 蔡 萍

活动目标

1. 感受丰富多彩的夏装之美。

2. 大胆尝试选择自己所喜欢的衣服和饰品进行装扮，表现衣着搭配之美。

3. 体验欣赏活动的乐趣。

活动准备

布置幼儿夏装和饰品的展台，轻音乐、各种颜料、排笔、贴纸、白色的上衣、裤子、裙子若干件等。

活动过程

1. 以谈话引入，激发幼儿参与活动的积极性

师：请小朋友们参观夏天的服装店，说说你最喜欢的是哪套衣服，为什么？

师：你最喜欢哪个小朋友的打扮？为什么？

2. 引导幼儿从服装的款式、色彩、图案、质地等方面进行讨论

师：你喜欢的这套服装是由哪几种颜色搭配成的？这样的配色给你什么样的感觉？

师：你喜欢的这套服装上有哪些图案？这些图案在衣服的什么位置？这些图案给你什么样的感觉？

师：你喜欢的这套衣服是用什么材料做成的？摸上去什么感觉？看上去呢？

3. 出示白色的上衣、裤子、裙子，师幼共同讨论装饰方法

师：你想用什么方法将这些服装变漂亮呢？（幼儿自由讨论）

师：小朋友可以用颜料、笔、各种各样的饰品、彩色贴纸来装饰我们的衣物，让它变得漂亮，等下请小朋友们把你们设计的服装挂到展示架上，让大家欣赏下各自的作品。

4. 幼儿自选材料操作，教师巡回指导

5. 欣赏作品，交流分享，引导幼儿介绍自己的设计的衣物，鼓励幼儿互相欣赏衣物的色彩、线条、图案的美

美丽的剪纸（大班）

陕西师范大学幼儿园 刘 欢

活动目标

1. 了解我国传统技艺"剪纸"，感受其艺术美。

2. 知道剪纸作品的表现形式有三种："阴刻，阳刻，剪影"。

3. 初步进行剪纸活动，萌发剪纸的兴趣。

活动准备

1. 剪纸作品展。音乐《喜洋洋》。

2. 课件 PPT。

3. 墙面布置：苹果树。

4. 剪纸用具：剪刀人手一把，各种彩色纸若干。

活动过程

1. 音乐烘托，导入活动

（1）幼儿随音乐《喜洋洋》进入教室，半圆坐下，导入活动。

（2）请小朋友介绍自己带来的剪纸作品。

（3）小结：小朋友带来的剪纸作品大多是买来的，但泽泽小朋友带来的作品是她妈妈自己剪的，

很好看。

2. 剪纸艺术欣赏

（1）播放 PPT，欣赏传统剪纸作品

| 春回大地 | 剪纸脸谱 | 单个蝴蝶剪纸 | 蝶恋花 |
| 家有喜事 | 农家小院 | 马到成功 | 各色花鸟 |

（2）了解剪纸艺术的表现方式

阳刻剪纸：保留原稿的轮廓线，减去轮廓线以外的空白部分。它的每一条线都是互相连接的，牵一发将动全身。

阴刻剪纸：是刻去原稿的轮廓线，保留轮廓线以外的部分。阴刻作品的线条不一定是互连的，作品的整体是块状的。

阴阳结合剪纸：即阴刻和阳刻的方法都有，画面效果更为丰富，主次更加分明。

剪影：通过剪出物象的外轮廓来表现物象本身的一种剪纸形式。

3. 幼儿尝试剪纸，教师指导

（1）观察剪好的苹果，幼儿欣赏。

①请幼儿观察剪好的苹果。

②出示剪纸步骤图。

（2）教师操作剪纸，幼儿仔细观察。

（3）幼儿尝试自己看步骤图，剪纸。教师个别指导。

4. 结束部分

请小朋友将自己剪好的苹果贴到苹果树上，大家一起欣赏，结束活动。

课题五 学前儿童美术欣赏活动的评价

1 幼儿欣赏能力发展评价

针对幼儿欣赏能力发展评价，围绕美术欣赏能力和美术欣赏态度两方面展开。

1）对美术欣赏能力的评价

根据儿童美术欣赏活动的设计思路的指导，我们评价幼儿美术欣赏能力可以有经验、形式、象征、主旨四个层面的标准作为欣赏水平高低的判断，把儿童美术欣赏能力由高到低划分为三个级别。

（1）三级欣赏水平

在经验表现上，儿童不仅能描述欣赏对象的内容和各部分之间的简单关系，并且能够具体说出细节，对欣赏对象做出完整的、总结性的陈述。例如：在欣赏春雨的时候，有的孩子会说"春雨像很多很多线，因为有个谜语是千条线万条线，落到水里都不见"；有的说"我觉得雨很像蚊帐，把西湖都罩在里面了"。

在形式表现上，儿童能用生动性的语言，根据所掌握的艺术形式语言从点、线、面、构图、造型、色彩等方面说出欣赏对象的美。例如：在《漂亮的夏装》欣赏活动中，当孩子们在欣赏挂在展板上搭配不同的成套夏装时，会将款式、色彩、质地等方面的内容进行综合性的评价。有的说"我喜欢蓝色的那套裙子，因为衣服领子上有飘带，像海军叔叔的衣服一样"；有的说"看到蓝色我就想到了大海，一层

图9-11 巴勃罗·鲁伊兹·毕加索《镜前少女》 1932

一层的，有的颜色比较深，有的颜色比较浅"； 还有的说"我喜欢那套，因为颜色搭配在一起让人看着感觉很舒服，好像幼儿园草丛的颜色一样"。

在象征表现上，儿童能用自己真实的感受详细说出欣赏对象准确的、充分体现的画面意味。例如：在欣赏毕加索的《镜前少女》（图9-11）时，有的孩子会取名为"两个我"，这个或许也是作者所要表现的比较深层的一个意义吧。

在主旨表现上，儿童能准确领会、具体描绘出欣赏对象表达的思想及情感。例如：在欣赏凡·高的《向日葵》时，孩子能感受到作品中的向日葵开得很旺盛，画面一大片一大片的黄颜色，给大家生机勃勃的感觉。因此有的孩子为这幅画起了一个新的名字，叫《希望》，他们会看到这幅画就感觉向日葵在拼命地长高长大，想把花朵开得更大一些。可见幼儿能比较准确地把握凡·高在创作《向日葵》时的强烈愿望，希望能如同向日葵一般热烈绽放、追求光明。

（2）二级欣赏水平

在经验表现上，儿童能描述欣赏对象的内容和各部分之间的简单关系。例如：在《漂亮的夏装》欣赏活动中，孩子们对连衣裙特别感兴趣，他们会用很多好听的形容词来形容，有的说"××的裙子转起来像把打开的雨伞"； 有的说"××的裙子转起来像个大灯笼，好大"； 还有的说"××的裙子转起来像一朵大红花"。

在形式表现上，儿童能因为欣赏对象某些有趣的造型、鲜艳的色彩、生动的情节，说出欣赏对象的好或美。例如：在配乐欣赏《春如线》的时候，孩子们看着画面会说"那黄色的圆点很像许多小鸟停在枝头上唱歌""这幅画用了很多绿色，好像春天的草地一样"。

在象征表现上，儿童能简单、准确地说出欣赏对象的画面意味。例如：在欣赏毕加索的抽象画《梦》的时候，孩子们往往只能说到一些跟画面有关系的总结概括性语言"他像是睡着了，我想给这幅画起名《睡着了》"。

在主旨表现上，儿童能把握欣赏对象的主旨，简单说出主题表现。例如：在《春如线》活动最后在给名画取名的时候，孩子们大部分都能抓住画面的特点，取名多和春天有关，《彩色的春天》《春天真美丽》《春天的线条》，等等。

（3）一级欣赏水平

在经验表现上，儿童能描绘欣赏对象中的主体形象及内容，但也有儿童表示不能进行描述。例如：在欣赏吴冠中《春如线》的时候，有的孩子会说"我看到好几条线好像毛线一样乱七八糟的"；有的会说"我看到有很多很多的点，看得眼睛都花了"。在欣赏米罗的画作《女人、月亮、星星》时，有的会说"我看到星星、月亮和小人"（图9-12）；有的会说"有的是一只眼睛的人，有的是三只眼睛的人"。

在形式表现上，儿童会因为欣赏对象中有自己熟悉的、单纯喜欢的事物而觉得好或美。例如：在

图9-12 《女人、月亮、星星》，两次世界大战之间的艺术

配乐欣赏《春如线》的时候，有的孩子看着画面会说"我想到春天里很多花都开了，小动物在草地上玩"；有的会说"我好像看到了很多小芽儿从土里冒出来"。

在象征表现上，儿童不能说出欣赏对象的画面意味，或是不恰当地、错误地感受欣赏对象的意义。例如：在欣赏凡·高的油画作品《向日葵》时，当孩子看到明黄色的向日葵，会一阵欢呼："好漂亮的花呀"。当老师问孩子有什么感受时，大部分的孩子会回答："我很开心，因为画面的颜色很亮""我感到花开得很大，花朵很开心"。虽然幼儿能抓住画面的色调基调，但它是凡·高在最痛苦的煎熬中创作的，画面表现出对生命和希望强烈的渴望和追求，而并不仅仅是幼儿所说的开心、高兴这种较为平淡的感受。

在主旨表现上，儿童不能说出或与欣赏对象的主题表现背道而驰。例如：在欣赏凡·高油画作品《星夜》（图9-13）时，孩子们给这幅画起名为《宁静的夜晚》《安静的村子》等，他们看到画面有月亮、星星，星空下有一些房子，但没有人。孩子们认为晚上大家都睡着了，所以到处都是静悄悄的。可见，孩子们并没有感受到画面物体点、线、面的在色彩、动态上的强烈变化，没有理解或完全没有感受到画作所表现的主题。

图9-13　文森特·威廉·凡·高《星夜》　1889

2）对美术欣赏态度的评价

对美术欣赏态度界定为专注力，儿童在参与美术欣赏活动过程中专注与否，也是评价的一个重要指标，分为很专注、比较专注、不太专注三种类型。

（1）很专注

儿童几乎不受外界因素的干扰，注意力始终投入在欣赏活动的整个过程中。对欣赏活动始终表现出强大的兴趣，能配合教师做出语言、肢体动作等积极的反应，全程表现出兴奋、享受和满足。例如：在欣赏毕加索的作品《梦》的时候，由于作品本身的线条简洁、色彩明快，儿童很快就会被作品吸引，在教师的引导下能专注地投入欣赏活动中。以此为例：

师：画的是什么啊？

幼1：一个阿姨。

师：你从哪里看出来的？

幼1：她有长头发。

幼2：戴着项链。

师：她在做什么？

幼1：在想事情。

幼2：在听音乐。

师：这幅画里的什么颜色最多？

幼1：红色和黄色。

师：这些颜色给你什么感觉？

幼2：很温暖，很舒服。

（2）比较专注

儿童较少受外界因素的干扰，即便受到干扰，但中断的时间不长，经过教师的提醒能很快集中注意力重新投入，并做出相应的反应。例如：某幼儿园的孩子在教师的引导下欣赏幼儿园内果园的时候，由

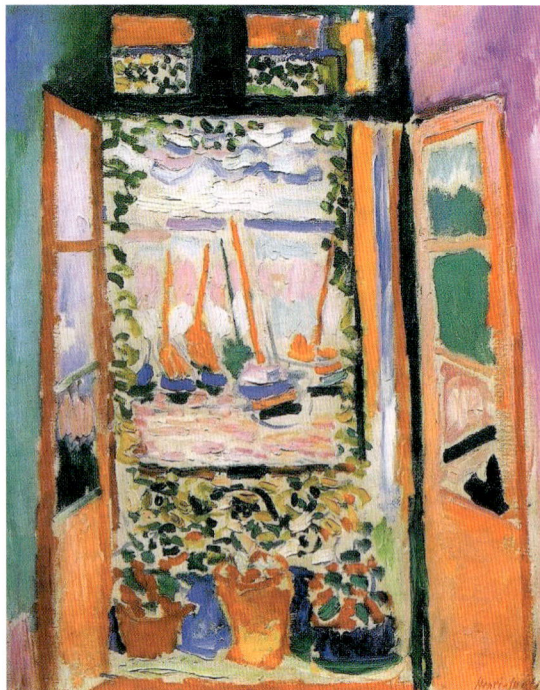

图9-14　亨利·马蒂斯《科利乌尔的开窗》　1905

于是在户外，旁边的施工车辆路过的时候，孩子会被汽车的声音吸引："有车啊……""老师，为什么有车的声音？"师："因为我们旁边的房子正在拆迁，所以有很多车子要来载那些拆掉的砖头，要不路就堵住了。我们一起来看看我们的金橘成熟了没吧……"只要老师提醒一下，就可以很快地继续欣赏果树的活动。

（3）不太专注

儿童在欣赏活动过程中比较容易受外界因素的干扰，很难将注意力集中到欣赏对象上，时常走神，经过教师的提醒仍旧没有改善。例如：在欣赏马蒂斯油画《科利乌尔的开窗》（图9-14）的过程中，孩子们有的会不自主地经常看看幼儿园班级的窗外，有的不专注欣赏的孩子就会看到忘了老师在问什么。

师：这幅画里的窗外风景美吗？

幼：美。

师：美在哪里？

幼：有只小鸟飞过……

其实名画中并没有小鸟飞过，只是他把自己看到的班级窗外的景物直接当作是老师的提问进行回答了，这就是不专注的表现。

2 对美术欣赏活动组织的评价

对学前儿童美术欣赏活动组织的评价主要包括活动目标、活动内容、活动过程、师幼互动、环境材料、教育效果、教师言行几个方面。

【例】

水墨梯田（大班）

陕西师范大学幼儿园　姚　楠

活动目标

1. 认识梯田，了解梯田的作用，观察梯田在各种环境下色彩的变化美。

2. 了解梯田的基本构造和基本画法，尝试运用毛笔表现梯田。

3. 喜欢水墨画，感受大自然的美妙和神奇。

活动准备

PPT课件，宣纸，毛笔，国画颜料，墨汁。

活动过程

1. 诗歌导入

（1）欣赏古诗《出郊》，感受古诗的意境。

（2）教师讲解古诗描述的景色。

（3）出示景色图片，幼儿观察，教师介绍梯田。

（4）梯田不仅可以种植农作物，还可以治理坡耕地水土流失，南方常种植水稻，如云南的元阳梯田，每年的春冬季节是它最美的时候，这时候梯田会灌满水，不同的时间段会反射出不一样美丽的色彩。

2. 欣赏元阳梯田在各种环境下的色彩的变化

出示图片，教师讲解，幼儿欣赏。

①出示第一张图，幼儿观察是在什么时间的梯田（日出时），有哪些颜色？红色、橘色、黄色等（认识暖色）。

②出示第二张图，日落时分的梯田，幼儿观察颜色有哪些变化，有几种颜色？

③出示第三张图，这是什么时候的梯田呢？原来是夜晚的梯田，颜色又有什么变化呢？（认识冷色）

小结，衍生。原来梯田在不同的时间有那么多色彩的变化，那如果让你来画梯田，你想画什么颜色的梯田呢？

3. 请幼儿观察，梯田的节奏层次及曲线的变化

（1）了解绘画梯田的步骤。

①讨论：如果你来画这个梯田，你觉得第一步应该画什么？（线条）

②请小朋友看一看梯田的线条是怎么变化的。结合图片观察线条的变化。

③小结：原来，梯田的线条都是曲线的，有波浪线，有弧线。线条的排列也是有规律的，你发现了吗？（朝同一个方向进行延伸，有疏有密）

（2）梯田作品的完善。

①提问：看一看梯田上面还有哪些东西呢？（有房子，大树等）

②讨论，你想画什么时候的梯田，什么颜色的？

4. 请幼儿运用毛笔画梯田

（1）幼儿尝试用毛笔蘸墨汁和颜料，绘画梯田。

（2）分享，展示，请个别幼儿对自己的作品进行讲解。

★活动评价

幼儿艺术领域的学习关键在于充分创造条件和机会，在大自然和社会文化生活中萌发幼儿对美的感受和体验，丰富其想象力和创造力，引导幼儿学会用心灵去感受和发现美，用自己的方式去表现和创造美。

本节活动是一节艺术欣赏活动，旨在通过观察和教师的讲解欣赏水墨画的美，丰富幼儿对美的感受和体验。

水墨画是我国传统文化中的瑰宝。梯田是我国特有的田园景观，受吴冠中先生的水墨画《春如线》启发，老师将两者结合，利用中国水墨画近处写实、远处抽象、色彩微妙、丰富的特点来表现中国特有的景观元阳梯田，从而达到让孩子感受中国传统艺术的美和魅力的目的。

本次活动设定了三维目标，分别是：

1. 认识梯田，了解梯田的作用，观察梯田在各种环境下色彩的变化美。

2. 了解梯田的基本构造和基本画法，尝试运用毛笔表现梯田。

3. 喜欢水墨画，感受大自然的美妙和神奇。

本次活动重点在于欣赏元阳梯田丰富多变的线条和不同光线下色彩的变化，感受色彩的冷暖色调。难点在于幼儿通过观察运用毛笔表现出不同曲线的和水墨色彩的浓淡变化。

本节活动运用了：情景导入法、图片展示法、观察引导法、互动讨论法等教学方法。幼儿则通过观察法、感受法、讨论交流法、实际操作法来学习本节活动。

活动过程主要以诗歌《出郊》导入，让幼儿欣赏古诗的同时，能根据诗歌描述猜测景色，引起幼儿的探究欲与好奇心，对梯田的特点有初步的感知。通过对梯田的介绍，幼儿认识梯田，了解到梯田的作用和不同时期不同地区梯田的不同。从而引出本节课观察重点——元阳梯田。幼儿通过欣赏元阳梯田在日出、日落、傍晚等不同时间段，通过光线的产生的色彩变化，感受到大自然的美妙和神奇。

梯田作品最大的美就表现在线条之中，在观察线条的图片上老师做了去色处理，让幼儿能更清楚发现曲线线条的粗细变化和规律，加深对线条的认识和理解，通过自己的观察和理解表现出不一样的丰富多彩的梯田景观。

整个活动中，老师秉承兴趣性原则，发展性原则和实践性原则，从幼儿的兴趣出发，让幼儿在实践中感受美，发展对美的欣赏能力。通过引导对话讨论让幼儿欣赏美。整节活动提问有效，引导准确，材料提供恰当，活动效果良好。

习题

1. 指导幼儿美术欣赏最基本的教学方法是（　）。
   A. 对话法　　　B. 游戏法　　　C. 比较法　　　D. 体验法
2. 自选内容，设计一份大班美术欣赏活动方案。

知识拓展

本模块客观介绍达尔克罗兹音乐教育、柯达伊音乐教育、奥尔夫音乐教育以及铃木音乐教育等。目的在于拓宽学生视野，为其今后创造性地设计与实施音乐教育活动奠定基础。

课题一　达尔克罗兹音乐教育

1 达尔克罗兹的生平概述

瑞士音乐家、音乐教育家埃弥尔·雅克·达尔克罗兹（Emile Jaques Dalcroze，1865—1950），出生于奥地利的维也纳。[1] 达尔克罗兹自小接受良好的艺术教育，7 岁便能作曲，16 岁时在日内瓦音乐学院学习音乐，参加乐队活动。少年时期的达尔克罗兹在多地进行音乐进修，于 1889 年考入巴黎音乐学院，进入福雷的作曲班学习。

达尔克罗兹毕业后从事教师工作，并开始研究节奏律动课程。1902 年，因日内瓦音乐学院反对他的教学实验，达尔克罗兹被迫辞职。直到 1905 年，达尔克罗兹在瑞士作曲家协会上首次展示他的教学成果时，才获得公众认同，并敦促他出版教材，推广教育理念。

1911—1914 年，达尔克罗兹在德国建立音乐工作室，后在各国成立达尔克罗兹律动学校。当第一次世界大战爆发后，达尔克罗兹返回日内瓦，于 1915 年创立雅克·达尔克罗兹学院（Institut Jaques-Dalcroze），作为达尔克罗兹教学法的训练中心。

1950 年，达尔克罗兹逝世，日内瓦政府授予其"荣誉市民"称号。达尔克罗兹逝世后，他的教育体系进一步发展、完善，为后来的音乐教育树立典范，对奥尔夫教学法和柯达伊教学法有着深远影响。

2 达尔克罗兹音乐教育的基本理念

达尔克罗兹音乐教育的理论核心为音乐教育的根本目的是审美情感教育，这种目标是通过学生在音乐活动中不断获得积极情感体验的过程来达到目的。[2] 人对音乐的情绪体验及人对自身情绪体验的认识、反应，都是通过自己身体和动作来进行的，无论是嗓音还是肢体或者是听觉器官。因此，音乐教育中不能只训练听觉、思考与演奏或者演唱，必须进行整体的训练。

达尔克罗兹认为，音乐的本质在于对情感的反应。[3] 人类的情感表达首先是身体表达，其次才是音乐。因此，音乐教育首先是对音响运动和情感的体验。音乐教育是通过节奏律动唤醒人的情感本能，培养学生音乐感受力与敏捷的反应能力，进而积累音乐经验与发展音乐表现力。同时，通过节奏律动的

---

[1] 杨立梅，蔡觉民. 达尔克罗兹音乐教育理论与实践 [M]. 上海：上海教育出版社，2011.
[2] 陈旭. 达尔克罗兹教学法运用于我国基础音乐教育的探索 [D]. 苏州：苏州大学，2014.
[3] 杨立梅，蔡觉民. 达尔克罗兹音乐教育理论与实践 [M]. 上海：上海教育出版社，2011.

手段，使学生从小就建立身体—思维联结的能力，达到身心和谐发展。

3 达尔克罗兹音乐教育的基本教学内容

达尔克兹教学内容为体态律动、视唱练耳与即兴音乐活动三大部分。与三项内容相对应的个人能力为：运动觉的发展、内心听觉的发展、即兴创作能力的发展[1]。其课程的学习步骤是：

步骤一，反应、感受、理解；步骤二，想象、再现、即兴；步骤三，辨认、说明或写出来；步骤四，作曲与创作。

1）体态律动

体态律动为节奏韵律体操，可以诠释为音乐表达的自然行为方式[2]。体态律动对应的是学生运动觉的发展。即由音乐—听觉—身体—情感—头脑中构建联结网络。体态律动学六个研究要点为：人体的基本节奏、身体各部分的配合、头脑和身体间协调、动作的控制和反应、时间和空间、紧张和放松[3]。

为何要让学生学习节奏律动？因为音乐学习首先是运动的练习，聆听歌唱器乐演奏都是一种小肌肉的"运动"。音乐表达对于初学者而言十分抽象、困难，可是当转化为大肌肉的运动时，音乐学习就变得简单具体而生动。另一个原因是，音乐中最强有力的要素是生命关系最密切的节奏运动[4]。每个人本身皆具有节奏感，心脏跳动，呼吸、行走等，所以学习节奏是学生学习音乐自然的起点。

【例】

拍皮球滚皮球（断奏和连奏）

教学目标

1. 聆听音乐，区别音乐的演奏方法：断奏、连奏
2. 进行球类游戏，锻炼协调能力

教学过程

1. 让4个学生为一组，聆听音乐A（谱例1-4小节），跟随节拍，一次拍一下皮球。
2. 4个学生围成圈圈，聆听音乐B（谱例5-8小节），音乐进行至第5小节第一个音时，将皮球顺时针滚向相邻的小朋友，每小节最后一个音拿到另一个学生滚给自己的皮球。音乐结束时，每个小朋友都要抱着皮球站在原地。

拍皮球滚皮球（断奏和连奏）谱例
改编 高小节

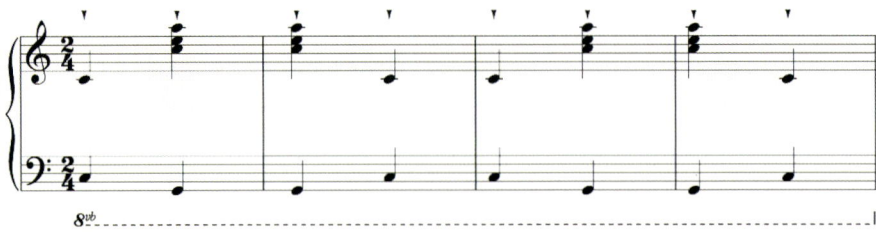

---

[1] 陈旭.达尔克兹教学法运用于我国基础音乐教育的探索[D].苏州：苏州大学，2014.
[2] 陈蓉.音乐教学法教程[M].上海：上海音乐学院出版社，2013.
[3] 马津，马东风.音乐教育学概论[M].北京：中国书籍出版社，2017.
[4] Jaques-Dalcroze E，Rubinstein H F. RHYTHM, MUSIC AND EDUCATION[J]. Journal of Education, 1921.

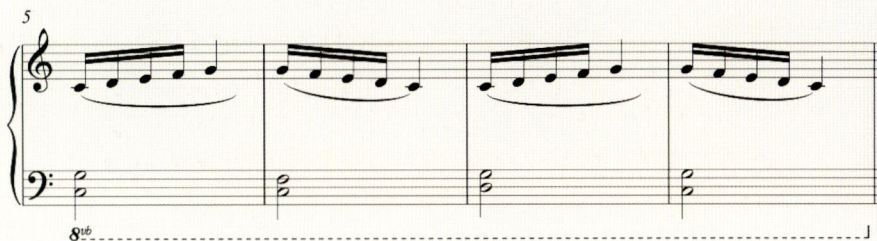

3. 聆听音乐，跟随音乐完成音乐律动。

教学建议

1. 使用音乐律动感知音乐元素中的演奏方法，连奏与断奏的区别。

2. 年龄较小的学生无法正确地跟上节拍，此时强调参与活动即可，他们在活动中会逐渐掌握稳定的节奏感。

3. 教师可以选择使用鼓类或者动作进行提示。

2）视唱练耳

视唱练耳课程是音乐科目的基础课程。该课程要求学生熟悉音乐理论，能够看着五线谱唱谱、通过聆听音乐写谱。达尔克罗兹课程特色是视唱练耳的训练内容使用体态律动的教学方式进行授课。

例如在三拍子的音乐中，重拍抬起手臂，弱拍向内收紧等。

五线谱的学习中，达尔克罗兹课程使用从一条线逐步增加到五条线的学习方式。

乐谱	图示	授课内容
无线		音符越接近上方则音高越高；
1条		学习音符在线上，音符不在线上； 相邻的音符，二度音程； 规定该条线音高，例如为 fa，则三个音音高为 mi、fa、sol[1]； 可使用不同节奏、时值；
2条		学习音符在间上，音符在线上； 三度、四度、五度音程； 可使用不同节奏、时值；
3条	略	六度、七度音程； 可使用不同节奏、时值；
4条	略	八度、九度音程； 可使用不同节奏、时值；
5条	略	高音谱号、低音谱号、中音谱号； 学习加线。

每增加一条线都需要丰富的音乐活动让学生掌握相关的音乐知识。一条线的情况，也可以让学生进行若干小节的读谱和音高的学习。值得教师注意的是每条线都可以为 do，即移动的 do。

3）即兴音乐活动

即兴音乐活动重在培养学生的创造能力、想象力。该部分的活动应伴随音乐学习的整个过程。即兴音乐活动的常见形式有即兴作曲、即兴作答、即兴演唱、即兴演奏、即兴指挥与表演。[2]

---

[1] 柯达伊音乐教学方法中也使用"移动的 Do"的五线谱学习方式，即五线谱的每一条线都可以作为 Do。

[2] 杨立梅，蔡觉民. 达尔克罗兹音乐教育理论与实践 [M]. 上海：上海教育出版社，2011.

在该部分课程中，学生主要使用钢琴进行音乐学习。课程特色是学生在前两种课程基础上进行学习。

课题二 ▶ 柯达伊音乐教育

1 柯达伊的生平概述

柯达伊·佐尔坦（Kodály Zoltán，1882—1967）， 匈牙利作曲家、民族音乐理论家、音乐教育家。由他所创立的"柯达伊教学法"是当今最重要的音乐教育体系之一。[1] 柯达伊的重要贡献是传播保留了匈牙利民族音乐，发展儿童音乐教育，以一名优秀的音乐家的身份，为儿童创作，扎根于儿童音乐教育的事业中，播撒民族文化的火苗。

2 柯达伊音乐教育的主要特点

在柯达伊的课程中，教师通常使用 4 个步骤引导学生，分别是准备、察觉、强化与评估。

1）民间音乐在教学中占重要地位

柯达伊音乐教育体系根植于匈牙利民族音乐中。以民族民间音乐作为学校音乐的基础，是柯达伊教育体系最重要的特点，也是其教学方法中最重要的一项内容。

在音乐教育中，使用民族音乐作为教学素材。使学生了解、喜爱民族音乐，学习民族语言，积累民族音乐的经验。这不但可以强化学生的民族意识，也保证民族文化的传承与发展。

2）歌唱作为音乐教育的主要手段

柯达伊认为，音乐应该属于每一个人。因此，他选择合唱为主导课程，适合大众，且易于实施。嗓音是每个人自带的乐器，给予人的音乐感受是最直接的。歌唱本身也富含丰富的学习内容，学生通过歌唱学习，掌握音准、语言、节奏、表现力、音乐分析、多声部音乐等技能。

（1）首调唱名法

首调唱名法的优势在于确定每个音在音乐中的作用。首调唱名体系的主要功能是学习调式音乐。首调唱名法在柯达伊教育体系中的应用十分完善。

首调唱名法是以"移动着的 Do"为基础，这就是说，首调唱名法中，Do 的位置和高度可以是移动的，随着 Do 的位置的改变，其他音级也随时变化。即同一调式中各个音级的相对位置是不变的。

通过首调唱名法，能够更快地学习、感知乐音在音乐中的固有逻辑，从而学习分析音乐，建立音乐思维。

匈牙利的教学经验表明，使用首调唱名法可以帮助儿童快速学习读谱。唱名不仅表示音高，也建立音级的倾向感觉，这是调式学习的第一步。

[1]   杨立梅.柯达伊音乐教育思想与匈牙利音乐教育 [M]. 上海：上海教育出版社，2011.

C自然大调、G自然大调、F自然大调音阶谱例

（2）节奏读法

节奏是音乐的骨架。每个人天生拥有感知节奏的能力。节奏可在音高教学前，进行单独教学。例如，配合儿童的身体律动，或者配合不同的发音。

柯达伊音乐教育中使用艾米丽－约瑟夫·契夫的节奏读音体系。即每个音符时值对应一个特定的象声词。

节奏读法一览表

时值名称	音符	节奏读音
四分音符	♩	ta
八分音符	♪	ti
二分音符	♩	too
全音符	𝅝	toe
十六分音符	♬♬	ti-ka-ti-ka
切分节奏	♪♩♪	ti ta ti
附点节奏	♪·♪	ta-m-ti
四分休止符	𝄽	嘘
八分休止符	𝄾	嘶

（3）柯尔文手势

柯达伊音乐教育体系使用约翰·柯尔文手势，用以帮助学生理解音级关系，调式音级倾向，体会音高特性，稳定歌唱音准。

柯尔文手势拥有一个相对高度，如当站立时，do 大致位置在腰腹附近，之后 r m f s l t d' 逐步升高。如果为小调，从 la 开始构建音阶，la 也是从腰腹附近为起点，之后 l t d' r' m' f' s' l' 逐步升高。

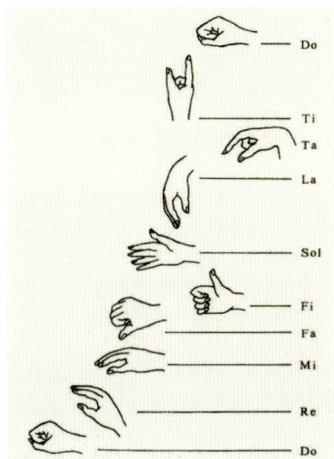

（4）字母谱

字母谱使用唱名法的首字母，如：d, r, m, f, s, l, t。字母谱仅表示音高，不能表示节奏。高八度在字母右上方加短撇，低八度在字母右下方加短撇，如下表所示。

字母谱

正常八度	d	r	m	f	s	l	t
高八度	d'	r'	m'	f'	s'	l'	t'
低八度	d,	r,	m,	f,	s,	l,	t,

字母谱的主要作用为[1]：

①帮助初学者学习读谱。

②培养儿童听觉，掌握音级之间的关系。

③用于多声部练习，掌握调式特性或和声特性。

④用于初学者写谱。

3）系统的音乐读写、视唱练耳课程

柯达伊重视学生音乐的读写听唱能力，此为柯达伊教学的一大特色。

音乐在诞生之初的确通过口传心授的方式进行传播、保留。但仅仅使用口传心授已经是作古的方法，记谱法在几百年前被人们创造、使用。若教师只使用口传心授的方式进行音乐教学，将严重误导音乐学习者。使他们认为学习音乐仅仅是重复的"模仿"和"技巧"，没有任何的关于音乐的知识与感知。音乐仅仅为技巧，却不是源自心灵。

虽然对于儿童而言，不宜过早教授音乐理论，但这并不说明，音乐的读写训练不重要。幼儿园时期的音乐课程以活动为主，教师应将理论知识融入音乐活动中。通过训练使学生获得基础知识，为进入小学做好准备。

4）自成体系的高质量音乐教材

柯达伊为匈牙利谱写大量音乐教材，除了他之外匈牙利的音乐家巴托克、拉约什、科瑞依、索妮等为儿童写作大量音乐作品。

柯达伊强调，只有最好的才适用于儿童。一切用于教学的材料如果缺失艺术质量，则失去艺术教育的全部价值。

柯达伊为匈牙利乃至世界的音乐教育做出了重大贡献。为了匈牙利民族文化的传承，柯达伊的音乐教材中大量使用匈牙利民歌，并且按照学生的程度进行分类、整理。

5）以"儿童自然发展法"为课程安排的重要依据

柯达伊教学法依据儿童其成长规律进行课程安排，针对每个时期儿童的能力不同，设计不同的课程。

6）提倡早期音乐教育

对于音乐教育而言，早期教育非常重要。因为感知音乐和民族文化的熏陶，必须从孩童时期抓起。对于一个未成年的孩子而言，若18岁之前音乐从未流入他的心灵，那么在往后的岁月中，音乐对于他的影响微乎其微。孩子心灵是敏感的，孩童拥有比成人更优秀的听觉能力。若在这重要的时期，错失音乐能力的培养，在往后的岁月中要花费几倍甚至十几倍的时间、精力才能达到同样的效果。

对于儿童而言，音乐是她们交流的手段，是情感的表现。每一名儿童对于音乐都有天然的感知能力。

[1] 杨立梅. 柯达伊音乐教育思想与匈牙利音乐教育 [M]. 上海：上海教育出版社，2011.

但是如果没有正确的早期音乐教育，儿童没有获得足够的音乐经验，她们便会在不知不觉中遗失音乐的感知能力。

3 柯达伊幼儿音乐教育

1）歌唱训练

柯达伊音乐教育体系特别强调歌唱的重要性，歌唱学习主要采用无伴奏合唱与多声部合唱的形式。教师需要选择适合儿童歌唱的片段，注意儿童能够掌握的音高与乐曲难度。

2）节奏感培养

（1）稳定节拍训练

音乐的基础是稳定的律动。在音乐学习之前，首先进行稳定节拍的音乐练习。

节拍为相同时值的强拍弱拍有规律地循环出现。节拍中每个相同时值的部分，称为节拍单位。稳定节拍的训练即依据节拍单位进行律动或者打拍。

【例】

走走走走停

教学目标

1. 聆听《走走走走停》，通过音乐律动，稳定节拍，学习"开始与停止"。

2. 感知音色不同。

教学过程

1. 聆听《走走走走停》[1]，教师表演律动。

5	3	5	3	5	3	1	-	2	4	3	2	1	-	-	-
呱	呱	呱	呱	呱	呱	呱，		呱	呱	呱	呱	呱。			
喵	喵	喵	喵	喵	喵	喵，		喵	喵	喵	喵	喵。			
汪	汪	汪	汪	汪	汪	汪，		汪	汪	汪	汪	汪。			

2. 律动一：提醒学生聆听击鼓的声音，当击打铃鼓声音结束后，乐音开始才可以站起来，音乐结束伴随三角铁声音的提示，大家都要蹲下。

3. 律动二：学生们围成圆圈手拉手顺时针行走，注意跟随音乐律动。聆听乐曲，当击打铃鼓声音结束后，乐音开始才可以行走，听到八分音符时向前行走，听到四分音符时停下或者蹲下。音乐结束时有三角铁的声音提示，大家一起蹲下。

4. 学生们在活动区内随机跟随音乐行走。

教学建议

1. 教师可以请另一名教师协助使用乐器，铃鼓、三角铁进行伴奏，给予学生更强的提示。

[1] 改编自《拉个圈圈走走》，杭州幼儿示范学院教师资料手册：音乐 [M]. 杭州：浙江工商大学出版社，2018.

> 2. 如果学生掌握情况较好，可以增加游戏难度，例如按照一定图形行走。或重复两遍，第一遍顺时针绕圈，第二遍时逆时针行走等。
>
> 3. 第1~4小节歌词走走走走停停也可以更换成走走走走走走。可重复多遍，使用不同的歌词组合，训练学生的稳定节拍与应变能力。
>
> 4. 教师确定学生能够理解课程，基本能够完成律动一才能进行律动二。如若学生无法做到，更换成手部动作，更改歌词：看看看看停、说说说说停、听听听听停等。

（2）稳定节奏训练

中班以上可以进行固定节奏的训练。练习方法如下：

①用象声词进行训练。

使用象声词歌唱，能使儿童有效地察觉音符时值的不同，并且教师可针对音乐进行律动设计。

5	3	5	3	5	3	1	–	2	4	3	2	1	–	–	–
呱	呱	呱	呱	呱	呱	呱，		呱	呱	呱	呱	呱。			
喵	喵	喵	喵	喵	喵	喵，		喵	喵	喵	喵	喵。			
汪	汪	汪	汪	汪	汪	汪，		汪	汪	汪	汪	汪。			

当学生唱象声词的时候，针对二分音符、四分音符、全音符进行动作设计，每个音符有各自的动作。

学过的歌曲都可以考虑用象声词代替，进行各种各样的音乐活动。当学生熟练掌握象声词后，可以使用 ti、ta 节奏音节进行节奏教学。

②节奏的分离训练。

节奏的分离是指单独将某一歌曲的节奏单独使用，或者某一歌曲的律动单独使用。这样的方法优势有二：一是检验学生乐曲的掌握情况；二是锻炼学生的内心听觉。

③为乐曲伴奏。

小班学生开始进行稳定节拍的训练，中班学生在稳定节拍的基础上增加简单的固定节奏，大班学生则可以进行多声部的练习，进行稳定节拍与固定节奏的比对练习等。

④休止拍训练。

学生容易忽略休止符，或者在休止符时候不知道休止的时长。针对休止符要做专门的训练，方法如下：

a. 教师在休止符处击打木琴或特殊的音响做提示。

b. 使用节奏音节"嘘""嘶"。

c. 增加休止符的律动，四分休止符捂住嘴巴，八分休止符用一根指头捂住嘴。

⑤速度。

音乐的速度视学生状态及乐曲内容而定。匈牙利幼儿园歌曲的参考速度为：小班 66~80 bpm，中班 80~92 bpm，大班 92~108 bpm。

稳定节拍在一个固定的速度上不是一件容易的事情，许多成年人也会出现节奏不稳，速度不一的情况。因此，关于速度的训练只能增加练习的次数。

为乐曲伴奏，多声部练习，律动游戏等都能很好地训练学生的节奏感。速度也能作为一个音乐元素进行课程设计。小班学生已经能区别快、慢；中班学生可以在音乐表演、律动时表现快慢；大班学生可以根据老师信号进行变速，加速或者减速。

3）音乐结构训练

根据乐句、乐段的不同设计不同律动或者更换伴奏都是针对乐句、乐段的训练。最简单的方式莫过于寻找有歌词的歌曲，针对歌曲设计律动。

以下介绍几种乐句训练的方法，为节奏模仿、旋律模仿、问与答。

（1）节奏回声

节奏回声以节奏模仿的方式进行。例如，教师击打一句节奏短句，学生用象声词模仿。

【例】

教学目标

1. 学习歌曲《打电话》，并学习"喂喂喂、哎哎哎"片段。
2. 学习不同的"喂"和"哎"，进行节奏训练。

教学过程

1. 聆听歌曲《打电话》。

打电话

汪铃 曲

2. 教师教导学生"喂喂喂、哎哎哎"的片段，一起唱歌。

3. 提示学生除了"喂喂喂，哎哎哎"还有什么不同节奏型的"喂"和"哎"，教师说，学生模仿。

4. 将不同的"喂"和"哎"带入歌曲中进行歌唱，"喂"和"哎"使用一样的节奏型，教师唱"喂"，学生用同一节奏型唱答句哎。

5. 挑选学生进行领唱，选择自己喜欢的节奏型，其他同学用同样节奏型唱答句。

教学建议

1. 若学生程度较好，可使用更复杂的"喂"和"哎"的节奏型。
2. 若学生程度一般，无法掌握音准，专注节奏型训练即可。
3. 步骤5中不必拘泥于上述节奏，也可由学生自由创作。

（2）旋律回声

短小的乐句模仿比单纯节奏模仿更加困难，不过有助于学生掌握音准，锻炼学生听觉。

旋律回声的主要使用是通过同一旋律，使用不同歌词，进行歌唱。一般为 2 或 4 个小节。

5	3	5	5	3	1	2	4	3	3	—	—
我		是 一			只 小			狗			
我		是 一			朵 白			云			
我		是 一			个 宝			宝			

（3）问与答

问与答与前二者最大的不同是教师的乐句可能与学生完全不同。对学生提出更高的音乐要求，首先要能区别乐句，其次能够模仿短句，且能使用乐句进行改编。

【例】

教学目标

　　1. 学习歌曲《大家都在睡觉》。

　　2. 改编歌词。

教学过程

　　1. 学习歌曲《大家都在睡觉》。

大家都在睡觉

霍西尔·佩纳贝克 词曲

高小节 改编

　　2. 学习用"谁在哪里呼呼睡觉"造句。

　　例如，小鸟儿在鸟窝呼呼睡觉、小鱼儿在水里呼呼睡觉、小老鼠在洞里呼呼睡觉、黄小明在被窝呼呼睡觉等。

　　3. 将新句子放到歌曲中进行演唱。

4. 选 3~5 名学生进行轮唱，先由老师独自唱问句，学生唱不同的答句（第二句），轮到的下一个学生不能和上一名学生唱同一句，最后大家一起唱最后一句。

教学建议

1. 该课程适合中大班学生，且学生有一定的造句功底。

2. 如若程度较好，也可让增加游戏难度，例如增加律动内容，模仿唱到的小动物等。

3. 创编课程教师前期课程一定注意引导，如若引导得当，学生十分喜欢此类课程。

4. 课程可用图片进行歌词的引导。

（4）即兴能力培养

柯达伊音乐教育有相关培养学生即兴能力的课程。主要有三个方面：节奏、旋律与音乐内容。节奏、旋律方面的即兴内容对于学龄前儿童较难，需要更多的课程铺垫。课例《打电话》可以由学生创造新的节奏型，是节奏即兴的音乐活动。音乐内容方面的可操作性较高，例如课例《大家都在睡觉》的内容，对歌词进行改编。

（5）听觉训练

①音高识别；

②强弱识别；

③音色识别；

④发展内心听觉。

课题三　　奥尔夫音乐教育

1 奥尔夫的生平概述

奥尔夫音乐教学法由德国著名作曲家、音乐教育家卡尔·奥尔夫（Karl Orff，1895—1982）所创立。从 20 世纪以来，在各国广为流传，对音乐教育产生重大影响。

卡尔·奥尔夫出生于德国巴伐利亚的一个军人家庭，富有人文气息且重视艺术教育。奥尔夫的母亲是一名出色的钢琴家，对音乐教育极为重视，并主张"创新是早期教学中不可或缺的部分"。[1] 奥尔夫自小接受专业的音乐训练与戏剧熏陶。从少年到青年，奥尔夫研究大量艺术学科，包括作曲、音乐表演、指挥、戏剧、舞蹈等。17 岁考入慕尼黑音乐学院，后跟随赫曼·齐何（Hermann Zilcher）学习音乐。1917 年参军，后因战场患病退伍。战争结束后，奥尔夫重返慕尼黑，继续他的音乐之旅。

1924 年，奥尔夫与达尔克罗兹的学生均特成立均特体操音乐舞蹈学校，即现慕尼黑奥尔夫中心的前身。在均特学校，奥尔夫的教学理念得以实践。他设计一系列音乐与舞蹈、戏剧结合的艺术教学模式，鼓励学生的即兴创作，培养学生对音乐的兴趣且提高学生的音乐修养。学校的教学核心理念是：音乐舞蹈一体，寻求身体自然感受和表达音乐、学习音乐的途径。[2]

[1] 李妲娜，修海林，尹爱青 . 奥尔夫音乐教育思想与实践 [M]. 上海：上海教育出版社，2011.

[2] 陈蓉 . 奥尔夫教学法的核心理念及体系建构探究——1924—1944 年德国慕尼黑均特学校的历史追寻 [J]. 音乐艺术：上海音乐学院学报，2016（3）：119–127.

多罗西 · 均特简介

多罗西 · 均特出生于盖尔森基兴（Gelsenkirchen），自小学习舞蹈，后成为专业舞蹈演员。均特是一位具有创新精神的女性，致力于"关注身体运动"的舞蹈教学，她的音乐理论借鉴鲁道夫 · 拉班（Rudolf Laban）的动作理论（Laban Movement Theory），系统学习埃米尔 · 雅克 · 达尔克罗兹（Emile Jaques-Dalcroze）体态律动（Eurythmik）音乐教育理念。均特认为舞蹈是用于表达情感，律动用于表现音乐，使用"关注身体运动"的舞蹈教学。

1925 年后，奥尔夫创作大量音乐作品与戏剧作品。戏剧作品体现奥尔夫对"完全戏剧"的追求，一种通向人本，寻求最初的、原本的戏剧，是"音乐、舞蹈、戏剧"为一体的艺术形式。

奥尔夫的学生古利特 · 凯特曼是他重要的合作伙伴，他们一同将奥尔夫的教学理论进行实践与推广。1949 年，凯特曼于奥地利萨尔茨堡莫扎特音乐学院开设和规划奥尔夫儿童音乐训练课程。1950 年，奥尔夫任慕尼黑音乐学院作曲系教授。1961 年，莫扎特音乐学院正式成立奥尔夫训练中心，主要负责推广奥尔夫教育理念与培训合格的奥尔夫教师。

② 奥尔夫音乐教育的教育思想

20 世纪 40 年代，奥尔夫音乐教育日益完善，此时的奥尔夫教育的对象为儿童，且以节奏训练为根基，将律动、舞蹈、音乐、戏剧融合为一体，强调综合性与原本性。声势、律动、舞蹈、戏剧结合音乐进行教学，是奥尔夫教育思想——"原本性音乐"教育观念的体现。音乐教育需要回归音乐本体，回归人的本性。[1]

①以学生为主体，音乐教育是对人的教育，是对文化的传承与延续。音乐教育必须扎根于民族的文化中，必须存在于我们所生活的社会中。

②提倡创新，学习即兴与音乐创作。作为人想要表达自己的愿望，想要说出自己内心的声音。学生只有真正获得的知识，才能经过自己的加工进行表达。

③提倡团体合作教学。团体教学有诸多好处，例如培养集体意识，学习人际能力，沟通能力等。作为音乐教学最大的好处是参与音乐、感知音乐。

④回归"游戏性"的教学环境。奥尔夫音乐针对儿童音乐教育。游戏是儿童的天性，快乐学习是符合儿童习性的教育方式。

⑤强调综合性，多种艺术元素融合进行教学。

⑥强调原本性（也称元素性），即以音乐元素为核心进行教学：以节奏为基础；强调母语教学，语言是节奏教学的根本；强调体感。

③ 奥尔夫学校教学活动——"原本性音乐与舞蹈"教学方法

原本性（Elementare）的另一层含义是各种音乐元素与各种艺术的融合。例如节拍、节奏、旋律、和声与舞蹈、语言、律动之间对应关系，让音乐作为可视可感的舞蹈动作，视觉画面或者文字存在。课程中主要使用肢体、人声、乐器，对应的课程为律动与声势、语言与歌唱、奥尔夫乐器。

1）节拍节奏与语言

奥尔夫的重要特色是以节奏入门。节奏是通过声音的长短和有规律的轻重反复及其各种变化组合，而在听觉心理上形成的感觉，是音乐中时间移动的时值表现[2]。节奏作为音乐时值的表现，由节拍、速度、律动等要素组成。节奏是音乐重要的元素之一，存在于自然之中，包括生活中具有时间规律的事物，例如日出日落，春耕秋收，月有圆缺等。从节奏这一音乐元素开始获得"计算"时间的经验，

［1］陈蓉 . 奥尔夫教学法的核心理念及体系建构探究——1924—1944 年德国慕尼黑均特学校的历史追寻 [J]. 音乐艺术：上海音乐学院学报，2016（3）：119–127.
［2］童忠良 . 基本乐理教程 [M]. 上海：上海乐理出版社，2011.

感知稳定和变化，有序和无序[1]。

　　使用语言进行节奏启蒙有三方面的优势：第一，利于学生进行音乐的学习与理解；第二，激发学生兴趣；第三，利于民族文化的继承与传播。

　　奥尔夫节奏——语言教学分为以下四个部分：以词语进行节奏教学；以短句进行节奏教学；以童谣、诗歌进行节奏教学；语气教学。

　　（1）以词语进行节奏教学

　　词组配以简单的节奏型进行朗诵。例如，教师教学生辨别小动物们，有小猫咪、小狗，基本上是以两个字、三个字组成的小动物们。

　　学生们熟悉这样的小词组，学生们在熟悉的事物中发现新的规律总能获得惊喜。当然，还可以选择其他的词组。例如学生们自己的名字、食品的名字、交通工具等。

X	X	X X	X	X X X X	X X X X
	小	明 黄	老	师 欧 阳	园 长
葱	黄	瓜 西	兰	花 大 胡 萝	卜 白 色 的 小 兔
桃	香	蕉 火	龙	果 黄 色 香	蕉 好 吃 的 水 果

　　特别是以学生们的名字、喜欢的事物进行游戏，可以增进班级成员之间的了解，打开学生们交流的心扉。教师记得要鼓励学生们大声地、节奏正确地参与游戏。

　　当学生们熟悉类似的节奏型后，后续课程可以增加创新的、即兴的内容，例如让学生们轮流说出其他动物的名字，增加形容词。或者，增加语气的训练，强弱、音色的学习等内容。也可以采用音乐游戏的形式，类似的音乐游戏有动物园里有什么、姓名接龙、抓鸭子等。这些都能形成很好的系列课程。

【例】

早餐吃什么？

教学目的

　　1. 认识早餐名称。

　　2. 学生熟练掌握节奏型，并多声部训练。

教学过程

　　1. 认识早餐种类：豆浆、鸡蛋、油条、白稀饭、肉包子等。

　　2. 看着早餐相关图片，学习节奏型，并一起朗读，注意要反复朗读，基本整齐才进行下一活动。

　　3. 教师击鼓，朗诵词组。

白 稀 饭　　　鸡 蛋

　　4. 教师带领学生朗读句子：今天早上吃什么？今天早上吃……需要教师击打拍为学生稳定速度。肉包子、豆浆都可以替换，注意三个字的节奏型和两个字的节奏型有所不同。教师击鼓，或使用音频，一起朗诵短句。

---

[1] 陈蓉. 声势：音色、节奏与身体 [M]. 上海：上海教育出版社，2017.

今 天 早 上 吃 什 么，　早 上 吃 的 豆 浆

今 天 早 上 吃 什 么，　早 上 吃 的 肉 包 子

5. 全班逐个进行问答游戏：（教师击鼓，或使用音频）教师提问，学生逐个回答，注意不要重复上两位同学的答案。

6. 双声部训练：学生分组，一组念肉包子；另一组念豆浆。先分别练习，速度稳定后，一组先开始，两遍后另一组进入，两边都重复八遍，形成双声部。学生熟练后，两组交换词语进行朗读。

教学建议

1. 让学生先行说出他们认识的早餐词语，后用图片进行认知和朗读，注意速度稳定。

2. 要求两个字、三个字组成的词语。

3. 教师打拍或使用音频，为学生们稳定节奏。

4. 如果第一次进行游戏，学生回答词组即可。拍子为每四分音符击打一次，速度偏慢为好。

5. 若学生短句使用较好，问答环节也可以由学生之间互相提问、回答。

6. 课后作业可让学生回家学习其他的食物种类，游戏则可以不局限于老师教的食物名称。游戏若限制为不能重复别人说过的词，则能提升难度与趣味性。游戏可先分为 10 人一组进行游戏，逐渐增加人数进行游戏。

7. 游戏往后进行会变得困难，教师应进行鼓励。造词也可以让学生增加形容词，例如：小花猫、大花猫、橘猫、白猫、牛奶猫等。

8. 之后的课程可以增加四字的词语，例如肉松面包，草莓牛奶等。针对三种节奏型进行三声部的训练。

9. 课程还可拓展的部分，例如变化音量、快慢、音色等。

（2）以短句进行节奏教学

当词语训练稳定后可以增加短句的训练。我国有大量歇后语、成语、格言可以用来进行节奏训练，对于学生来说，这也是文学内容的积累与学习。

节奏短句也可以是一句日常用语，以几种节奏型进行组合。

子 曰 岁 寒 然后知 松柏之后 凋 也

肉 包 子 打 狗 一 去 不 复 返

我喜欢冬天的　浓汤　春天的花　夏天的凉风　还有还有秋天的苹果

如若可以，让学生参与短句的创作也是极好的游戏内容。学生可以用相同的短句用不同的节奏朗读，也可以用同一节奏创作内容不同的短句等，课例《短节奏创作》的部分内容就属于局部即兴的学习方式。

举头 望明月，　低头 思故乡，　举头 望明月，　低头 思故乡

图示中同一句诗句"举头望明月，低头思故乡"，用不同节奏朗读。课堂上，教师可以让学生即兴创作节奏，其后进行多声部朗读。教师可以借助节奏卡对学生进行辅助。例如，图示中的两句短句就可以做二声部的朗读训练。

【例】

短句节奏创作

教学目的

　　1. 锻炼学生创作能力。
　　2. 培养学生短句节奏朗读能力
　　3. 进行多声部训练。

教学过程

　　1. 教师出示三个短句图示：
　　天地玄黄，宇宙洪荒。
　　学而时习之，不亦说乎？
　　夜来风雨声，花落知多少。
　　2. 教师给予第一句节奏范例，并带领全班朗读。

学而 时习 之，不亦 说乎？

　　3. 将学生分为多组，学生用节奏卡[1]对后两句进行短句节奏设计。限定使用两种节奏卡，为八分音符、四分音符。

图例：学生对"夜来风雨声，花落知多少"进行节奏创编。

[1] 将音符做成等比例的卡片称为节奏卡，通过节奏卡的摆放进行节奏学习。

4.教师选择其中的短句节奏，在黑板上进行展示。学生们在教师带领下朗读短句。

天 地 玄 黄，宇 宙 洪 荒。

学而 时习 之，不亦 说 乎?

夜来 风雨 声，花落 知 多少

5.抽学生朗诵自己的作品，让其他学生拼出短句节奏。

教学建议

1.适用于大班学生，已经学习四分音符、四分休止符与八分音符的音乐内容且认识一定量的汉字。如若中班、小班，不宜过早学习乐理知识，学生创作部分可推后进行。

2.教师适当修改节奏，使短句变得顺口，具有结束感。

3.节奏练习时，学生容易抢拍或者伴奏打拍无法结束，或多打的现象。这时教师应及时提醒，并反复训练。

4.注意保护学生创作的积极性，让他们感觉自己在进行创作，拥有创作的能力。

5.打拍也可用声势进行训练

朗诵   天 地 玄 黄   宇 宙 洪 荒   日 月 盈 昃   辰 宿 列 张

拍手

（3）以童谣、诗歌进行节奏教学

孩子们的娱乐方式之一就是听大人唱儿歌、念童谣给他们听。儿歌、童谣具有强烈的民族特色，适于传播民族文化。包括孩童的一些游戏，也是会使用童谣进行，例如两只小蜜蜂等。

儿童学习童谣、诗歌的方式基本是由教师带领重复朗读，直至可以背诵。当学生能够熟练掌握童谣后，教师可以增加声势伴奏进行多声部练习，也可以依此进行律动、游戏的课程。如若是具有剧情的内容，教师可以带领学生们排演小戏剧。

【例】

童谣《三通鼓》

教学目标

1.认识鼓。

2.学习童谣《三通鼓》与律动操。

教学过程

1.教师介绍鼓的用途，形状，认识鼓的声音。强调可以用不同动作、方式发出不同音色的鼓声。

2. 学习童谣《三通鼓》。

3. 教师击鼓，学生尝试跟随节奏朗读《三通鼓》。

击鼓音色要求：用不同音色对应童谣的不同内容。从而引导学生聆听，鼓有不同音色。

4. 教师示范《三通鼓》的律动操，学生二人一组进行学习，直至动作流畅且能朗诵歌谣。

三通鼓韵律操

（准备）	学生面对面自然站立
上打三通鼓	双手伸过头顶，击掌三次；
下打鼓三通	双手置于膝盖位置，击掌三次；
两边一起打	学生面对面击掌三次；
中间破个洞	学生将手掌交叠一处，念"洞"的时候，向下撤将手收回。

5. 学生跟随击鼓声音，边念童谣《三通鼓》，边进行三通鼓的律动操

教学建议

1. 教师应及时关注学生状态，如果不能准确及时地做出动作，应及时给予帮助。

2. 如小班学生无法跟随鼓声做律动，不必强求律动的正确性。节奏感方面表现不佳的学生，也应鼓励为主。

3. 如学生掌握良好，可用该童谣做卡农节奏律动游戏，此时，应有两名教师进行卡农节奏的引领。

4. 课程结束后，可以用《三通鼓》做律动课的课前活动，约 1~2 分钟，做巩固与复习。

（4）语气教学

音乐的教学的特点为，所有内容都是齐头并进的。可能每节课都会有重点难点，但是节奏、音高、音量、音色等在音乐中并不能单一存在，他们具有一样重要的地位。所以所有课程都可以反复地设计、叠加，以此磨炼学生们的音乐感觉。

在音乐和种元素中，最适合让学生进行反复练习的便是语气。

首先是音量的训练，一句话重音不同，表达的内容就有所不同。大声地说话和小声说话所表达的内容也是不同的。小班的幼儿便能轻易地理解大声、小声的区别。

其次是音色、音调的训练。例如一家人有妈妈、爸爸、爷爷、奶奶和宝宝，就可以让小朋友扮演家

庭成员进行对话。或者，大象和小喜鹊的声音，一个是低沉稳重的声音，一个轻快高亢的声音。

　　最后是情绪的训练，学生并不能很好地掌控自己的情绪或者是很好地理解自己的情绪。所以，认识性格、情绪是很重要的课程内容。起初可以结合小故事让学生认知情绪，而后限定情绪表演学过的歌曲、童谣。如果有比较宽裕的时间，可以带学生进行小戏剧小舞台的表演。

　　语气训练有助于学生提高对语言的理解能力，学生可以经过反复的复述，理解语言可能存在的种种含义。同时培养学生的表达能力，情绪不同说话运用完全不一样的语气、表情、动作，音高音量音色都会随之变化。关于情绪的课程有助于学生认识自己、他人的情绪，也有助于训练学生表达自己的能力，还能提高学生的创造力与想象力、观察能力。

【例】

打瞌睡的房子[1]

教学目标

　　1. 打瞌睡的房子，辨别不同角色所具有的不同音色。

　　2. 表演打哈欠、闭上眼睛睡觉，寻找放松的感觉。

教学过程

　　1. 学生观看 PPT，聆听教师讲绘本《打瞌睡的房子》[2]。

有一栋房子， 打瞌睡的房子， 房子里每个人都在睡觉。	Zzz
在那栋房子里 有一张床， 一张温暖的床 在打瞌睡的房子里。 房子里每个人都在睡觉。	Zzz
在那栋房子里 有一张床， 一张温暖的床 在打瞌睡的房子里。 房子里每个人都在睡觉。	
先是老奶奶走到打瞌睡的房子里 她说，好漂亮的大房子呀 可是她觉得累了，不停地打哈欠 于是，老奶奶走到温暖的床上，呼噜呼噜地睡了……	奶奶 H Zzz
在那张床上 有一位老奶奶， 打鼾的老奶奶	Zzz

［1］陈蓉. 跟我摇摆：小班第一学期 [M]. 北京：少年儿童出版社，2015.
［2］伍德. 打瞌睡的房子 [M]. 北京：明天出版社，2009.

在温暖的床上， 床在打瞌睡的房子里。 房子里每个人都在睡觉。	Zzz
后来来了个小男孩儿走到打瞌睡的房子里 他说，好漂亮的大房子呀 可是，他的眼皮耷拉，耷拉，不停地打着哈欠 于是，小男孩儿爬上床，在老奶奶身旁，呼噜呼噜地了……	男孩 H Zzz
在那位老奶奶身上 有一个小孩。 做梦的小孩 在打鼾的老奶奶身上， 老奶奶在温暖的床上， 床在打瞌睡的房子里。 房子里每个人都在睡觉。	Zzz
没过多久，来了一条黄色的小狗 它说，好漂亮的大房子呀，汪 不知怎么了，它觉得好困好困，开始不停地不停地打哈欠 它跳上床，在小男孩的身上呼噜呼噜地睡了……	小狗 H Zzz
那个小孩身上 有一只狗， 昏昏欲睡的狗 在做梦的小孩身上， 小孩在打鼾的老奶奶身上， 老奶奶在温暖的床上， 床在打瞌睡的房子里， 房子里每个人都在睡觉。	Zzz
天色渐晚，一只可爱的小猫来到了房子里 它觉得会打瞌睡的房子很漂亮，它说，好漂亮的大房子，喵 可是，它的眼皮开始打架，不停地打哈欠 它跳上了床，在小狗的身上呼噜呼噜地睡了……	小猫 H Zzz
那只狗身上 有一只猫， 打盹儿的猫 在昏昏欲睡的狗身上， 狗在做梦的小孩身上， 小孩在打鼾的老奶奶身上， 老奶奶在温暖的床上， 床在打瞌睡的房子里， 房子里每个人都在睡觉。	Zzz

这时，有一只小老鼠从花园里钻出来 它说，好漂亮的大房子呀，吱 突然，它觉得身体变得好轻好轻，眼皮变得好重好重， 小老鼠不停地打哈欠 于是，它跳上了床，在小猫身上呼噜呼噜地睡了……	老鼠 H Zzz
那只猫身上 有一只老鼠。 呼呼大睡的老鼠 在打盹儿的猫身上， 猫在昏昏欲睡的狗身上， 狗在做梦的小孩身上， 小孩在打鼾的老奶奶身上， 老奶奶在温暖的床上， 床在打瞌睡的房子里， 房子里每个人都在睡觉。	Zzz
小老鼠身上有一只小跳蚤 不睡觉的跳蚤 咬了老鼠一口——吱！ 老鼠吓了猫一跳——喵！ 猫抓了狗一把——汪！ 狗踢了小孩一脚——哎呀！ 小孩撞了老奶奶一下——哎哟呀！ 老奶奶把床压倒了——嘎吱砰！	
现在，打瞌睡的房子里 没有人在睡觉	

2. 教师给孩子们讲故事，讲到标注 H 的地方，教师做出困顿的样子，打哈欠，然后闭眼睡觉。并让学生模仿教师的动作和声音。

3. 重复讲一遍故事时，学生可一起参与象声词的配音。Zzz 为各式各样的呼噜声，H 为打哈欠的声音，倒数第二段的各类相声词等。

教学建议

1. 可让大班的学生配合故事讲述表演给小班的学生，此时小班的学生也参与表演一打哈欠，闭眼睡觉。

2. 故事一共有五个角色，分别为老奶奶、小男孩、小猫、小狗、小老鼠。当表格标注角色名时，用特定音色进行故事简述，其余用统一的旁白叙述，教师在讲述故事时注意变换音色。

2）律动

依赖大动作培养学生们的音乐感觉，即肌肉系统的训练从而对儿童的听觉、音乐感官进行训练。为什么要借助身体理解节奏的基本属性（时间属性）呢？因为生命具有基本的节奏规律，例如心跳、呼吸、行走、跑步，一日三餐、日出而作、日落而息。

这些日常的内容都是人具有节奏感的体现。有趣的是，在这些规律中，也有强弱、快慢的部分。你的心跳不是一成不变的速度，而你有大喘气的时候，也有缓缓呼吸的睡眠时间，生命的运动与音乐的美学殊途同归。

奥尔夫的创新在于区分舞蹈与体态律动两部分的内容，舞蹈以表达情感，律动以表达音乐。

奥尔夫的律动用以表达音乐元素。例如不同的运动速度与音乐速度的结合：大步行走、行走、小步跑、奔跑。

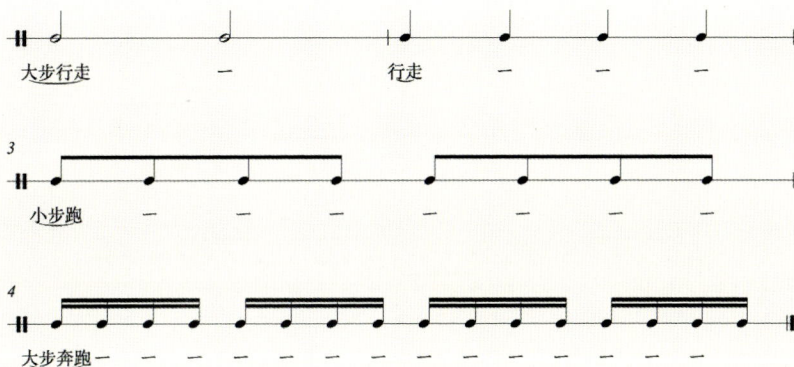

【例】

海带呀海带

教学目标

1. 学习童谣海带呀海带。

2. 通过趣味游戏，学生学习律动与音乐节拍的关系，培养学生应变能力。

教学过程

1. 学习童谣《海带呀海带》。

2. 在教师带领下，学习律动《海带呀海带》。

海带律动：上下左右，两手自然波动。

浪花律动：手牵手站成一排，手臂起伏。

学生分组，一组朗诵童谣的同时，进行海带的节拍律动。另一组朗诵童谣的同时，进行海浪的节拍律动。

3. 进行《海带呀海带》音乐游戏。

（1）进行猜拳游戏，赢得猜拳的学生先进攻。

（2）进攻方学生负责喊海带呀海带，并做上下左右择其一的律动动作，防守方的学生要做与进攻方学生不同方向的动作。若方向一致，则进攻方胜利，反之失败。

教学建议

1. 该课程小班就能进行学习，除了节奏外，涉及节拍律动。

2. 律动注意跟随节拍，让学生自然感知。

3. 律动学习时，跟随音乐，游戏时则根据进攻方学生的朗诵速度。

4. 律动进行时，肢体流畅舒适为佳。

【例】

撒谎的童话

教学目标

    1. 学习歌曲《撒谎的童话》[1]。

    2. 学习律动《撒谎的童话》，培养节奏感，感知音高与律动的关系。

教学过程

    1. 聆听歌曲《撒谎的童话》；教师画出旋律线。

    2. 教师说明歌词，这是一首撒谎的、夸张的歌曲，撒谎是不好的，我们要注重客观事实。

    3. 跟随教师学习《 》的律动操。

    （1）A段：根据音乐每个音高做一次屈膝；B段：根据节拍左右摇摆身体。

    （2）A段：双手交叉成为一个平面，随着音高上升或者降低，最后一个音摊开；B段：举起双手，根据节拍左右摇摆身体。

    （3）学生熟悉动作后，A段找到小伙伴做镜面律动；B段根据节拍，学生与刚才的小伙伴面对面手拉手转圈圈。

教学建议

    1. 音乐活动的原则，确认学生基本掌握才进行下一环节。

    2. 注意弱起小节。

【例】

三角形、正方形和五角星

教学目标

    1. 学习三拍子、四拍子和五拍子。

    2. 学习聆听节拍并跟随其律动。

    3. 锻炼左右手协调。

教学过程

    1. 教师展示、说明挂图：三角形、五角星、正方形。

---

[1] 卡尔·奥尔夫，古尼尔特·凯特曼. 为儿童的音乐：奥尔夫《学校音乐教材》精选 [M]. 廖乃雄，编译. 上海：上海教育出版社，2004.

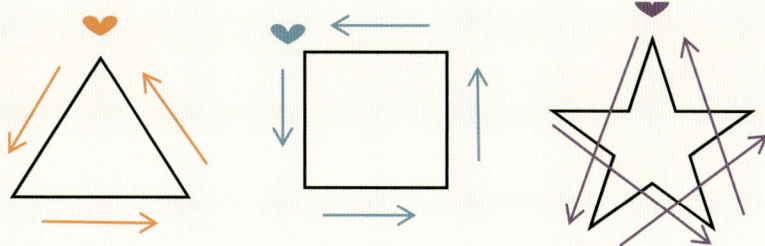

2. 教师画出各个形状的图画顺序，并带领学生看着挂图用手指画图形。从心开始，逆时针画图。

3. 大家一起跟随音乐（或教师击鼓）画形状，一个鼓点画一笔，注意三拍子、四拍子、五拍子第一拍的声音。

4. 教师发图纸给学生，学生两人一组，在纸上用手指临摹，一个鼓点画一笔，注意聆听不同音色。

三角形 – 五角星 =15 次

正方形 – 三角形 =12 次

正方形 – 五角星 =20 次

两位学生面对面坐，从同一个中心点一起出发，逆时针画图。图一画 15 次（鼓点 15 下）两位学生的手碰到一起，图二需要 20 次，图三需要 12 次。

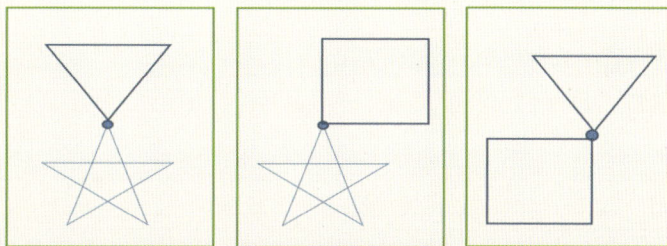

5. 学生跟着图纸，左手画正方形，右手画三角形，一个鼓点画一笔。

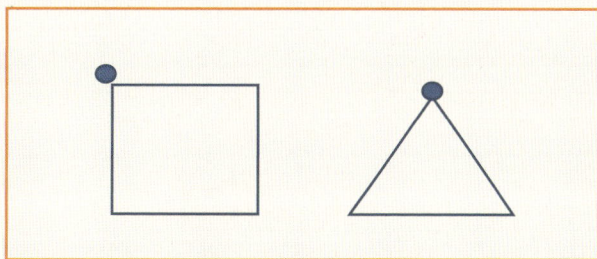

教学建议

1. 音乐活动的原则，确认学生基本掌握才进行下一环节。

2. 刚开始可以让学生数数字，进行画图。然后心里默数，跟着音乐一起画图形。

3. 如若学生还没学到 10 以上数字，则图形游戏可以简化为三角形 – 正方形一组即可。

4. 如若教师击鼓，使用四种不同音色。常规节拍、三拍子重拍、正方形重拍，五角星重拍四种音色。

5. 同时绘画三角形、正方形与五角星，则需 60 次回到同一个点。

3）奥尔夫乐器演奏

奥尔夫乐器是奥尔夫为了他的音乐教学特意建立的乐器配置，奥尔夫对乐器进行改良，使之适合儿童学习，其中包括非常著名的音条乐器。奥尔夫使用的乐器组称为奥尔夫乐器。

幼年学生在拿到乐器的时候，并不具备演奏意识。教师需从第一节音乐活动开始便有意识地培养学生跟随教师或者音乐开始演奏、停止演奏，以及听节拍、看指挥的习惯。

奥尔夫乐器课程使用奥尔夫进行器乐合奏，每个学生使用一个乐器进行音乐学习。乐器课程的启蒙课程可以从类似绘本或者音乐游戏的课程开始，重点在于开始与结束，在特定的位置进行击打一次或者特定段落进行演奏，可以跟随教师开始与结束。

课例《打瞌睡的房子》，特定角色可以拥有一个特定的音色或者音高，例如老奶奶呼噜呼噜睡了后令学生使用音条 C 击打一次、小男孩用音条 G、小狗用铃鼓、小猫用三角铁，小老鼠用沙锤等。从最简单的音响伴奏培养学生演奏乐器的习惯与概念。

又例如教师喊"雨来了，滴答滴答滴答。"学生一起晃动沙锤，直到老师说"雨小了，慢慢慢慢慢地停了。"学生在"停了"这个词说出来的时候要完全收住声音。

小星星奥尔夫乐器合奏谱[1]

---

[1] 使用木琴、钢片琴等常规奥尔夫乐器演奏《小星星》。

【例】

雨来啦，雨走啦（乐器合奏）

教学目标

1. 使学生认识气候：风雨雷电。
2. 学生学习气候所对应的声音，以及如何用乐器、道具发出风雨雷电等声响。
3. 培养学生创编能力。

教学过程

1. 教师用图片让学生认识气候：风雨雷电。
2. 展示大风、大雨、小风、小雨的图片。
3. 教师讲《雨来啦，雨走啦》的小故事。

傍晚时分，天黑压压的，风刮起来了。刚开始，小风徐徐地吹 *，很是凉快。风吹动树叶 * 刷刷作响，挂在窗边的风铃 * 零星几声地响着。

风 * 越吹越大了，树叶 * 刷刷刷刷地作响，挂在窗边的风铃 * 越转越急。

远处传来雷声 *，偶尔几下闪电。

雨滴一滴两滴三滴地落下了，雨水打在路上 *，雨水打在屋檐上 *，雨水打在树叶儿 * 上。

突然，雨 * 越下越大，越下越大。大雨打在路上 *，大雨打在屋檐上 *，大雨打在树叶儿 * 上。远处传来低沉的雷声 *。

闪电 * 好像惊醒了这个大雨的傍晚，天上一片亮堂堂。

风呼呼呼地吹，雨哗啦啦啦地下，雷声滚滚，闪电阵阵。

渐渐的，渐渐的，雷声停了，闪电也停了 *。

风渐渐小了，树叶 * 刷刷作响，挂在窗边的风铃 * 零星几声地响着。

雨水打在路上 *，雨水打在屋檐上 *，雨水打在树叶儿 * 上，渐渐的，渐渐的，雨小了。

夏日的傍晚，雨来啦，很急很急地来啦，雨走啦，渐渐渐渐地走啦。

（ * 表示需特定的声音配合）

4. 在教师的指引下，学生用噪音、声势乐器表达各种各样的声音。

气候	声音		
	小	大	渐强 & 渐弱
风	呼	呼呼	注意音效的转换，从"呼"到"呼呼"，渐强由小声到大声，渐弱由大声到小声。
风吹树叶	吹纸张：刷	大力吹纸张：唰啦啦啦啦	注意音效的转换，从"唰"到"唰啦啦啦啦"，渐强由小声到大声，渐弱由大声到小声。
风吹风铃	铃铛：叮	铃铛：叮铃铃	注意音效的转换，从"叮"到"叮铃铃叮铃铃"，渐强由小声到大声，渐弱由大声到小声。
雨	指尖击打手心：滴答	指尖击打手心：滴滴答答	注意音效的转换，从"滴答"到"滴滴答答"，渐强由小声到大声，渐弱由大声到小声。
雨打路上	声势1：手类似弹钢琴的姿势，用指腹（莫用指甲盖）击打桌面。小声地：声音轻，速度较慢，零星几个。大声地：较用力，且速度快。		

续表

气候	声音		
	小	大	渐强 & 渐弱
雨打屋顶	声势 2：手类似弹钢琴的姿势，用指甲击打桌面。小声地：声音轻，速度较慢，零星几个。大声地：较用力，且速度快。		
雨打树叶	声势 3：手类似弹钢琴的姿势，用指尖击打书本。小声地：声音轻，速度较慢，零星几个。大声地：较用力，且速度快。		
雷	轰隆	轰隆隆	无渐强渐弱
闪电	Z	ZZ	

5. 根据小故事，让学生为故事伴奏。学生根据小故事一起编写《雨来啦，雨走啦》的声音图谱。

6. 请学生分为三组，雷电、风声、雨声。请学生跟着老师一起表演《雨来啦，雨走啦》吧。

教学建议

1. 声音图谱说明：

（1）教师定义打击乐的图形或者符号，这个过程也可与学生一起进行。探索声音图形，也是探索音质的过程，需要反复的课堂打磨，学生才能领悟声音图形所蕴含的意义并能根据图形演奏，或者根据演奏画图。此为该课程学生需掌握的先行经验。

（2）本课所用到声音图谱图形。

2. 该课程适合中班以上的学生，对气候、音色、演奏乐器都已经有基础的认识。

3. 在学生课程选择中，注意选择"适于开端"的内容，即学生熟悉的主题，例如风雨雷电。

4. 选择噪音、声势、乐器演奏各种各样的声音，也是"适于开端"的方式与手段。学生可以较快地参与音乐活动中。

5. 该部分课程适用于即兴方面的学生课程，例如先启课程中，让学生创作图谱，进而能根据图谱创作声音，再进一步根据文字描述创作声音。在本课内容中，让学生进行演奏前，可以由学生根据文字，将图形排列到图谱上，当然，这需要学生可以掌握图谱所具有的含义，教师也要及时进行帮助，使演奏顺利进行。即兴部分的课程有一定难度，把握分寸，抓住学生注意力的同时，从"要我学"转变成"我要学"。

6. 本课程不止一个课时内容，可分为 2~3 次课程。

【例】

《水果蹲》音乐游戏

教学目标

　　1.学生了解常见水果。

　　2.培养学生的音高听辨能力。

　　3.训练学生的记忆力、模仿力和身体协调能力。

教学过程

　　1.教师带学生认识水果。

　　2.教师教导学生按照一定的节奏念各种各样的水果名。

　　3.教师带领学生学习儿歌《水果蹲》：XX蹲，XX蹲，XX蹲完XX蹲。

《水果蹲》

葡萄蹲，葡萄蹲，葡萄蹲完香蕉蹲。

香蕉蹲，香蕉蹲，香蕉蹲完苹果蹲。

苹果蹲，苹果蹲，苹果蹲完草莓蹲。

草莓蹲，草莓蹲，草莓蹲完樱桃蹲。

樱桃蹲，樱桃蹲，樱桃蹲完葡萄蹲。

　　4.教师、学生一起朗诵儿歌，当念到蹲的时候微微屈膝。

　　5.把学生分为5组，带上水果头套，并聆听音条演奏的音高，进行《水果蹲》游戏。每个音高对应一个水果。按顺序进行水果蹲游戏。

　　6.不按顺序进行《水果蹲》游戏，每组学生由一人喊下一组学生的水果名，下一组学生听到以后迅速接上游戏。没有接上的学生进行惩罚游戏：

水果蹲，水果蹲，水果蹲完自己蹲。

自己蹲，自己蹲，自己蹲完还是自己蹲。

自己蹲，自己蹲，自己蹲完XX蹲。

　　7.每组选一个学生，分到一根音条，当喊到自己组的水果，该学生负责按节拍击打该组的音条。

　　8.让学生们回到座位上，闭上眼睛，聆听教师击打音条，并说出该音条对应的水果。

教学建议

　　1.如果是小班学生，水果不宜过多，分为两三种即可。且小班学生较难自己演奏乐器，由老师代劳较好。

　　2.五种水果对应音高：C、D、E、G、A。音条如果有颜色，可以设计与音条颜色相近的水果，也可以将水果图片贴于音条上方。

　　3.若学生水平较高，则可增加水果数目，水果的字数也可以增加，例如哈密瓜、水蜜桃、波罗蜜等（用三连音节奏型）。

　　4.除了音条也可以降低乐难度，用完全不同的器乐进行游戏，学生可以聆听完全不同的音色，例如木质乐器、金属乐器等。

　　5.在初学儿歌时，教师便可用手鼓击打节拍进行伴奏，后切换到音条时也用节拍进行伴奏。

4）声势

声势即使用身体作为打击乐进行音乐表演。对于学龄前儿童而言，学习声势是快乐的音乐活动。幼儿可以通过自己身体发出的声音，控制身体，探索声音的可能性，参与合奏，进行音乐伴奏。

声势初学并不困难，行走、拍手都是声势的一种。声势还能够通过声部叠加，音色设计等形成复杂的音乐作品。同时，声势能有效训练学生节奏感，团体合作能力，对于将来的器乐合奏是十分合适的先行课程。

声势设计的方法首先需明确身体各个发声位置与音色，后针对旋律进行节奏设计。

嗓音	使用嗓子进行拟音，或发出象声词
手	拍手（空心、实心、手背、手心、指尖）；敲打物体（音色与物体材质有关）；捻指
肚子	用手击打（手心、指尖）
腿	用手击打（手掌、指尖）
脚	跺脚、行走（整个脚掌、前脚掌、后脚跟）

声势的音色确定好，就可以针对旋律进行编配。一般用脚作为低音声部，在重拍位置使用。

声势谱例 1

声势谱例 2

声势谱例 3

【例】

《数蛤蟆》声势伴奏

教学目标

1. 使用声势为乐曲伴奏。

2 了解并区别手、脚所发出的音色。

教学过程

1. 教师带领学生学习《数蛤蟆》歌曲。

2. 先学习低音声部，由教师先演示，音乐开始时，低音伴奏一同进入。

注意重拍、弱拍。教师和学生一起进行低音声部伴奏。

3. 增加高音声部，手成空心状，为《数蛤蟆》伴奏。先将低音声部和手一起学习，再结合音乐进行伴奏。

4. 增加中音声部，拍腿。使用中音声部、低音声部为音乐伴奏。

5. 分组成两组，一组学生使用中音声部、低音声部音乐伴奏；另一组学生使用低音声部、高音声部为歌曲进行伴奏。

《数蛤蟆》声势伴奏

教学建议

    1.《数蛤蟆》为四川民歌，商调式。

    2.一般大班学生单声部节奏伴奏经过一两遍的学习，都可以掌握，但是多声部容易混乱，此时可以分组练习。或者仅两两结合练习多遍后再进行三个声部同时进行。

    3.后期可以增加器乐合奏版本的《数蛤蟆》[1]。

5）即兴创作

    让学生能够利用音乐元素作即兴创作对于奥尔夫教学法是很重要的一环。奥尔夫认为，学校教育应注重学生对音乐感的培养，音乐感来自学生们的音乐经验。学生积累足够多的音乐经验时，能够掌握音乐元素，并用音乐元素表达心中的所思所想时，学生才真正参与音乐、掌握音乐。我们所学习的所有音乐元素都可以拿来作为音乐活动的即兴要素，节奏、音高、音量、音色，甚至与其他艺术形式结合的音乐活动，例如音乐律动，音乐戏剧等。

    我们也要明确奥尔夫的教育观念，每个人都有乐曲创作的天赋。学习即兴创作，是学生自我学习与自我表达的过程。

    当然，在即兴课程刚开始时，是局部的即兴，让学生掌握少量的自主以便我们的课程能够顺利进行。学生在发现自己的才能时，面临挑战时，总是快乐的且富有成就感的。对于教师而言，掌握课程的分寸十分重要。如何才能让学生勇于探索，充满好奇，既不会因为太过于难以理解失去信心，也不会因为过于简单失去兴趣。教师要了解所有音乐元素要表达的内容，也要了解所面对的学生，并在课堂上能够灵活应对。

[1]廖乃雄.中华学校音乐教材 [M].北京：文化艺术出版社，2002.

【例】

《小星星》声势编创

教学目标

1. 学生学习歌曲《小星星》。

2. 学生为《小星星》编创伴奏声势。

3. 学生使用编创的声势为《小星星》伴奏。

教学过程

1. 教师教导学生学习歌曲《小星星》。

2. 教师带领学生使用低音声部（踏步）为小星星伴奏。

3. 将学生分为若干组，4 人为一组，学生使用节奏卡设计高音声部（拍手）的声势伴奏。每组设计两小节，节拍卡仅使用四分音符、八分音符两种卡片。一个长方形为一个小节，一个长方形中的一个方块至多只能放一个小卡片，每组每种卡片皆有 8 张，学生可以选择在长方形的方框中放入四分音符或者是八分音符。

4. 教师选择其中两组学生设计的节奏型进行展示，带领学生击打声势，后为《小星星》做声势伴奏。

a 乐节（乐句：一闪一闪亮晶晶，满天都是小星星）：

b 乐节（乐句：挂在天边放光明，好像许多小眼睛）：

5. 教师选择节奏型不同的组别，带领学生击打声势，后为《小星星》做声势伴奏。

6. 学生回家使用节奏卡，设计 ab 乐句不同的声势伴奏，并贴在歌曲《小星星》的下方，注意要贴在格子里。

小星星声势伴奏范例

教学建议

1. 歌曲《小星星》应放在前期课程进行学习。

2. 该课程需要较大学龄儿童，且学生有使用节奏卡的经验。可以识别音符时值，有一定抽象思维能力，并有声势伴奏的经验。

3. 教师应注意《小星星》为 4/4 拍，每小节四拍，以四分音符为一拍。

4. 教师应注意小星星为单段体三句，有 aba 三个乐句，a 用一组，b 用另一组。一个乐句四个小节，学生设计两个小节，即在乐句内重复 2 次。且 a 组重复两遍，且最后一小节应有结束感。要求教师有目的地选择节奏型，或者帮助学生进行修改。

5. 视学生情况，可增加四分休止符号、八分休止符，二分音符、一个八分音符等增加难度。

课题四　铃木音乐教育

1 铃木音乐教育概述

铃木音乐教育由日本小提琴演奏家、音乐教育家铃木镇一创立，认为才能是通过后天教育获得的，并称之为"铃木音乐才能教学法"[1]。

铃木镇一（1898—1998）出生于日本名古屋市，父亲铃木政吉曾创办了世界上规模最大的小提琴厂。铃木镇一17岁学习小提琴，在东京完成学业后，1920年留学德国柏林。1928年，铃木镇一回到日本开始演出和教学活动，创立世界著名的"才能教育研究会"（Talent Education Research Institute）[2]。铃木才能学校及铃木音乐教育的研究协会遍布日本，成为近代儿童音乐教育领域中重要体系之一。

铃木音乐教育的核心内容是致力于开发儿童的音乐才能。铃木从"祖国语言"学习这一现象入手，强调早期教育与学习环境的架设。铃木音乐教育采用母语教学法，即强化教学法。[1]

2 铃木音乐教育思想

1）重视德育："培养儿童成为优秀的人"

铃木镇一曾说过："教音乐不是我的主要目的，我想培养良好的公民。如果让一个儿童从出生之日就接受音乐的熏陶，进行乐器学习，可以培养他的敏感性、纪律性与克制能力，使他获得一颗美好的心灵。应当尽力，哪怕是微薄之力也要把所有儿童都培养成最好的、最幸福的人。"

2）重视音乐教育："音乐教育是相当重要的"

铃木强调音乐教育潜移默化及早期教育的重要作用。因为，除了音乐外，再也没有能够从胎教便进行教育的领域。

3）重视学习环境："人类是环境之子"

中国自古便有孟母三迁，铃木强调的也是环境对儿童的影响力。父母尽力为儿童创造良好的学习环境，选择优秀的教师进行教学。如果儿童生活在没有音乐的环境中，父母平时不播放、歌唱音乐，对比热爱音乐的父母，平时播放、演奏音乐的儿童而言，后者的音乐经验明显多于前者，学习音乐的效果更好。

4）强调学习能力："掌握某个领域最高能力的人，同样也可以在其他领域达到相同高度"

我们时常会发现，优秀的人各方面都很优秀。重要的在于优秀的人掌握学习的能力，典型代表如爱因斯坦和达尔文。家长时常会认为学习音乐耽误文化课的学习，其实学习是具有非常强的迁移能力，能够掌握某一项技能，对其他技能、知识的学习往往拥有正迁移的能力。

5）强调寓教于乐："兴趣是能力的源泉"

对于儿童而言，她们更愿意玩耍。作为教师、家长，应该培养儿童对音乐的兴趣，从聆听音乐、观摩音乐表演开始，让儿童自己表达"好像很有趣，我也要玩玩"的概念。

[1] 尹爱青，曹理.外国儿童音乐教育[M].上海：上海教育出版社，2011.
[2] 赵冰.铃木音乐教学法的研究与实践[J].广西师范学院学报（哲学社会科学版），2007，28（4）：91-95.

6）强调培养直觉："直觉与灵感也是一种能力""那是生命的共鸣，培养这种共鸣，正是对生命进行教育"

　　铃木这里强调的是透过现象看本质的能力，学习音乐能培养优秀的第六感。

7）强调美育："艺术是按照人类自身能力创造出来的"

　　强调艺术教育，强调美育的力量。铃木认为要以"生命"为中心去观察事物、解释艺术。

8）重视教学方法："'教育'是个伟大的词，包括'教'和'育'两方面"

　　铃木认为，教为运用教材，育使学生获得能力。育的缺乏，使学生音乐能力产生缺失，教师应注重教学方法的选用，大量重复，直至学生掌握能力。

9）强调尊重："尊重儿童"

　　"孩子的生命不是自己私有的，生命是大自然所赋予的美好力量。……做父母的应当有这样的责任，无论对自己的孩子还是别人的孩子，都一样的尊重。"

　　儿童虽然年纪小，但是也要意识到她们是独立的个体，拥有自己独立思考的能力。父母、教师应尊重儿童，爱护儿童。

10）向往和平："育儿国策"

　　铃木向往和平，他提出停止战争，取消军队，代以实行育儿国策，在国际上普及教育，让每一名儿童享有教育，使她们成才。

11）母语教学法

　　铃木音乐教育采用母语教学法，即强化教学法或称完全教育化。铃木认为，一个人的才能是依靠外界的刺激与鼓励形成，母语教学法是通过多次重复发展儿童能力的一种方法。

3 铃木教学过程

　　铃木教学过程可以概括为六个步骤。

1）接触

　　创造良好环境，从听觉训练入手，使儿童生活中充满音乐，而且是优秀的音乐作品。家长、教师应对儿童的音乐进行选择，优秀的音乐作品能够培养儿童正确的音乐听觉，从而达到拥有优秀的演奏能力。

2）模仿

　　铃木认为，优秀的教师对于儿童是非常重要的。在乐理学习之前，进行模仿学习，训练音乐技巧，此为音乐模仿。

3）鼓励

　　铃木实行鼓励教育，激发儿童学习愿望。每个儿童的学习能力不同，家长、教师应进行鼓励，告诉儿童，你做得很棒，要不要试试能不能做得更好。

4）重复

　　在鼓励教育中不断重复练习，精益求精，这是艺术教育的特点。每天听，每天练，重复重复重复，像母语学习那样，让音乐浸透骨髓。

5）增加

强化原有训练，例如每次练习之前都要进行音阶练习，无论学习多少新曲子，学习多深的程度，旧新结合的练习方式也是培养儿童的耐力、韧性。

6）完善

铃木教育强调音乐表演有关的一切细节，例如礼仪、拿琴姿势。

铃木教学形式强调个体课与集体课相结合，每周上两次课程—— 一次集体课，一次个体小课。铃木教学法重视音乐实践，定期组织音乐会，让每个儿童都有上台演出的机会。在音乐教学方面，铃木强调先模仿进行技能训练再进行音乐理论学习。

铃木教育法强调以儿童为中心，因材施教，将儿童培养成优秀的人。这才是铃木教学法得以成功、传播的重要原因。

附　其他音乐教学法概述

1 彩色音符教学法

日本色彩音符协会会长田中董子女士毕生从事儿童钢琴教学，由田中女士所创立的彩色音符教学法深受儿童喜爱，并取得良好的教学成果。

其主要内容为以下四点：

①热爱学生。

②从儿童心理、儿童成长规律出发，设计专用课程。

③培养儿童背谱能力、视奏能力。

④选择儿童喜欢的乐曲，教材多样性。

彩色音符教学法主要利用色彩，增强学生的对乐谱、键盘的记忆能力。

唱名	Do	Re	Mi	Fa	So	La	Si
颜色	红	黄	绿	橙	蓝	紫	白
图案	太阳	柠檬	绿叶	橙子	蓝天	葡萄	雪花

乐谱上音高位置也用色彩标注，钢琴的琴键用同样的颜色标注。

2 综合音乐感教学法

综合音乐感教学法产生于美国，根据《曼哈顿维尔音乐教学大纲》的螺旋形上升素质培养大纲设立课程，以探索与即兴创作为核心。美国人称之为"发掘创作力教学法"。[1]

综合音乐感教学法将音乐各科融合进行教学。其基本特点为：

1）综合性

综合性体现在三个方面音乐元素的综合教学与运用、综合性音乐活动、教学内容的综合。

[1] 马津，马东风. 音乐教育学概论 [M]. 北京：中国书籍出版社，2017.

2）螺旋上升式课程结构

理论基础来源于美国教育改革领导人布鲁纳的"学科综合论"，即让学生理解学科的基本构造，由易到难。

3）以创造性活动为中心

综合音乐感教学法是一种从总体出发的教学方法，将学生的创造力置于首位，注重学生综合能力的培养。主要有五个方面课程：自由探索、引导探索、即兴创作、有计划地即兴创作及加强巩固概念。

3 卡拉博·科恩教学法

卡拉博·科恩教学法是美国小提琴家、音乐教育家玛德琳那·卡拉博·科恩以瑞士皮亚杰的观点创立的音乐教育体系。皮亚杰认为，儿童的各种概念是通过对环境的探索过程逐步建立的。基于此，卡拉博·科恩创立特殊的音乐学习环节与音乐活动，使儿童掌握音乐知识。这种学习方法又称为"感知—运动音乐学习方法"。[1]

科恩音乐教师到处充满乐谱、音乐元素和各种教具。学生的身体也是重要的乐谱学习的道具。例如学生利用右手当高音谱号的五条线，用左手的食指移动表示音高的移动。

五线谱	身体	右手
第五线	头	大拇指
第四线	肩膀	食指
第三线	腰	中指
第二线	膝盖	无名指
第一线	脚	小拇指

参考文献

[1] 边霞. 幼儿园美术教育与活动设计 [M]. 北京：高等教育出版社，2011.

[2] 屠美如. 学前儿童美术教育 [M]. 长春：东北师范大学出版社，2011.

[3] 林琳，朱家雄. 学前儿童美术教育 [M]. 上海：华东师范大学出版社，2010.

[4] 林琳，朱家雄. 学前儿童美术教育与活动指导 [M]. 上海：华东师范大学出版社，2014.

[5] 刘向岩. 幼儿美术教育 [M]. 西安：陕西师范大学出版社，2013.

[6] 郭亦勤，王麒. 学前儿童艺术教育活动指导 [M]. 上海：复旦大学出版社，2014.

[7] 李桂英，许晓春. 学前儿童艺术教育（美术分册）[M]. 北京：高等教育出版社，2011.

[8] 李桂英，许晓春. 学前儿童艺术教育（音乐分册）[M]. 北京：高等教育出版社，2011.

[9] 许卓娅. 学前儿童音乐教育 [M]. 长春：东北师范大学出版社，2003.

[10] 谈亦文. 幼儿园音乐教育 [M]. 北京：人民教育出版社，2013.

[11] 陈金菊. 学前儿童艺术教育 [M]. 2 版. 长春：东北师范大学出版社，2017.

[12] 虞永平，原晋霞. 幼儿园教育活动设计与组织 [M]. 北京：高等教育出版社，2014.

[13] 中国学前教育史编写组. 中国学前教育史资料选 [M]. 北京：人民教育出版社，2002.

[14] 中国学前教育研究会. 中华人民共和国幼儿教育重要文献汇编 [M]. 北京：北京师范大学出版社，1999.

[15] "福建省幼儿园教师教育用书"编写委员会. 福建省幼儿园教师教育用书领域活动指导 [M]. 福州：福建人民出版社，2017.

[16] 唐淑. 学前教育史 [M]. 北京：人民教育出版社，2013.

[17] 杨立梅，蔡觉民. 达尔克罗兹音乐教育理论与实践 [M]. 上海：上海教育出版社，2011.

[18] 陈旭. 达尔克罗兹教学法运用于我国基础音乐教育的探索 [D]. 苏州：苏州大学，2014.

[19] 陈蓉. 音乐教学法教程 [M]. 上海：上海音乐学院出版社，2013.

[20] Jaques-Dalcroze E，Rubinstein H F. RHYTHM, MUSIC AND EDUCATION[J]. Journal of Education, 1921, 94（2348）：319-319.

[21] 杨立梅. 柯达伊音乐教育思想与匈牙利音乐教育 [M]. 上海：上海教育出版社，2011.

[22] 李妲娜，修海林，尹爱青. 奥尔夫音乐教育思想与实践 [M]. 上海：上海教育出版社，2011.

[23] 陈蓉. 奥尔夫教学法的核心理念及体系建构探究——1924—1944 年德国慕尼黑均特学校的历史追寻 [J]. 音乐艺术：上海音乐学院学报，2016（3）：119-127.

[24] 童忠良. 基本乐理教程 [M]. 上海：上海音乐出版社，2001.

[25] 陈蓉. 声势：音色、节奏与身体 [M]. 上海：上海教育出版社，2017.

[26] 陈蓉. 跟我摇摆：小班第一学期 [M]. 北京：少年儿童出版社，2015.

[27] 伍德 . 打瞌睡的房子 [M]. 北京：明天出版社， 2009.

[28] 卡尔·奥尔夫，古尼尔特·凯特曼 . 为儿童的音乐：奥尔夫《学校音乐教材》精选 [M]. 廖乃雄，编译 . 上海：上海教育出版社，2004.

[29] 廖乃雄 . 中华学校音乐教材 [M]. 北京：文化艺术出版社，2002.

[30] 尹爱青，曹理 . 外国儿童音乐教育 [M]. 上海：上海教育出版社，2011.

[31] 赵冰 . 铃木音乐教学法的研究与实践 [J]. 广西师范学院学报：哲学社会科学版，2007（4）：91–95.

[32] 马津，马东风 . 音乐教育学概论 [M]. 北京：中国书籍出版社，2017.

[33] 杭州幼儿示范学院 . 教师资料手册：音乐 [M]. 杭州：浙江工商大学出版社，2018.